"乡村振兴实践研究"丛书

国家出版基金项目
NATIONAL PUBLICATION FOUNDATION

乡村文化振兴
实践研究

朱冬亮　王红卓　刘　洋　著

海峡出版发行集团　鹭江出版社
THE STRAITS PUBLISHING & DISTRIBUTING GROUP

2021年·厦门

总序

　　当中国特色社会主义建设进入新时代，乡村发展也进入一个前所未有的社会转型和嬗变期。当下中国乡村正在经历的社会变迁是一次注定要载入中华民族史册的伟大变革。快速推进的工业化和城镇化使得传统的乡村社会结构被不断解构且重新建构，几乎每一个农民家庭都被裹挟到这场巨大的社会变革中。他们试图改变祖祖辈辈延续下来的耕田种地的生活方式，以及由此被赋予的命运和价值。当下的中国乡村正面临亘古未有的巨大挑战和发展机遇。

　　曾经延续千年的乡土社会是"熟人"的社会，是集血缘和地缘为一体的小社区圈子，是农民世世代代"生于斯、长于斯、安于斯"的地方。那时候的乡村社会结构相对稳定，乡村社会舆论压力较大，农民的经济和社会分化很小，农民从事的职业相对单一，农民家庭几代同堂……面朝黄土背朝天，耕田种地，邻里同乐，守望相助，鸡犬之声相闻，这是一个传统的乡土村落的生活场景，同时蕴含着传统、古朴、保守乃至贫穷落后的社会价值认知。

　　历经改革开放 40 多年的发展和变迁，曾经相对同质的中国乡土社会结构出现了前所未有的改变。从传统的乡土社会价值来看，乡村社会结构在不断裂变，传统农业生产方式在不断衰变，传统农民的生活方式也在不断改变。如今的乡土社会，农民或已进城转变为半市民或者市民，或是作为农民工周期性地流动于城市和乡村之间，或在现代化的浪潮中搁浅，成为村庄的守护者和留守人。有些村落已经消失或正在消失，有些村庄"空心化"现象不断扩大，有些农民已经终结劳作或正在终结劳作，有些土地已经荒芜或者正在荒芜，有些村庄满地垃圾甚至污水横流。农村社会的社区舆论不再形成压力，农民的经济和社会分层日趋明显，传统的乡土文化及价值体系也趋于式微……很多人用传统的眼光看农村，哀叹现在中国乡村所发生和经历的一切预示着曾经美好古朴的乡村正在迷失乃至消失，担心未来无处寄托乡愁。不仅如此，我们研究团队在近年来的实地调查中发现，现在的中国乡村正呈现出越来越明显的三"最"现象。第一"最"，在现在的乡村中，往往是最贫穷的农民家庭成员在家种地，且以种粮为主要生计。换言之，如果能想方设法提高种粮农民家庭的收入，也许恰恰可以达到"精准扶贫"的效果。第二"最"，在现在的农民家庭中，往往是兄弟姐妹中最"没有出息"的留在家乡，陪伴和照顾年迈的父母，给予亲情上的关怀，而外出的其他兄弟姐妹更多是在经济上尽孝。第三"最"，在现在的乡村中，往往是最贫穷的农民家庭的子女依然在村里、乡镇的学校上学。条件稍好的农村家庭都想方设法把子女送到县城甚至更大的城市就学，因为相对而言，乡村就学环境不如县城，更不如大城市……这是当前中国乡村社会发展中呈现出的一幅令人担忧的图景。

换一个角度来看，当前我国乡村的生产力和生产关系在现代化发展规律的作用下，在不断地进行调整。从中，我们欣喜地发现，古老的中国乡村大地，其现代性萌芽在不断成长和壮大。虽然大量乡村青壮年人口外流导致劳动力短缺，却从真正意义上催生了农业生产要素的现代化重组。农业生产的机械化开始逐步替代传统的小农经济生产经营和土地耕作模式，从而促进传统的劳动密集型农业生产方式的转型。加速出现的土地经营权流转倒逼乡村土地产权制度实施新一轮改革，农业生产的组织方式和经营方式也因之向专业化、集约化、产业化迈进。与这个伟大变革进程相伴随的是城乡融合和城乡一体化发展趋势正在逐步形成。加速推进的城乡社会流动为城市的工商资本和人力资源等发展要素回流乡村创造了条件。无论是伴随着返乡创业人员回归的商业资本，还是看准乡村发展机遇而下乡的城市工商资本，都把乡村作为未来投资发展的热土。智慧农业、互联网农业等新型农业生产方式和经营理念对传统的小农生产方式构成了巨大的冲击。各类新型农业经营主体因此蓬勃发展，传统第一产业与第二、三产业融合发展的趋势进一步显现。乡村的人、地、物等生产要素不断重组和优化，促使乡村的组织和治理机制不断进行变革和创新。这是当下中国乡村社会呈现出的另一幅令人振奋的现代化发展前景。

基于对当前中国乡村发展面临的挑战和机遇的准确把握，党的十九大高瞻远瞩，适时提出了乡村振兴战略。2018 年的中央一号文件更是对 2050 年前的乡村振兴进行了令人期待的宏观规划与设计。2021 年 6 月 1 日，国家《乡村振兴促进法》正式颁布实施，使得乡村振兴有法可依。事实上，进入 21 世纪后，我国的农业治理体系已经逐步从以往的"汲取型"治理体制向"反哺型"治理体制转型。2006 年之后推进的"社会主义新农村"建设和 2013 年推进的"美丽乡村"建设都为今天的乡村振兴战略实施做了很好的铺垫。在过去的五年中，我们的研究团队到全国 22 个省（市、自治区）、105 个县（市、区）的 308 个村庄进行了田野调查，并对其中的很多村庄进行连续多年的跟踪调查，由此获得了大量的一手研究资料。在乡村振兴如火如荼地推进的今天，我们研究团队把近五年调查获取的田野资料进行整理归纳和分析，形成这套

"乡村振兴实践研究"丛书。这既是对我们团队以往的研究成果进行一个阶段性的总结，也是为乡村振兴的后续研究提供一个前瞻性的思考。

乡村振兴战略实施需立足于实现乡村全面振兴的目标。本丛书由五部研究专著构成，分别从产业振兴、人才振兴、文化振兴、生态振兴、组织振兴等五个角度，全方位呈现我国乡村振兴战略实施的"进行时"，重点描述和分析近年来被调查地区和村庄如何谋划和推进乡村振兴实践。在此基础上，我们对乡村振兴战略实践进行了更多学理性的思考，为如何更好地推进乡村振兴战略实施提出我们的观点和建议，供社会各界参考借鉴。

在乡村"五大振兴"战略实施过程中，产业振兴是首要目标。没有产业振兴，其他振兴都无从谈起。只有把乡村经济发展起来，建立现代农业产业经济体系，才能为乡村人才振兴、文化振兴、生态振兴和组织振兴提供强大的经济和物质支撑。本丛书之一《乡村产业振兴实践研究》立足当前农村产业发展的实际情况，重点从如何延长农业产业链、如何提升农业价值链、如何完善农业利益分配链的角度探讨乡村产业振兴的主要实现路径。我们以福建将乐县努力实施的"龙头企业＋种植基地＋农户"有机稻产业化种植，贵州龙里县大力推进的主导扶贫产业——刺梨产业链发展，山东莱阳市重点发展的传统名产业——梨产业不断做大做强及濯村的"美丽乡村"建设实践，广西罗城县重点发展的油茶扶贫产业，龙胜县的龙脊梯田田园旅游综合体开发等十多个典型个案为分析样本，从不同的角度全方位展现和分析乡村产业振兴的实践模式和实践机制。

人才是乡村振兴中的重要依靠力量。在当前乡村青壮年大量外流、乡村留守群体普遍老龄化的情况下，如何吸引更多的复合型人才，尤其是青年人才到乡村奉献自己的聪明才智，为乡村振兴事业注入新鲜的血液，事关乡村振兴的成败。在乡村建设中，我们需要吸引各类人才包括新型职业农民、各类新型农业经营主体、乡土文化传承人、现代乡村治理人才等投身乡村发展建设，打造和培养一支真正"懂农业、爱农村、爱农民"且"善经营"的"三农"工作队伍。本丛书之一《乡村人才振兴实践研究》，在对当前我国乡村人力资源供给现状进行全面分析并指出乡村人才所面临的严峻形势的基础上，以福建厦门市海沧区实施"美丽乡村共同缔造"项目时涌现的典型乡村主导人物、四川成都崇州市探索现代林业经营制度——"林业共营制"中涌现的先进典型林业职业经理人、浙江绍兴上虞区重点推介的乡贤治理机制等多个典型案例中呈现的乡村人才与乡村建设共同成长的经历为研究对象，探讨实现乡村人才振兴的机制和体制。

　　文化是一个民族的信仰和灵魂，乡村文化是中华传统文化的主要母体和载体。在当前乡村人口大量外流的情况下，乡村文化的式微乃至断层成为令人担忧的现象。因此，实现乡村文化振兴可以为乡村振兴提供重要的精神支撑，为寄托"乡愁"提供不可或缺的精神内容。本丛书之一《乡村文化振兴实践研究》把乡村文化建设的实践机制分为政府主导型、社会主导型和市场主导型三种形式，并分别以福建古田县的陈靖姑民间信俗文化、圆瑛文化、金翼文化，福建龙岩市永定区的土楼文化，浙江绍兴市上虞区的乡贤治理文化和乡村文化礼堂建设，福建屏南县的古村落文化保护传承和转型以及福建厦门市的乡村现代文化建构等案例为分析对象，探讨乡村文化振兴的模式和路径。从中可以看出，乡村文化建设和文化振兴在整个乡村振兴中有着极其特殊的地位和作用。

　　"绿水青山就是金山银山"。"两山"理论的核心表述深刻地揭示了乡村生态建设在乡村振兴战略实施过程中的重要地位和作用。

和城市相比，乡村首先给人的印象是它有着古朴、原生态的田野风光。实现乡村生态振兴，不仅是为了打造美丽乡村、改造农村的人居环境，更重要的是实现人与自然的和谐发展。本丛书之一《乡村生态振兴实践研究》以本研究团队近年来在福建、浙江、贵州等地开展实地调查获取的一手田野资料为主，同时利用其他宏观层面的统计数据，多角度提出乡村生态建设中面临的问题，并在此基础上探讨和分析各地如何因地制宜地推进乡村环境整治、打造美丽乡村，同时力图把生态效益转化为经济效益，进而实现经济建设与生态建设共建共赢的目标。

乡村振兴战略的实施，离不开组织保障。只有不断提升乡村组织建设水平，才能为乡村振兴提供坚实的基础，才能把建设乡村的人力、物力和财力资源集中整合起来，把振兴乡村的人心凝聚起来。当前，很多乡村存在基层组织软弱涣散、组织凝聚力不强等现象，极少数地方甚至出现了乡村黑恶势力。因此，提升乡村治理水平，并最终建立政府、市场和社会共同参与，"自治、法治、德治"相结合的共建、共治、共享的乡村社会治理体系，是乡村组织振兴首先要实现的目标。本丛书之一《乡村组织振兴实践研究》以本研究团队近年来在福建、浙江、贵州、湖北、北京等地的实地调查的一手资料为基础，探讨乡村组织振兴如何促进村"两委"组织和各类民间经济组织、社会组织、文化组织更好地发挥各自的作用，最终形成"党建引领、多元共治"的共建、共治、共享的现代乡村治理体系。

中国现代化建设的短板主要在乡村，乡村振兴战略的实施为乡村描绘了令人期待的现代化发展前景，是广大农民共享改革开放成果、实现"中国梦"的最终体现。乡村振兴战略实施工程是我国现代化新的"两步走"战略的重要组成部分。到2050年，乡村全面振兴的目标能否如期实现，有赖于中央和各级地方政府、广

大农村以及社会各界人士的共同努力。本丛书的出版也算是我们
学术研究人在乡村振兴战略实施过程中所贡献的一份微薄力量。
我们期待丛书的出版面世能够吸引更多的人关注乡村、关注农民、
关注乡村振兴现代化建设事业。

朱冬亮

2021 年 6 月 4 日于厦门大学囊萤楼

目录

前 言

乡村与城市原本代表了人类社会两种不同的生产方式和认知形态，由此形成的乡村文化和城市文化也是两种截然不同的文化建构模式。在现代化过程中，城乡社会流动打破了原本相对分割的城乡二元社会结构，城乡文化因此而相互交融、相互影响。在一般人的认识中，乡村文化是传统、古朴而亲自然的，也是落后保守、需要加以改造的，而城市文化则与之相反。事实上，这是一种非常片面的认识。在当前乡村振兴战略实施过程中讨论乡村文化振兴，首先必须深刻了解什么是乡村文化，才能了解乡村文化振兴的终极价值和目标。

乡村文化结构大体包括三个层面：第一个层面是与乡村生产方式相关联的物质文化，包括乡村农耕技术、乡村建筑载体、乡村人居自然环境等。这也是普通人一眼就能发现的与城市文化的差别。第二个层面是包括语言和民俗生活方式在内的精神文化层面，包括各类民俗和宗教仪式，如地方方言、传统戏剧、宗族活动、宗教信仰活动、饮食文化等。一般人到乡村寻找和寄托"乡愁"，主要是针对乡村物质文化和精神文化层面。第三个层面则是乡村文化哲学层面的表现，是乡村蕴藏的与农耕文化相关的思想理念、思维方式、经验智慧、制度设计等。如"天时、地利、人和"本是农民在长期的耕作生活中总结出的一套农业哲学思想，如今被认为是"放之四海而皆准"的人类文明的"黄金定律"。农耕文化崇尚道法自然，且遵循自然规律、社会需求规律和市场规律。其中"春种夏管秋收冬藏"是遵循自然规律，违背这个规律，可能事倍功半甚至颗粒无收。乡村生产出的农产品是社会刚性需求，不管是否赚钱，都必须耕作；农业经营也要遵循市场规律，所谓"谷贱伤农"，讲的就是这个意思。如果从事农耕不挣钱，农业发展就难以为继。相比之下，只有数百年发展历史的人类现代工业文明似乎更是遵循市场经济规律。①从这个角度看，我国乡村文化承载了更多优秀传统文化的精髓，乡村文化振兴的意义也大抵与此有关。

党的十九大报告指出："文化是一个国家、一个民族的灵魂。文化兴国运兴，文化强民族强。没有高度的文化自信，没有文化的繁荣兴盛，就没有中华民族伟大复兴。"②党的十八大以来，习近平总书记在多个重要场合提到中国传统文化，"中华优秀传统文化已经成为中华民族的基因，植根在中国人内心，潜移默化影响着中国人的思想方式和行为方式。"③可见传扬中国传统文化的重要性。实际上，中国传统文化的本源是农耕文明。费孝通曾指出，"传统的中国文化是土地里长出来的"④，"中国传统文化是在自给自足的自然经济条件下生长的农业文化"⑤。自古以来，乡村就是中国文明的"育婴室"和传承载体，乡村文化是中国传统文化的根基，中华五千年的文明事实上是扎根于农耕文明基础上的。可见，中国传统文化的"根"是乡村文化，而乡村文化振兴就是要留住中华民族文化的"根"，彰显中华民族的独特性和保存中华民族伟大复兴的最深厚的文化精神力量。研究和阐扬乡村文化不仅有利于更好地传承中国传统文化，促进乡村文化振兴，同时对于进一步改造、重塑和阐扬中国传统文化，实现中国文化自觉自信，具有重要的理论意义和实践意义。

在乡村振兴的产业振兴、人才振兴、文化振兴、生态振兴和组织振兴五大振兴的战略实施中，乡村文化振兴是乡村振兴的源头活水，既要"富口袋"又要"富脑袋"。文化作为乡村振兴的力量"凝聚枢"和发展"风向标"，对乡村发展具有重要的保障和驱动作用。乡村文化建设可以凝聚乡村的"精气神"。文化振兴是乡村振兴的重要保障之一，必须坚持物质文明和

---

①刘奇：《守住传统农耕文化的精魂》，《农村工作通讯》，2020年第10期。

②习近平：《决胜全面建成小康社会夺取新时代中国特色社会主义伟大胜利——在中国共产党第十九次全国代表大会上的报告》，《人民日报》，2017年10月28日。

③习近平：《青年要自觉践行社会主义核心价值观——在北京大学师生座谈会上的讲话》，人民网，2014年5月5日，http://cpc.people.com.cn/n/2014/0505/c64094-24973220.html，2019年5月1日查阅。

④费孝通：《文化与文化自觉》，群言出版社，2007年，第12页。

⑤邴正：《市场经济冲击下中国文化的三大走向》，《社会科学战线》，1993年第5期。

精神文明一起抓，提升农民精神风貌，培育文明乡风、良好家风、淳朴民风，不断提高乡村社会文明建设。① 因此，实施和促进乡村文化振兴对于乡村全面振兴战略实施意义重大。文化振兴是乡村振兴发展战略中的重要组成部分，大力促进乡村文化振兴，可以提升农村文化自信，提升农业、农民的社会经济地位，促进乡村文化自觉。乡村文化振兴就是要给乡村注入新的灵魂。由此可见，文化振兴在乡村建设和发展中具有特殊地位和关键作用。

改革开放 40 年来，我国社会主义市场经济逐步发展壮大，经济和科技的飞速发展大大提高了人民的生活水平。相对于经济的高速发展，我国文化建设和发展却相对滞后。国内环境方面，随着我国城市化、工业化进程的不断加深，乡村社会大量青壮劳动力受经济因素的诱导而迁徙到城镇，融入城市建设和工业发展中，乡村建设乃至乡村文化建设缺乏主体支持。相对于乡村，城市依靠自身的聚集效应拥有更多的就业机会和更高的收入。② 大量农业劳动力从乡村转移到城市从事非农业产业，城乡发展差距逐渐拉大，传统乡村文化发展的物质基础不断被削弱。乡村"空心化""老龄化"等问题严重，农民的价值观也受到极大的冲击，城市文明不断削弱乡村地区传统乡村文化的影响力。传统乡村文化被忽视、被破坏、被取代的情况相当严重，伴随而来的是乡村文化的式微。一些地方乡村传统生活形态、社会关系日趋淡泊，乡村文化日渐荒芜。③ 有学者指出，当前我国乡村文化存在多重困境，包括乡村文化生态发生变化、乡村文化主体意识缺失、乡村文化资源整合不足等。④ 可以说，乡村地区的文化衰弱甚至"文化撂荒"问题成为学界日益关注的焦点。这点是当前我国实施乡村文化振兴战略首先必须面对的现实挑战。

在国际环境方面，当前我国正处在一个全球化交融的时代。进入 21 世纪，中国正式加入 WTO，既享受到了全球化带来的便利，同时也面对全球

①中共中央、国务院：《关于实施乡村振兴战略的意见》，人民出版社，2018 年，第 16 页。
②文贯中：《吾民无地：城市化、土地制度和户籍制度的内在逻辑》，东方出版社，2014 年，第 9 页。
③韩俊：《实施乡村振兴战略奋力开创新时代"三农"工作新局面》，《时事报告（党委中心组学习）》，2018 年第 2 期。
④徐苑琳：《乡村振兴　文化先行》，《人民论坛》，2018 年第 16 期。

化带来的挑战。在这种情况下，文化在国际竞争中的地位也日益突出。随着全球化的程度不断加深，各国各方面的联系不断加强，随之而来的是西方文化对我国传统文化的挑战日益严峻，主要包括普世价值论、西方宗教信仰以及西方消费主义文化等。这些西方文化及价值观不仅影响了中国城市文化的发展，而且还随着现代信息网络技术的兴起不断向乡村社会传播，不断挤压乡村文化的发展空间。从国与国之间文化交往的规律来看，往往是强势国家对弱势国家输出的文化较多，这种文化交往格局是不对称、不平等的，对我国自身的民族文化传承和发展会带来极大的挑战。① 从当下的现实出发，面对西方文化的传播和渗透，乡村传统文化作为我国传统文化的根基正不断被侵蚀和消解。正如梁漱溟曾经指出的，近百年来由于西方文明的输入导致我国乡村秩序崩溃、乡村礼俗蜕变以及乡民精神的破产等一系列变化引致的"文化失调"，是我国农村凋敝的病根。而这种文化失调是指"任何文化都有它特殊的结构模式，新的文化特质引入之后，不能配合于原有的模式中，于是发生失调的现象"。② 文化的失调必然导致社会的整体功能失调，社会的安定有序也会因此而受到威胁。简而言之，国内环境中乡村文化的衰败和国际环境下文化全球化对我国文化自信的冲击都表明了我国大力推进乡村文化振兴的重要性和紧迫性。因此，振兴乡村文化是转变我国在国际文化交往格局的弱势地位、实现中华民族传统文化繁荣兴盛的必由路径。

城乡差距使城市文化对乡村文化的冲击不断加大，中国传统乡村文化发展日益式微。从客观的角度看，传统乡村文化以血缘和地缘为特定传承范围，以宗祠—家谱、寺庙、各类古建筑等物质文化载体为依托，以各类传统或者新兴的民俗和民间信仰的象征仪式为传承形式，以各类民间惯习规则为乡村文化传承的内化濡化途径，以各类非物质文化传承形式为文化自觉和文化自信的来源，共同构成特定区域的乡村传统文化生态链。这个文化生态链条的任何一个组成部分遭到破坏，就可能会影响乡村文化的功能的正常发挥。新

---

① 任成金、潘娜娜：《西方文化输出及其对我国文化自信的影响》，《马克思主义研究》，2018 年第 2 期。

② 《文化与文化自觉》，第 1 页。

中国成立后，由于我们对乡村传统文化的作用和功能认知较为模糊，以致在20世纪六十年代的"文化大革命"等特定时期中，传统乡村文化传承载体和文化象征仪式遭到很大破坏。改革开放之后的市场化发展进程又使乡村文化遭遇城市文化乃至西方文化的冲击，不少传统文化因素逐步消失。本研究团队近年来调查的22个省（直辖市、自治区）105个县（市、区）的308个村庄中，绝大多数村庄都在不同程度上存在乡村文化衰败，乡村文化传承"断代"的现象。而乡村文化资源的利用不合理，乡村社会成员受教育程度参差不齐，乡村文化基础设施薄弱等问题，已经严重阻碍了乡村发展和乡村振兴战略的实施。由此可见，如何保护和传扬乡村优秀传统文化，已经成为当前乡村建设和乡村振兴战略实施的最紧迫的任务之一。

审视我国的乡村文化现状可以发现，我国乡村地区文化资源极为丰富，乡村文化业态多姿多彩，蕴藏着丰富的历史价值，是我国传统文化的重要组成部分。乡村文化中既有依托自然资源而形成的生态文化，也有特定历史条件下形成的红色文化、古村落文化、民俗文化、宗族文化等等。我国乡村传统文化中蕴含着宝贵的智慧，如何保护和传承传统乡村文化，如何构建新时代中国特色社会主义乡村文化体系，筑牢乡村振兴战略的精神之基，进而实现乡村社会的全面振兴，补足国家治理体系与治理能力现代化的"乡村短板"，是本书研究的初衷。面对当前乡村文化建设的发展困境，不少地方政府开始向"内"找答案，推动发掘具有本地特色的传统乡村文化。一方面，部分乡村地区积极结合市场经济，探索实现传统乡村文化的产业化道路，让乡村社会成员乃至地方政府获得了可观的经济效益；另一方面，部分地方政府也充分运用传统乡村文化所蕴含的智慧，推动乡村治理有效化，提升乡村治理能力，实现文明乡风、和谐家风，整体提升新时代中国特色社会主义乡村的精神风貌。当下，党和国家大力推进乡村振兴战略，中国乡村具有数量众多、类型多样的基本情况，推动乡村文化振兴，也势必会形成多元化的乡村文化发展路径和模式。

我们认为，实现乡村文化振兴，根本上要解决乡村文化资源的利用问题。在现代文化的大背景下，本书的研究重点是如何通过现代性的合理方式促进现代文化和传统乡村文化的融合发展，促进乡村文化振兴和乡村产业振兴、生态振兴、组织振兴、人才振兴融合发展，既充分保护和利用乡村文化资源，又达到释放乡村文化价值以及"乡愁"不"愁"的目的，同时以乡村文化振兴带动乡村产业发展，促进农村政治、经济、社会、文化事业全面发展，最终实现乡村全面振兴的目标，实现中华民族传统文化繁荣兴盛。

导论

第一节　现代化发展与乡村文化衰败

　　在我国几千年的社会发展中，乡村社会兼具血缘和地缘属性，无论社会政治经济如何变迁，乡村社会的存续以及乡村文化的传承无疑都是极为稳定的，封闭的村庄、单调稳定的生活和以在土地上单一劳作为职业的农民共同组成了一幅传统乡村社会文化生活场景。由于古代至近现代交通条件的限制和地理环境的阻隔，中国乡村环境相对封闭，依靠土地生存的人们被牢牢地固定在土地上，很多人一辈子都没有走出乡村。在传统时代，不仅乡村社会所产生的农业生产剩余是构建城市恢宏气象的物质基础，而且乡村文化也为城市文化和整个国家的政治、经济发展孕育了大量人才，古时候有"宰相起于州郡"之说。乡村社会不仅是中国几千年社会发展的物质生产基地，同样也是传统社会人才培养和选拔的文教中心。在乡村社会内部，男耕女织的小农经济生产、生活方式主要是依靠传统儒家文化规训下的以血缘为纽带的宗族文化价值观念来维持，乡村文化也在儒家文化伦理、宗族价值观念和长期的农业生产生活之中形成并薪火相传，也由此形成了所谓内生的乡村社会结构的基本特征。

　　在学术界，梁漱溟、费孝通、黄宗智等一批研究者都把乡村作为研究中国社会、文化发展变迁的基本单位。费孝通指出，中国的"乡土社区的单位是村落"①，"它是一个由各种形式的社会活动组成的群体，具有特定的名称，而且是一个为人们所公认的事实上的社会单位"②。黄宗智先生也认为，自然村"在经济上、社会上和政治上是较为闭塞内向的社团"③。他把自然村视作只包含庶民的"闭塞而又有内生政治结构的单位"④。他们二人都认为村庄是中国社会最基本的，在经济和社会生活层面都属功能完整的单位。而美国人类学家施坚雅（G. Willian Skinner）对 20 世纪 90 年代川西的乡村集市⑤结构展开了研究，他认为"中国乡村社会的基本单位是基层市场共同体（standard market community）"（大致相当于现在的乡镇范围），"小农的实际活动范围，并不是一个狭隘的村落，而是一个基层集市所及的整个地区"。⑥ 施坚雅的研究跳出了村庄社区，注意到农民的社会经济文化交往范围在一定程度上是相互重合的，即说明农民的文化活动范围不止于限定在村的地域内。确实，在特定的村庄社区内部，曾经的乡村是"熟人圈"，传统而落后的生产生活方式和社会价值认知仍抹杀不了古朴乡村的互助友爱的邻里氛围、稳定的乡村秩序以及农民对土地的珍惜、对自然的敬畏和对祖先的尊崇，由此建构起乡村传统文化的整个生态链条。

近代以来，由于工业文明的发展，城市及城市文化的兴起和发展，乡村的经济地位和文教力量不断被削弱，传统相对融洽的城乡关系逐渐被城乡对立关系所取代，乡村传统文化也因此受到强烈冲击。新中国成立以来，尤其是改革开放所引发的中国社会急剧变迁，使得传统乡村社会不断地被瓦解与重构，由此呈现出乡村社会发展三个基本特征：

首先是乡村人口的"离土"流动与农业基本生产单位的瓦解。传统的乡村社会主要依靠以家庭为基本单位的小农经济维持社会的发展，至近代以来，乡村社会自给自足的小农经济受到了城市工商业经济的强烈冲击而逐步解体。

---

① 费孝通：《乡土中国》，三联书店，1985 年，第 4 页。
② 费孝通：《江村经济》，江苏人民出版社，1986 年，第 5 页。
③ 黄宗智：《华北的小农经济和社会变迁》，中华书局，1986 年，第 254 页。
④《华北的小农经济和社会变迁》，第 229 页。
⑤ 乡村周边村庄每隔几天交易一次的集市，川西称之为"场"，福建称为"墟"，云贵等地则多称为"街"，北方多则称为"集"，是乡村社会最重要的基层经济贸易场所。
⑥ G. W. Skinner: *Marketing and Social Structure in Rural China*, The Journal of Asian Studies, Vol. 554：(1964—1965)，Part I，p. 32.

20世纪30年代中期，费孝通先生在苏南吴江县（现苏州市吴江区）开弦弓村进行田野调查时发现，初始阶段的工业化对当时当地乡村土地利用率的影响是巨大的。一方面是随着现代农业技术在乡村地区的推广，乡村经济发展趋向市场化，使得大量农业人口得以解放双手，乡村由此产生了大量剩余劳动力；另一方面，中国东南沿海城市由于受到西方列强的殖民侵略，开始了初步的工业化进程，需要大量的劳动力，因此吸引了乡村富余劳动力投身其中，开始了农业人口向非农人口的转化过程。在城乡经济发展的"推拉"作用下，越来越多的乡村人口开始向城市迁移。最开始走出乡村的部分人到城市从事工商业，获益颇丰。在城乡经济收益的巨大对比下，越来越多的乡村劳动力开始放弃土地，离开乡村，到城市谋求发展机会。这种社会大变局对乡村文化建设和发展产生了深远的影响。

20世纪80年代改革开放后，由于土地家庭联产承包责任制的实施，农民在获得土地承包经营权的同时，也获得了离开土地的自由，越来越多的乡村人口流向城市，人民公社时期的城乡隔离格局被打破。中国城市化、工业化的急剧推进和市场经济体系的不断完善，也使得大量青壮劳动力被城市所吸纳。同时，城市在文化教育上的优势不断突出，相当多的乡村家庭为了让子女获得更好的教育资源而选择离乡进城。留守在乡村的主要是老弱妇孺以及已经从事农业生产劳动数十年而没办法在城市扎根的老农民，乡村的"老龄化""空心化"问题也因此日趋严重。当下乡村社会所涌现的各种问题，归根结底还是"人"的问题。没有人的乡村，缺乏青壮年群体支撑的乡村，就谈不上乡村建设与发展，更谈不上乡村文化振兴乃至乡村振兴。

其次，农民与土地的联系不断被削弱。在传统乡村社会中，人们的生存全系于土地之上，土地是农民的"命根子"，人们的命运被土地紧紧锁定。土地不仅是农民的生存保障，也是农民价值观的集中体现。一方面，虽然说中国地大物博，但人口的分布使得中国适宜耕作的地区往往呈现出"地狭人稠"的情况，人均耕地少。在以家庭为基本经营单位的中国乡村，土地的产出占据农户基本收入的绝大部分。他们普遍认为土地是维系一个家庭生活的基本生存资料，也只有土地产出足够多的粮食才能给他们带来安全感。另一方面，祖祖辈辈的农业耕作也使得农民对土地充满感情，认为失去土地便是失去祖业。费孝通先生 20 世纪 30 年代中期在苏南开弦弓村调查时发现，如果村里有谁家的土地上长满了荒草就会被村里的人视作懒汉，如果儿子把继承的土地卖掉就被视为不孝。农民与土地联系起来的纽带不仅仅是利益，情感因素的影响也很大。

到了现代社会，在市场经济大潮的持续冲击下，乡村土地制度以及传统的农耕文化趋于瓦解。城市经济的迅速发展为原本依靠土地谋生的人们提供了更多元的选择，"面朝黄土背朝天"，在一定程度上还需要看老天爷脸色的农业生产不再是农民唯一的选择。同时，固守土地和进城务工在经济收益上所形成的巨大差异，让农民对务农失去信心和希望，也让从事农业生产成为辛苦谋生的代名词，人们开始放弃土地。诸多农民进城务工，缺乏劳动力的农户要么将土地闲置，要么将土地以极低的价格转租给村里人。这种土地流转形式深刻动摇了乡村文化建设的经济基础。

这里我们需要说明的是，在我国的土地制度中，土地属于国家和集体所有，但是这种所有权是虚化的。自分田到户以后，农民普遍认为土地就是自己的，而农民为谋求更多的经济收益所放弃的是对土地的经营权而非放弃土地所有权。市场经济的蓬勃发展导致人们的经济理性不断扩张，不断地削弱农民与土地之间的物质联系，也冲淡了传统乡村文化中农民和土地的情感联系。乡村文化的发展离不开当地村民的物质支持和精神投入，而当下农民与乡村之间的物质联系与情感联系不断被削弱，乡村文化的发展不仅缺乏经济物质支持，也缺失了农民的精神投入。

最后，作为乡村文化传承和发展载体的村庄不断消减。随着城市化、工业化的推进，市场经济发展对乡村社会的影响不仅体现在乡村人口向城市的单向流动、农民谋生方式的改变、农民与土地之间的联系不断被削弱，更直接的影响是中国乡村数量的大幅度减少。调查显示，2000 年我国自然村总数为 363 万个，到 2010 年减少为 271 万个，10 年间平均每天有 200 多个村落消失。[①] 作为构成乡村的核心要素，乡村人口尤其是青壮年人口的大量流失和乡村土地摞荒率的逐年提高，乡村的衰败与瓦解不可避免，乡村"文化荒漠"也自然随之呈现。乡村文化传承和发展的载体——村庄不断消

①唐晓梅、杨戴云：《黔东南苗族侗族传统村落保护发展对策研究》，《民族学刊》，2018 年第 3 期。

失，大量传统乡村文化及其表现形式也因村庄的不断消失而岌岌可危。如古屋、古庙、古籍、古树等直观上传承乡村文化的物质遗产由于年久失修、缺乏保护管理等原因而逐渐湮灭在历史中，村庄的消失则大大地加速了这一进程。同时，乡村传统习俗、祭祀仪式、地方戏曲、手工技艺等间接表现乡村文化的非物质文化遗产，也因为乡村人口的大量流失及其经济理性的扩张而面临着传承断代的风险，乡村的逐步消失在一定程度上也加剧了这一风险。

综上所言，随着乡村人口的大量流失、农民与土地联系的削弱和乡村本身的消减，根植于乡村生产生活的传统乡村文化也正在被削弱或消失。一方面，对乡村存续乃至乡村文化发展而言，人的因素至关重要。随着工业化进程逐步加深，城乡二元社会结构分化进一步加剧，农民大量流入城镇就业居住，乡村"空心化"现象十分严重。乡村文化能够薪火相传、绵延不断和人们的生产生活密切相关，乡村文化的保护和传承需要一代又一代的人投身其中，就是要有"人气"。比如客家土楼就是客家人在恶劣的环境下一起生产、共同生活而形成的团结、勤劳等优秀乡村文化凝结成的产物，一旦人与其生产生活的环境脱离，客家人不再居住在土楼里，其文化的载体土楼就将面临坍塌，乡村文化的物质载体和象征意义也就在这一过程中大量流失。另一方面，城市文化极大地冲击了乡村文化，原本封闭保守的乡村生活状态被打破，乡村传统价值观念受到冲击，乡村文化即面临传承失序等现实挑战。乡村地区的"文化荒漠"现象极为严重。在这种时候，社会上甚至出现"用城市文化取代乡村文化"的声音。由于一些历史原因，我国乡村文化在一段时期被社会忽略甚至被遗忘，乡村文化的基础设施落后，投入经费有限，农民文化生活单调，这些问题大大加速了乡村文化的衰败。

综上所述，在很多村庄中，曾经古朴的乡村文化在现代化过程中逐渐消失，传统优秀的乡土价值观念在时代变迁中趋于湮灭，乡村文化的物质实体和精神载体也随着乡村人口的外流而逐渐消失在人们的记忆中。这些正是当前我国乡村文化趋于式微的真实写照，也是我们讨论乡村文化振兴的社会背景。

第二节　乡村文化振兴的意义

在追求现代化过程中，我们一直试图把城市文化嫁接到乡村，以对乡村本土文化进行改造。改革开放初期，乡村文化建设"缺位"，城市文化外溢席卷乡村社会，但最终的结果是"水土不服"。城市的现代化因子无法植入到乡村社会发展的图景中，即使是现代化程度较高、经济发展较好的乡村也是如此，城市文化并没有能够完全融入乡村。正因如此，乡村长时间处在这样一个文化缺位的异常状态中。乡村文化缺位带来的是农民精神文化生活的空乏和乡村社会秩序的混乱。值得庆幸的是，乡村文化并没有被城市化冲击得一蹶不振，而是在现代化进程中以各种形式隐匿起来，或是隐藏于乡村社会星罗散布的庙宇、祠堂之中，或是隐藏在乡村社会成员内心的"乡愁"之中。把乡村文化"还之于民"，成为乡村文化建设和发展的当务之急。

回溯改革开放以来党的历次代表大会可以看出，党和国家始终把发展乡村文化、繁荣乡村文化作为党和国家推进乡村社会治理的重要抓手，其重视程度不断得到提升。党的十四大报告指出，为了加速改革开放，推动经济发展和社会全面进步，要把社会主义精神文明建设提高到新水平，其中，就提到"村镇文化"的建设，明确指出要把精神文明建设落实到城乡基层①，强调要加强乡村文化建设的力度，以乡村精神文明建设推动乡村文化发展。1997年，党的十五大把文化建设上升到国家战略层面，形成了社会主义经济建设、政治建设、文化建设和社会建设"四位一体"的中国特色社会主义事业总体战略布局，并首次提出了"建设有中国特色社会主义的文化"，指出"中国特色社会主义文化"本质上与"社会主义精神文明"是一致的，其实现需要"立足中国现实、继承历史文化优秀传统、吸取外国文化有益成果"。这说明，党从国内外大势充分认识到文化建设的重要性

---

① 江泽民：《加快改革开放和现代化建设步伐夺取有中国特色社会主义事业的更大胜利——在中国共产党第十四次全国代表大会上的报告》，人民网，1992年10月12日，http://cpc.people.com.cn/GB/64162/64168/64567/65446/4526312.html，2019年5月1日查阅。

和紧迫性，并将文化繁荣视为社会主义现代化实现的重要目标之一。[①] 从具体实践层面看，乡村文化建设是党和国家推进"四位一体"战略布局的关键一环。乡村文化的发展、繁荣就是乡村社会发展"补短板"和"增优势"的重要内容，更是促进国家发展的战略目标。

　　21 世纪以来，"三农"问题进一步为党和国家所重视。中国的乡村治理逐步从原本的"管控型"治理体系向"服务型"治理体系转变。党和国家陆续出台政策为乡村发展"减负"，2005 年前后废除农业税是这种转变的重要标志。乡村文化建设作为乡村建设的重要内容也逐渐受到重视。2002 年，党的十六大再提文化建设的战略意义，提出要"发展面向现代化、面向世界、面向未来的，民族的科学的大众的社会主义文化"[②]，进一步明确了文化建设的蓝图远景。2005 年，党的十六届五中全会首次明确提出了建设社会主义新农村，"要按照生产发展、生活宽裕、乡风文明、村容整洁、管理民主的要求，扎实稳步地加以推进"[③]，不仅提出了乡村建设的基本要求，还构建了"乡风文明"的乡村文化建设目标，并在 2006 年的中央一号文件中指出要"繁荣农村文化事业"[④]，推动乡村文化发展。自 2005 年始，在党和国家的许多重要会议和指导文件中，发展和繁荣乡村文化不断得到体现和重视，其重要性不断被提升。到 2017 年，党的十九大提出乡村振兴战略，更加全面地提出了建设中国特设社会主义新农村的战略安排，并按照"产业兴旺、生态宜居、乡风文明、治理有效、生活富裕"的总要求进行总体布局，其中以"乡风文明"为具体要求的乡村文化建设成为推动乡村全面振兴的重要一环。2018 年 3 月，习近平总书记在参加十三届全国人大一次会议山东代表团审议时首次提出五大振兴，分别是产业振兴、人才振兴、文化振兴、生态振兴和组织振兴，并强调文化振兴的内涵是加强农村思想道德建设和公共文化建设，以社会主义核心价值观为引领，深入挖掘优秀传统农耕

---

　　①江泽民：《高举邓小平理论伟大旗帜，把建设有中国特色社会主义事业全面推向二十一世纪——在中国共产党第十五次全国代表大会上的报告》，人民网，1997 年 9 月 12 日，http://cpc. people. com. cn/GB/64162/64168/64568/65445/4526289. html，2019 年 5 月 1 日查阅。

　　②江泽民：《全面建设小康社会，开创中国特色社会主义事业新局面——在中国共产党第十六次全国代表大会上的报告》，人民网，2002 年 11 月 8 日，http://cpc. people. com. cn/GB/64162/64168/64569/65444/4429118. html，2019 年 5 月 1 日查阅。

　　③《中共中央第十六届五中全会公报》，人民网，2005 年 10 月 11 日，http://cpc. people. com. cn/GB/64162/64168/64569/65414/4429222. html，2019 年 5 月 1 日查阅。

　　④中共中央、国务院：《关于"三农"工作的一号文件汇编》，人民出版社，2014 年版，第 127 页。

文化蕴含的思想观念、人文精神、道德规范，培育挖掘乡土文化人才，弘扬主旋律和社会正气，培育文明乡风、良好家风、淳朴民风，改善农民精神风貌，提高乡村社会文明程度，焕发乡村文明新气象。[①] 21 世纪以来，党和国家对乡村发展的重视程度，从党的十六大的"统筹城乡发展"、党的十六届五中全会的"社会主义新农村"，到党的十九大报告的乡村振兴战略，再到 2018 年的中央一号文件对乡村文化的规划，实现了从国家基本指导政策到国家战略的飞跃，并详细规划了乡村全面振兴的实践路径。乡村文化振兴作为乡村五大振兴之一，是补齐乡村发展短板，接轨国家现代化发展战略的关键环节。改革开放以来，党和国家一直十分重视乡村的经济发展和乡村文化的建设，但相比较于城市文化的发展，乡村文化建设一直落后于城市，乡村文化的发展、繁荣依旧是任重道远，需要不断投入。

事实上，按照马克思关于生产力和生产关系的基本原理的观点，传统乡村文化的"退出"是乡村生产力与生产关系发展和相互作用的结果。改革开放初期，城市文化的下沉打开了乡村封闭的狭隘空间，打造了一条城市和乡村之间的通道，通过这个通道，先进的技术进入乡村，农业生产从传统的牛耕人力方式转向机械化生产，乡村的生产力得以提升，传统乡村文化等上层建筑的部分逐渐瓦解。但由于乡村生产力尚未发展成熟，城市文化在乡村社会水土不服，传统文化和城市文化的双双"退出"导致乡村文化主导权之争进入搁置期。21 世纪以来，生产力得到极大发展，精神文化成为人们日益增加的重要需求，人们对乡村旅游的需求日益增加，乡村文化作为一种特殊资源也进入了人们的视野。与此同时，城乡通道具有双向性，这也决定了仅仅由乡村向城市输送劳动力、农业资源的单向传输是暂时的。当下，在生产力和生产关系的相互作用下，城乡二元结构从城乡统筹发展阶段迈向融合发展、一体化发展。城市的诸多要素包括资本、人才、技术等流入乡村，推动着传统乡村文化不断调整。新型的农业经营方式和管理理念不断倒逼乡村文化的结构优化，乡村活力被激发出来，丰富的乡村文化资源促使返乡创业潮出现，文化小镇、生态旅游等新事物在乡村遍地开花。乡村文化结构发生改变，整

---

①《习近平等分别参加全国人大会议代表团审议资料》，新华网，2018 年 3 月 8 日，http://www.xinhuanet.com/politics/2018lh/2018—03/08/c_1122508329.htm，2019 年 5 月 1 日查阅。

个乡村的风气随之改变。传统乡村文化融合了现代性的要素，村民的文化自觉和文化自信也因此蓬勃生长，乡村文化的保护也从单一的政府行动转变为村民的集体行动。现代乡村文化逐渐萌芽和发展，乡村文明风气逐渐形成，乡村文化也真正作为精神动力推动着乡村振兴向前走。这些正是隐藏在乡村文化衰败的表象下乡村文化得以发展转型的火种和希望。

基于此，我们研究团队从实践出发，实地调查了全国 308 个村庄，总体上把握当下我国文化振兴的现状。在此基础上，作者选取了 14 个具有代表性和典型性特征的村庄为主要研究案例，深入探究其文化振兴的发展过程和模式，剖析地方文化振兴的经验做法。本书试图基于政府主导型、社会主导型、市场主导型等三种乡村文化振兴模式的对比分析，剖析乡村文化振兴的阶段性问题，并从中概括提升出一些具有推广意义和普适价值的乡村文化振兴发展经验。这对全面提升我国乡村振兴的效果和质量意义重大。

从理论价值层面来看，本研究有利于丰富我国乡村文化的理论研究。改革开放以来，文化建设在我国发展建设中一直处于次要地位，乡村文化建设始终是走走停停，对于乡村文化建设的理论研究更是缺少系统性和持续性。这使得我国当下对乡村文化振兴的推进一直处于不断摸索的阶段，缺少相应的理论指导。实际上，许多地区在实践中已经摸索出了乡村文化发展的具体模式，但缺少理论研究和系统梳理。本书力图全面剖析不同地区文化振兴的做法，挖掘我国乡村文化振兴的理论内容，为我国乡村文化振兴的全面推进提供系统完整的理论指导。

从实践价值层面来看，本研究有助于为乡村文化振兴提供案例经验。当下，乡村文化振兴无论是政府管理、社会参与还是具体实施和运行都尚处于起步阶段，甚至有许多地区仍没有出台有效的文化振兴的方案。本研究所调查的大多数地区正处于探索阶段，基本探索出了一条适合本地文化振兴的具体模式，包括规章制度、具体做法。同时，本研究将从多个角度比较三种乡村文化振兴模式的异同点，并提出构建我国乡村文化振兴的阶段性模式，即在何种阶段适合乡村文化振兴的何种模式。一方面，可以为我国乡村文化振兴提供较为完整、集中的案例，另一方面也可供其他地区借鉴，进而推进全国乡村文化振兴的进程，更好地提升我国乡村文化振兴的效果，助力乡村振兴。

第三节 研究方法和总体思路

一、主要研究方法

本书将从社会学、人类学、经济学、公共管理等多学科角度，研究乡村文化振兴的主要实施路径。在方法论层面，作者将遵循辩证唯物主义与历史唯物主义相结合的研究思路，充分分析乡村文化振兴战略实施过程中存在的内在矛盾，系统比较三种乡村文化振兴模式的内在差异，并且重构乡村文化振兴的模式。

在具体研究方法层面，本研究主要采用文献研究法、实地调查法、比较法、个案研究法等多种研究方法，获取了丰富的一手研究资料，并展开文本叙事分析。文献是本研究得以开展的基础和保障。乡村文化振兴具有政策驱动的特点，因此文献的搜集不仅包括学界的研究成果，同时也关注与乡村文化建设有关的重要历史文件。在查阅大量相关研究文献的基础上进行分类、归纳、总结，明确乡村文化振兴的必要性、内涵，厘清乡村文化建设的脉络。

实地调查法是指在理论梳理的基础上，注重理论联系实际，在充分调查的基础上开展研究。本研究团队近年来走访了全国许多村落，走访了当地负责乡村文化振兴的领导干部、在基层开展乡村文化振兴的企业负责人和社会组织工作人员以及当地村民，了解了当前乡村文化振兴实施中存在的问题，并搜集了相关意见。

个案研究法是针对某一特定个体、单位、现象或主题的研究，主要通过广泛收集有关资料，详细了解、整理和分析研究对象产生与发展的过程、内在与外在因素及其相互关系，以形成对有关问题深入全面的认识和结论。[①] 由于乡村文化振兴的三种模式更多是给现实提供抽象意义上的参考系，因此还需要从现实当中找到对应个案，这就需要用到个案研究法。

比较法就是在案例分析的基础上，对这三种模式进行比较分析，找出其异同。

---

① ［美］罗伯特·K. 殷：《案例研究方法的应用》，周海涛主译，重庆大学出版社，2004 年，第 13 页。

我们的研究团队对浙江省绍兴市和福建省龙岩市、宁德市、厦门市及三明市等两省 7 个县（区）14 个村的文化建设进行了田野调查，尽量全面地了解这些地区近年来文化振兴过程中所取得的成效，并且从杂志、网络等重要传播渠道搜集整理相关报道，对乡村文化振兴发展过程和模式进行分析（如表 1-1 所示），从中总结出一些经验和做法，并结合其他田野调查获取的文化振兴资料进行对比研究和分析。

表 1-1 福建、浙江 2 省 7 县（区）调查样本情况统计

调研省	市、州	区、县	镇（乡）、村
浙江省	绍兴市	上虞区	称海村
福建省	三明市	将乐县	余杭村
福建省	宁德市	古田县	双坑村等 7 个村
		屏南县	漈头村
	龙岩市	古田县	洪坑村、南江村
	厦门市	翔安区	澳头小镇
		海沧区	院前社
合计	5	7	14

二、研究思路

十八大以来，习近平总书记在多个重要场合提到加强文化建设对提升民族文化自信的重大意义。乡村文化振兴本质上是要留住中华民族的文化之根，彰显中华民族的独特性和保有实现中华民族伟大复兴最深厚的力量。

近年来，本研究团队走访调查共计 22 个省（市、自治区）105 个县（市、区）的 308 个村庄。调查发现大多数村庄已经具备了文化保护以及文化振兴的意识，均作出了一些具体的尝试，少部分地区已经形成了较为成熟的做法、经验，但大多数地区在推进乡村文化振兴的初级阶段主要是以公共文化设施的完善为主要目标，在一定程度上造成了公共文化设施的闲置与浪费，侧面反映大部分地区乡村文化振兴措施的不合理。这就需要从实践案例出发，进行理论总结。本书主要以我们研究团队近年来在浙江省绍兴市上虞区，福建省三明市将乐县、龙岩市长汀县、宁德市古田县、厦门市同安区和翔安区等地实地调研获取的一手田野研究素材为基础，对 14 个村的乡村文化振兴发展过程进行梳理，总结其振兴的模式并进行比较分析。研究团队采用入户调查、访谈和集中座谈的形式展开调查，调查内容包括各地区乡村传统文化的涵盖范围、乡村文化的历史演变、乡村文化保护和传承的经验、当代乡村文化振兴的主要方式和方法等。通过大量的田野调查，深入挖掘优秀乡村传统文化，同时以案例的形式将不同地区文化振兴的经验鲜活地呈现出来。本研究依据主导力量的不同将乡村文化振兴的模式分为三种，分别是政府主导型、社会主导型和市场主导型。在此基础上，选择三个对应的案例，总结三种案例中不同模式的乡村文化振兴的方式、方法，并对比分析三种模式下乡村文化振兴面临的多重困境，提出破解方法，并尝试构建我国乡村文化振兴的模式。

本书基于对以上乡村文化振兴案例的翔实分析，阐明推进乡村文化振兴的独特作用和重大意义，并进一步讨论乡村文化振兴以何撬动乡村其他方面的振兴，又如何上升为国家推进乡村文化振兴的一般规律，并思考与回答一个核心议题，即如何系统构建我国乡村文化振兴模式以全面提升乡村文化振兴的效果和质量？为此，我们必须弄清何为乡村文化振兴？相较于产业振兴、生态振兴、组织振兴、人才振兴，文化振兴的地位和意义是什么？在实际研究中，作者将从乡村发展的历史和现实层面上探讨乡村文化是如何演变发展的，同时了解当前乡村文化发展中存在的主要问题。

本书将以详细的案例分析为基础，对比分析三种乡村文化振兴模式的实践路径，分析三种乡村文化振兴模式的共性和差异，并分析当前乡村文化振兴的三种模式在实施中存在的主要问题及其成因。重点比较不同模式的文化振兴案例的效果和实施条件，并分析结果。同时结合理论梳理，分析不同的文化振兴案例对于提升乡风文明、创新乡村治理机制与实现文化自信的作用和影响，并试图进一步解答不同乡村振兴模式在构建共建共治共享的文化振兴机制中的作用。

本书各章节主要内容安排如下：

导论部分，主要阐述在我国的现代化发展过程中，伴随着城镇化进程的快速推进，大量乡村青壮年劳动力外流，由此导致乡村文化日渐式微，这不仅严重影响乡村文化传承，而且还对乡村社会的持续发展产生了消极影响，由此说明推进实施乡村文化振兴的重要意义。同时，对研究思路、研究方法和内容框架进行了交代和说明。

第一章着力叙述乡村文化建设的实践探索及其理论研究的历史变迁。在实践探索上，本章致力于厘清近代以来中国乡村文化建设的实践及其流变；在理论上则详细梳理了改革开放以来乡村文化建设方面的政策演变，以及学术界对乡村文化建设研究中所呈现出的从零散到系统的发展态势。

第二章、第三章、第四章为本书的核心部分，通过具体案例，着重讨论和分析我国乡村文化振兴的三种类型：政府主导型、社会主导型和市场主导型。其中政府主导型的乡村文化建设案例主要有福建省宁德市古田县、福建省龙岩市永定区以及浙江省绍兴市上虞区称海村三个地方；社会主导型的乡村文化建设案例有福建省屏南县漈头村以及浙江省上虞区两个地方；市场主导型的乡村文化建设案例有福建省厦门市翔安区澳头小镇与海沧区院前社。这些地方大多蕴含着丰富的文化资源，地方政府、村干部和村民也大都意识到乡村文化建设对乡村社会其他方面的发展所具有的积极意义。

第五章是对我国乡村文化振兴的经验性总结和反思。通过对不同乡村文化振兴模式的多维度比较，探究三种乡村文化振兴模式的运行机制、参与力量和价值取向以及适用范围，总结其共性与个性。在此基础上，突出强调乡村文化治理对乡村社会持续发展的重要性，并提出推进乡村文化治理的基本路径。

目前，乡村文化振兴正处在关键时期，充满了机遇与挑战，这就尤其需要在乡村文化振兴模式上进行总结，来全面提升乡村文化振兴的质量和效果。零散化的乡村文化建设的措施已经不能与人民群众日益扩大的精神文化需求相适应，如何通过构建系统、动态的模式保障乡村文化振兴的质量具有重要的实践意义。同时，乡村文化振兴作为马克思主义中国化在实践层面的重大突破，是习近平新时代中国特色社会主义思想的重大实践成果，需要从理论上进一步探索和总结。尤其是基于大量实践案例的系统模式构建，国内研究还较为欠缺。为了满足当下我国对乡村文化振兴从理论到实践的双重需要，应通过重构系统的模式保障乡村文化振兴的质量。乡村振兴处在"进行时"，亟待在生动、翔实地描述全国各地如何谋划和推进乡村文化振兴的总体基础上，对乡村文化振兴作出更多思考。

第一章／乡村文化之嬗变

　　传统时代，乡村社会一直是国家的文教中心和官吏的储备基地，儒家核心文化价值观念规训下的乡村文化也因此繁荣昌盛。近代以来，伴随着西方资本主义列强的入侵，中国的工业化、城市化进程随之开启，城市经济、文化迅速发展，打破了乡村社会传统的乡绅自治模式，新式学堂的兴起还使得乡村社会失去了国家文教中心的地位。尤其是在科举制被废除后，乡村文化的发展受到了极大的冲击，乡村社会秩序全方面失控。一时间，以梁漱溟、晏阳初为代表的有识之士竞相奔走，呼吁要"重建乡村"。在他们看来，重建乡村文化首当其冲，改造农民的"愚昧""贫穷""体弱""自私"是乡村文化重建的目标。有识之士们希望以乡村文化的革新推动民族文化的振兴、乡村社会的重建，乃至推动国家社会的发展。无数仁人志士在探寻乡村文化建设和乡村社会发展的实践道路上前仆后继。当前，面对乡村文化振兴的诸多难题，必须要回顾前人的实践道路，从宏观层面对以往乡村文化建设的政策演变、实践脉络进行全面的梳理和分析，研判推进乡村文化振兴所面临的严峻形势，总结不同文化振兴模式的经验乃至教训，在更大范围内为其他地域的乡村文化振兴提供有益参考。

第一节　乡村文化建设的实践探索

　　封建时代乡村文化相对繁荣，而近代以来，随着中国的工业化、城市化的推进，乡村文化失去其中心地位。由此，乡村文化建设的实践探索从近代开始，大致分为近代时期和新中国成立以来的两个大的历史阶段。前者主要是乡村文化重建或是乡村文化建设的地方性实践，后者是在中国共产党的领导下对乡村文化进行改造，其间也经历了诸多波折。新中国成立以来的乡村文化建设主要分为新中国成立初期、改革开放和 21 世纪以来三个阶段，乡村文化发展的具体实践经历了十分曲折的过程。

自新中国成立到改革开放前，这一阶段的乡村文化建设主要是以党和国家对乡村文化的领导和推动为主。新中国成立后，中国共产党开始引领和改造传统乡村文化，带给了乡村社会成员更为普及、更具现代性的文化表现形式。十年"文革"期间，乡村文化建设受到政治动荡的极大影响。

20 世纪 80 年代，我国改革开放促使乡村发展和乡村文化建设重启。这一阶段，乡村文化建设的特点依旧是中国共产党引领乡村文化的发展，同时原本被忽视的传统乡村文化在这一阶段有所复兴。21 世纪以来，随着"三农"问题成为党和国家工作的重心，乡村文化的重要性也不断被提升。在认识到乡村文化对乡村发展乃至国家发展的重要性后，21 世纪以来乡村文化建设的实践探索不断得到重视，并逐步被上升到国家发展战略层面，力图补齐乡村文化发展的短板，助力乡村振兴战略，使乡村社会发展与国家治理体系和治理能力现代化的战略目标接轨。

一、近代乡村文化的局部探索和革命实践

近代以来，面对内忧外患的局势和乡村社会发展的颓势，很多思想家、革命家都认识到乡村文化对乡村社会发展的重要性。以梁漱溟、李大钊、毛泽东为代表的近代有识之士，十分关注乡村社会的重建和乡村文化的发展，乡村文化建设开始从理论研究不断上升到具体实践层面。"乡村建设"一词最早源自山东乡村建设研究院，该研究院是梁漱溟 1931 年在山东邹平县策划成立的，此前也有类似的如"乡治""村治"的说法。梁漱溟主张运用儒家文化，发挥传统的伦理精神来进行文化建设。20 世纪二三十年代，梁漱溟等人掀起了轰轰烈烈的乡村建设运动。在这个时期，农民是整个社会的人口主体，乡村社会则是中国社会结构的主体，在中国社会发展中占有十分重要的地位。正是认识到这一点，梁漱溟等人在山东邹平等地积极开展乡村建设，建立乡学，重视弘扬中国传统道德文化来引导农民积极向上搞建设，以中国传统文化和近代科学技术为主要内容，开展乡村文化建设运动。[①]

　　同一时期，年轻的共产党人毛泽东对乡村文化的认识也达到了一定的高度。毛泽东在其著作《湖南农民运动考察报告》一文中生动详细地阐释了农民与传统文化、新文化之间的关系，指出乡村文化是农民无法脱离的传统文化之一，而新文化的建立也正是基于农民文化传统。这里的农民文化正是本文所说的乡村文化。在之后的中国革命实践中，毛泽东也一直深刻地把握着这一关系，不断将农民解放问题和乡村发展问题融入波澜壮阔的中国新民主主义革命的伟大实践之中，而这点也正是中国共产党能够赢得民心、获得政权的关键因素之一。中国共产党历来重视农民问题与乡村发展问题，其相关思想与实践延续到了新中国成立后，影响着乡村发展政策的制定，引导着乡村文化建设的发展。

二、新中国建立初期的乡村文化建设实践

　　从新中国成立到 20 世纪 70 年代，乡村文化建设实际上是以政权嵌入为主。这一时期，中国共产党为了获得乡村社会的话语权和巩固自己的执政基础，不断地向乡村社会嵌入革命文化、政党文化等现代政治文化，主要方式是"文化下乡"，对以农民为主要对象的乡村社会成员进行社会主义价值观的再教育活动。一方面是以艾青为代表的广大文艺工作者在中国共产党的号召下自觉扎根乡村社会，创作了一大批带有乡土气息的文学作品，另一方面是文化剧团如鲁艺工作团将与农民群众日常生产生活联系密切的剧目，诸如《双喜临门》《兄妹开荒》等，送进乡村社会，广受好评，极大地丰富了农民群众的精神生活。同时，中国共产党通过兴办"扫盲班""识字班"，不断提高农民群众的文化水平。因而，这一阶段表现出乡村文化实践探索的单向性、单一性等特征。

　　事实上，早在 1942 年延安文艺座谈会之后，就掀起了一场帮助文艺工作者真正服务农村的"文化运动"，即"文化下乡"运动。[②] 而这一时期的

---

　　①鞠忠美：《在创新中传承：传统文化的现代出路——梁漱溟乡村文化建设的启示》，《山东社会科学》，2017 年第 1 期。

　　②凯丰：《关于文艺工作者下乡的问题——在党的文艺工作者会议上的讲话》，《解放日报》，1943 年 3 月 28 日。

"文化下乡"运动，开启了我国"送文化"进农村的农村文化建设补充模式。[①] 因此，新中国成立之后，特别是在 20 世纪 60 年代的农村文化建设中也延续了这种模式。1958 年 4 月，文化部召开了全国农村群众文化艺术工作会议，会议提出"大力发展以俱乐部为中心的农村群众文化活动"[②] 的目标。1958 年 5 月，中共八大二次会议正式通过社会主义建设的总路线，其中明确指出"在继续完成经济战线、政治战线和思想战线上的社会主义革命的同时，逐步实现技术革命和文化革命"[③]。同年 6 月 3 日，《人民日报》发表了题为《精神振奋斗志昂扬积极实现技术革命——向技术革命进军》的文章，强调"中国的革命现在已进入一个新的历史时期，这就是以技术革命和文化革命为中心的社会主义建设的新时期"，并指出我国现代化建设的三个组成部分，即"现代工业、现代农业和现代科学文化"。[④] 由此，我国的"文化革命"运动拉开了序幕。

　　1963 年 3 月 20 日，文化部、中国文学艺术界联合会、中国共产主义青年团中央委员会联合组织的新中国第一支农村文化工作队开赴河北、河南、山东等六省的六县开展农村文化工作，这也是新中国第一次"文化下乡"运动[⑤]，其目的是开展农村群众文化活动，进而提升农民的文化素质。其采取的主要方式是分派文艺工作者前往各地农村开展农村文化工作，形式包括演出话剧、歌剧、举办美术作品展览、放幻灯片、说相声、讲故事等等，目的是对农民进行社会主义文化教育，将社会主义的新文化送到农村，即"送文化"下乡。后期，文化的政治化倾向愈演愈烈，这一时期乡村文化建设的实质是意识形态的建设。

　　到"文化大革命"时期，乡村文化建设实践探索被卷入到了意识形态斗争之中。这一时期乡村文化问题从国家战略中剥离出来，上升到阶级斗争层面，不仅忽视了文化的巨大价值和重要意义，还忽视了文化建设与国家未来发展的紧密关联，使一些优秀的传统乡村文化及其表现形式遭到了

---

①郑迦文：《文化下乡与精神进城——民族地区农民工公共文化服务的面向及策略》，《贵州社会科学》，2016 年第 5 期。

②《生产大跃进，文化艺术紧紧跟——记全国农村群众文化艺术工作会议》，《美术》，1958 年第 5 期。

③马齐彬、陈文斌等：《中国共产党执政四十年》，中共党史资料出版社，1989 年，第 146 页。

④《精神振奋斗志昂扬积极实现技术革命——向技术革命进军》，《人民日报》，1958 年 6 月 3 日。

⑤《首都首批文化工作队下乡》，《戏剧报》，1963 年第 3 期。

批判、破坏。最突出的表现就是"破四旧"行动对乡村古屋、古庙、古迹的极大破坏。"文革"时期不仅是乡村文化研究的中断期，实际上也是整个社会科学领域研究的停滞期，"自然科学和社会科学领域研究也几乎停止了。"① 1956 年 4 月 28 日，毛泽东在中共中央政治局扩大会议上提出："百花齐放、百家争鸣"，应该成为我国发展科学、繁荣文学艺术的方针。② 但 1957 年"反右"扩大化损害了"双百方针"的落实。20 世纪 60 年代初，中共中央逐渐纠偏，但到 1964 年后，特别是在"文化大革命"期间，这一方针遭到了严重的破坏，抑制了我国文化建设的进程。1964 年年底的三届全国人大一次会议，将 1958 年提出的"现代工业、现代农业和现代科学文化"三个现代化改为"工业、农业、科学技术和国防的现代化"。③ 这一时期，由国家主导的乡村文化实践探索主要形式比 60 年代初更为单一，政治力量对乡村文化的表现形式控制力度不断强化，其中最为突出的就是将喜剧《红灯记》《智取威虎山》《沙家浜》《海港》《奇袭白虎团》，芭蕾舞剧《红色娘子军》《白毛女》和交响音乐《沙家浜》等 8 项作品被树立为"革命样板戏"，挤压了其他乡村文化表现形式，在乡村社会完全树立起政治文化的权威与主导作用。

三、改革开放后的乡村文化实践

改革开放后，乡村文化建设逐步成为党和国家乡村工作的重点，依旧以政府行政引领为主，追求城、乡文化产品和服务的均等化。一方面不断加大乡村文化基础设施投入，另一方面推动城市文化产品向乡村流动，为乡村社会提供更多的文化公共服务。江泽民总书记在党的十三届八中全会上指出："我国是一个农业大国，11 亿多人口，9 亿在农村。这个基本国情，是我们考虑全部问题的根本出发点。"④ 实际上，我国文化工作的根本出发点也是基于这一基本国情。事实上，20 世纪 90 年代我国乡村文化生活贫乏，尚不能满足农民对文化生活的需求，当时流行着这样一句话："吃不

---

①《毛泽东提出"百花齐放""百家争鸣"方针》，人民网，http：//cpc. people. com. cn/GB/33837/2534760. html，2019 年 5 月 1 日查阅。

②同上。

③陈晋：《毛泽东的文化创新之路》，《中国人民大学学报》，2003 年第 6 期。

④高占祥：《深化改革，开创文化工作新局面——在全国农村文化工作会议上的讲话（节录）》，《中国戏剧》，1992 年第 8 期。

愁，穿不愁，一到天黑就发愁。"① 乡村文化生活的落后容易引发社会的不稳定，且会延缓用科学技术兴农富农的步伐，滋生封建迷信的错误观念。正基于此，当时文化部提出坚持文艺"为人民服务，为社会主义服务"的重点在农村，其实质在于"向农民群众提供更多更好的精神产品和丰富多彩的文化娱乐服务"。②

可以看出，在这一时期，乡村文化的实质仍是由城市向农村输出文化产品和文化服务，但其目的与 20 世纪 60 年代相比发生了变化。这一时期主要是为了提升农民的文化水平，其措施包括给农民建立村文化室、图书室、俱乐部、文化大院等文化设施，并以这些文化设施的数量来衡量我国乡村文化事业的发展繁荣与否。许多研究表明，这一目标事实上并没有很好地实现，有些地方报纸、杂志无人过问，变成了"包装纸"，广播线路老化无人维修。③ 主要的原因是农民的思想观念还很落后，相关文化建设的措施不能适应农民的实际需要，比如农忙时和农闲时娱乐活动的时间分配一样多，显然不符合实际情况。可见，乡村文化建设一是要破除农民的旧观念、塑造新思想，二是要适应农民的生产生活需求，否则乡村文化建设就会逐渐变成"面子工程"。直到现在，乡村文化建设的内容已经发生了很大的转变，其中很重要的一部分旨在挖掘优秀的民族文化。在 20 世纪 90 年代就有学者意识到农村文化出现的问题，其中之一就是优秀的民族文化得不到挖掘整理，而文化设施的数量背后存在着不容忽视的问题。④ 这一观点虽然是针对民族地区的乡村提出的，但也反映了当时我国乡村文化建设的重心主要是在乡村文化基础设施建设。

改革开放后，各地乡村摆脱了封闭落后的局面，农民或离乡进城，或走村串户，各地乡村文化互相融合。例如在湘西土家族苗族自治州，改革开放带来的外地文化与湘西民族传统文化互相渗透，使湘西农村文化呈现

---

①罗培育、杜兵、高新春：《农村文化生活贫乏，农民感叹说：吃不愁穿不愁一到天黑就发愁》，《乡镇论坛》，1995 年第 8 期。

②《深化改革，开创文化工作新局面——在全国农村文化工作会议上的讲话（节录）》，《中国戏剧》，1992 年第 8 期。

③《农村文化生活贫乏，农民感叹说：吃不愁穿不愁一到天黑就发愁》，《乡镇论坛》，1995 年第 8 期。

④周凤敏：《当前民族地区农村文化出现的问题与对策思考》，《满族研究》，1994 年第 1 期。

出兼收并蓄、多层次、多色彩的局面。① 各地乡村文化互相融合，既包括乡村文化之间的相互融合，也包括乡村文化与城市文化之间的融合。这些文化的融合途径是多种多样的，主要有以下四种：一是以文化产品的形式融合。一批有志于发掘民族传统文化的人士将乡土文化凝结到文化产品中，作为乡村文化传播的重要载体，既能向城市充分展示乡村文化，同时也能使乡村居民自觉意识到乡村文化的宝贵之处。二是乡村居民自觉接纳外地文化。随着乡村居民文化素质的提高，尤其是农村青少年，他们认识、了解到不同文化，并且善于自觉接纳、吸收外地优秀文化，而非一味地故步自封、闭塞不前。三是社会流动。经济体制改革之后，社会流动性大大提高，不同地区、民族、文化水平的人相互交流，彼此沟通，打破了以往村落的闭塞。正如马克思在《共产党宣言》中所说的："过去那种地方的和民族的自给自足和闭关自守状态，被各民族的各方面的互相往来和各方面的互相依赖所代替了。"② 四是由于群众文化生活的活跃和大众传播的发达，村落之间的隔阂被打破，文化之间相互涵化。③

四、乡村文化发展纳入国家发展战略

随着改革开放的持续推进和市场经济体系的不断完善，国家的各项工作逐步步入正轨，乡村文化建设也迎来了新的发展。20世纪90年代，我国乡村文化的理论研究从实践走向理论并逐步成熟起来。党的十六大报告中明确提出，全面建设小康社会的目标是中国特色社会主义经济、政治、文化全面发展，构成文化建设与经济建设、政治建设、社会建设并列的四位一体的布局。④ 可以看出，文化建设已经作为社会主义建设的四大支柱之一，其重要性不言而喻。

进入21世纪，尤其是提出建设社会主义新农村后，党对乡村文化的重视在一些重要文件中都有体现，乡村文化融合的道路更加多样，繁荣乡村文化的途径逐渐拓宽。2005年10月，党的十六届五中全会明确提出建设社

---

① 杨铭华：《当代湘西农村民族文化活动及提高问题》，《民族论坛》，1992年第3期。
② 中共中央编译局：《马克思恩格斯文集》（第二卷），人民出版社，1949年，第35页。
③ 胡潇：《农村改革的文化变迁》，《江汉论坛》，1993年第2期。
④ 侯宁宇、杨世义：《党的十六大以来农村文化建设研究综述》，《中共乐山市委党校学报》，2015年第1期。

会主义新农村的重大战略目标，并提出了"生产发展、生活宽裕、乡风文明、村容整洁、管理民主"的具体要求①，由此把乡村文化建设纳入国家乡村发展的总体布局中。2006 年，中央一号文件《关于推进社会主义新农村建设的若干意见》明确提出了繁荣农村文化事业，除了加强农村文化设施建设、引导文化工作者深入农村等传统手段，还注重保护和发展有地方和民族特色的优秀传统文化，并鼓励农民兴办文化产业。②

党和国家对乡村发展的重视程度不断提升。从党的十六大的"统筹城乡发展"、党的十六届五中全会的"社会主义新农村"，到党的十九大报告的"乡村振兴战略"，再到 2018 年的中央一号文件对乡村文化的规划，实现了从国家基本指导政策到国家战略的飞跃，并详细规划了乡村全面振兴的具体实践路径。乡村文化振兴作为乡村振兴的五大振兴之一，是补齐乡村发展的短板，促进乡村发展与国家现代化发展战略接轨的关键环节。

第二节　改革开放后乡村文化的理论建构

关于乡村文化的研究，不同时期侧重点有所不同。总体而言，从 20 世纪 90 年代至今，针对我国乡村文化的研究包括了对乡村文化的概念、内涵、意义、价值、作用以及建设模式等方面的研究，其理论研究呈现出全方位、深层次以及争议性的三大特点。这三大特点贯穿于乡村文化研究的诸多部分。从历史层面来看，改革开放后，乡村文化的研究可分为两个时期，一是零星化研究时期，二是系统性研究时期，划分的时间节点为 2005 年，即十六届五中全会提出"建设社会主义新农村"之时。

我国对乡村文化的研究起步较晚，尤其是关于乡村文化振兴的研究刚刚开始。改革开放后，关于乡村文化的研究开始呈现持续性、深入性以及高速发展的态势，且主要集中在十六届五中全会之后。自此，乡村文化作为一个研究热点持续受到学者们的关注。改革开放以来党在历次重要会议

---

①候宁宁、杨世仪：《党的十六大以来农村文化建设研究综述》，《中共乐山市委党校学报》，2015 年第 1 期。

②《关于"三农"工作的一号文件汇编》，第 127 页。

上对乡村文化建设有过许多重要论述。党的十四大则明确提出了"村镇文化"建设这一概念，指出了要把精神文明建设落实到城乡基层。2005 年是乡村发展的转折年，十六届五中全会首次明确提出建设社会主义新农村的基本要求，"要按照生产发展、生活宽裕、乡风文明、村容整洁、管理民主的要求，扎实稳步地加以推进"，并在《关于推进社会主义新农村建设的若干意见》中明确要"繁荣农村文化事业"。学界对乡村文化的重视程度也不断提高。廖章恒 1994 年发表了题为《新时期农村社会主义文化建设探索》的文章，这是改革开放后明确探索和研究乡村文化建设的第一篇文章，其最大的贡献在于正确定位了乡村文化建设。他认为乡村文化建设具有整体优化性、互补共生性、有效参与性以及经济依存性四个主要特点，明确指出乡村文化建设的地位，并提出乡村文化建设的措施包括设施、人才队伍、文化活动与管理等。[①]

  2005 年之前对于乡村文化的研究主要是以政策宣传为主，集中在对政策文件的内容解读和具体措施的实施探究上，研究呈现零散和个别的特点。2005 年，十六届五中全会提出建设社会主义新农村的重大历史任务之后，关于乡村文化的研究开始逐渐增多。由此可见乡村文化这一主题的研究具有明显的政策驱动的特点。随着改革开放的深入发展，农村的生产生活条件不断改善，乡村文化建设的重要性越发凸显。党的十九大报告提出了乡村振兴战略；2018 年 4 月，习总书记指出"着力推进乡村产业振兴、人才振兴、文化振兴、生态振兴、组织振兴"[②]，而文化振兴是乡村振兴的灵魂。从政策层面来看，国家的政策指向为乡村文化建设提供了良好的发展机遇。随着城乡文化发展政策的一体化的推进，农村文化教育的不断发展，农村文化载体呈现出多元化倾向，农村文化设施逐步完善，农村文化的市场化水平越来越高，[③] 乡村文化建设正迈入千载难逢的机遇期。

---

①廖章恒：《新时期农村社会主义文化建设探索》，《农村经济》，1994 年第 10 期。

②《习近平总书记视察湖北重要讲话精神》，湖北日报网，2018 年 5 月 24 日，http://news. sina. com. cn/o/2018-05-24/doc-ihaysvix7034062. shtml，2019 年 5 月 1 日查阅。

③周军：《我国农村文化发展的机遇、困境与模式》，《东北师大学报（哲学社会科学版）》，2019 年第 1 期。

21 世纪我国进入"全面建设小康社会，加快推进现代化的新的发展阶段"[①]。在全面建设小康社会的背景下，依然有一些消极因素影响和制约乡村文化的发展，即面临一些短板问题。如存在现代文化和信息意识模糊、农村居民文化素质偏低、封建文化和陋习文化的残余[②]等农民自身的短板，人力资源严重不足、文化管理体制落后、农村文化资源利用不当[③]、政府财政越位和缺位、筹资模式落后[④]、缺少群众参与性文化组织及其动员机制[⑤]等社会机制、管理上的短板等，这些因素都是乡村文化健康发展的障碍。随着农村文化教育发展趋向均衡化，农村文化设施不断完善，文化载体多元、城乡一体化不断推进[⑥]，一些不利因素如今已经逐渐被破除，农民的文化水平有了显著提高。国家统计局的一项调查结果显示，1999 年，我国农村中小学与初中受教育程度的人口占全国总人口的 72.39％，高中水平的占比为 4.68％，大专以上的占比仅为 0.32％，文盲率达 13.8％。[⑦] 2016 年，我国乡村文盲率下降到 8.8％，小学与初中文化程度人口占比为 77.7％，高中文化程度的人口占比为 10.4％，中专及以上学历的人口上升至 3.1％，但当年全国中专及以上学历的人口达 12.9％，比农村高出近 10％。这一数据表明，农民的文化素质在十几年的时间里虽有所提高，但提升幅度有限，且高层次人才远远落后于全国平均水平。不可否认，农村的发展兼具复杂性和艰巨性，一些问题长期没有得到解决。例如城乡二元体制和文化监督管理保障机制成了乡村文化发展的痼疾，且出现了许多新变化、新的因素，包括文化投资体制和城乡文化交流与融合机制障碍，都成为乡村文化发展的新影响因素。[⑧]

---

①《中国共产党第十五届中央委员会第五次全体会议公报》，人民网，2000 年 10 月 11 日，http://cpc.people.com.cn/GB/64162/64168/64568/65404/4429268.html，2019 年 5 月 1 日查阅。

②于慎忠：《小康社会农村文化与乡镇图书馆》，《图书馆杂志》，2001 年第 1 期。

③张文彪：《近中期福建农村文化发展问题研究》，《中共福建省委党校学报》，2002 年第 12 期。

④周批改、李牡丹：《农村文化事业发展中的筹资问题研究》，《湘潭大学学报（哲学社会科学版）》，2006 年第 1 期。

⑤谭同学：《村庄秩序、文化重建与现代化类型》，《东岳论丛》，2006 年第 2 期。

⑥《我国农村文化发展的机遇、困境与模式》，《东北师大学报（哲学社会科学版）》，2019 年第 1 期。

⑦牟德刚：《新时期的农村文化建设：问题与措施》，《中州学刊》，2004 年第 5 期。（参见国家统计局编：《中国人口统计年鉴 2000 年》，中国统计出版社，2001 年，第 533 页。）

⑧《我国农村文化发展的机遇、困境与模式》，《东北师大学报（哲学社会科学版）》，2019 年第 1 期。

经过十多年的探索，国内学界对乡村文化的研究逐步系统化，乡村文化发展迎来新的机遇期。学界对乡村文化的概念、作用，乡村文化建设的模式，乡村文化发展的制约性因素等，都进行了有益探讨。

一、多方位研究乡村文化的共性

乡村文化的发展还面临着诸多困境。调查显示，2000 年我国自然村总数为 363 万个，到 2010 年减少为 271 万个，10 年间平均每天有 200 多个村落消失。① 21 世纪之初，乡村文化阵地萎缩、设施简陋、经费匮乏，农民群众文化活动贫乏，精神生活单调的问题十分严重。② 发展至今，乡村文化依然是困境重重：一是乡村文化的主体困境。一方面，乡村人口流失严重。改革开放以来，在城乡二元化结构下城乡差距愈来愈大，乡村人口大量外流，基本流出到县级及以上的地区，乡村留守的多为老人，乡村文化的主体正在流失。另一方面，农村基础教育水平低，农村常住人口文化素质普遍不高，农村基层干部队伍老龄化严重，且素质不高。二是乡村文化发展自身的困境。改革开放以来，乡村的封闭性、稳定性等特点逐渐丧失，城市文化迁移乡村，弱化了乡村文化，加之乡村文化的主体缺失，乡村文化出现传承失序、农民传统价值观念趋于瓦解等现象。③ 乡村地区的文化衰弱甚至"文化撂荒"问题日趋严重，这是国家实施乡村文化振兴必须面对的现实和挑战。三是乡村文化的治理困境。一方面是政府扶持力度不够，一段时期政府忽视乡村文化的重要性，对乡村文化的硬件设施和教育扶持等投入严重不足，并且公共文化建设已经展现出"内卷化"等问题④；另一方面是体制机制不健全，包括投资体制、监督管理机制、交流与融合机制、保障机制等方面均不协调，不适应乡村文化的发展需求，资源无法合理匹配。⑤ 这些问题严重阻碍了乡村文化的发展，乡村文化建设之路困境重重。进入 21 世纪，从整体上看乡村文化的发展仍然面临着许多困难，但正如学者们所认同的，在新时期，乡村文化面临新的发展机遇，出现了新的情况。

①《黔东南苗族侗族传统村落保护发展对策研究》，《民族学刊》，2018 年第 3 期。

②徐平：《社会主义新农村的文化建设》，《科学社会主义》，2006 年第 1 期。

③李一吉：《城镇化进程中农村文化发展问题研究》，《农业经济》，2017 年第 4 期。

④杨光、高子健：《乡村文化"内卷化"问题何解》，《人民论坛》，2018 年第 31 期。

⑤《我国农村文化发展的机遇、困境与模式》，《东北师大学报（哲学社会科学版）》，2019 年第 1 期。

一些文化程度较高、善于改革、努力进取的新型农民以及思想观念先进的返乡农民逐渐成为乡村文化的主体，经济发展飞速，为乡村文化建设提供了基础，这些都为乡村文化的发展提供了新的机遇。还有学者从跨学科的视角来研究乡村文化。教育学方面，有学者将乡土文化与教育的结合，即通过把握乡土文化的本质特征，包括地方生态、民俗、历史等，贴近社会实际，进而拓展高等教育中的知识结构，从而破除高等教育与世俗社会"貌合神离"的窘境。① 经济学方面，尹栾玉基于制度经济学，认为政府作为制度和乡村文化产品的双重供给者，应完善责任制度、监督制度和调控制度，同时应该紧密结合农村的非正式制度，共建乡村文化。

乡村文化振兴与文化自觉、文化自信和文化自强的关系。中国近代以来一直存在文化自卑、文化自觉到文化自信的复杂心路历程。② 新中国成立后，文化自卑的历史表象已然褪去。随着中国特色社会主义实践深入推进，文化建设的重要性不言而喻，而文化自觉、文化自信最终实现文化自强的过程是推动中国特色社会主义文化长远发展的必然途径。改革开放后，学界对文化构成多元化、文化建设的长期性等问题不断形成新的认识。十八大后，国家高度重视文化建设，肩负了文化发展繁荣的历史使命。文化自觉在行为上表现为主动和有目的的文化自省，包括肯定、否定、自信和批判的文化自省行为。③ 事实上，近代我国传统文化遭遇了巨变，人们就已经开始寻找中国文化的出路。改革开放后，社会主义核心价值体系的形成本身就意味着中国共产党人在文化上的自我觉醒，自我反思，自我创建。④ 有学者以"中国菇民区核心地带村落——X 村的乡村文化建设的实例"为例，说明其已经实现了文化自觉，实践方式就是当代乡村社会民间信仰的复归，接下来就是要重建乡村文化自信，"让乡村回归乡村"。⑤ 这正是当下人们开

---

① 戴云、王洪军：《高校人文素质与乡土文化教育刍议》，《黑龙江高教研究》，2001 年第 3 期。

② 黄有东：《从"文化自卑"到"文化自信"——对"五四"以来中国三次文化宣言的诠释》，《中华文化论坛》，2005 年第 3 期。

③ 何一：《对近代以来文化自信的历史价值和未来命运的再认识》，《内蒙古社会科学》（汉文版），2005 年第 5 期。

④ 张雷声：《文化自觉、文化自信与社会主义核心价值体系》，《思想理论教育导刊》，2012 年第 1 期。

⑤ 张祝平：《论乡村振兴中的民间信仰文化自觉——中国菇民区核心地带村落 40 年变迁考察》，《学术界》，2019 年第 1 期。

始重新认识自身文化的表现。

文化自觉最早是由费孝通先生提出的。改革开放后，现代化的文化符号不断削弱乡村文明，现代文化不能融入原有的乡村文化而产生了"文化失调"现象。对于此，费孝通提出"文化自觉"一词，他认为文化自觉是"生活在一定文化中的人对其文化有'自知之明'，明白他的来历，形成过程，所具有的特色和他发展的趋势，不带任何'文化回归'"。① 进入 21 世纪，人们对于文化自觉的认识逐步加深。云杉指出，文化自觉是指一个民族、一个政党在文化上的觉悟和觉醒，包括对历史进步中地位作用的深刻认识，对文化发展规律的正确把握，对发展文化历史责任的主动担当。具体来说就是做到三个高度自觉，即地位认识上高度自觉、规律把握上高度自觉、责任担当上高度自觉。② 程玥认为乡村公共文化从建设到振兴历经文化"自觉—认同—自信"这一过程，文化自觉是实现文化自信和文化振兴的前提。③ 高静等人则从制度变迁的视角揭示了我国乡村文化从衰落、变异到自觉的变迁过程，并指出乡村文化振兴的要义就是实现从自觉到自信的转变。在文化自觉这一过程中，需要认识自己的文化，并反思文化发展中的优点和教训，最终在世界多元文化中摆正自己的位置。乡村文化振兴的要义就是实现乡村文化从文化自觉到文化自信。④ 云杉则从文化强国的实现出发，认为文化振兴是以文化自觉、文化自信到文化自强的目标转变实现为核心的。⑤

乡村文化建设和乡村经济发展的关系。马克思主义认为，文化是一定社会的经济和政治的反映，并且又作用于社会的经济和政治。可以说，经济、政治与文化的关系是十分紧密的，它们之间相互作用，政治、经济是文化发展的基础，而文化的繁荣又能反过来促进经济的发展。有学者从文

① 费孝通：《文化的生与死》，上海人民出版社，2009 年，第 185—186 页。

② 云杉：《文化自觉　文化自信　文化自强——对繁荣发展中国特色社会主义文化的思考（上）》，《红旗文稿》，2010 年第 15 期。

③ 程玥：《文化振兴与乡村公共文化自觉模式分析》，《东南学术》，2019 年第 2 期。

④ 高静、王志章：《改革开放 40 年：中国乡村文化的变迁逻辑、振兴模式与制度构建》，《农业经济问题》，2019 年第 3 期。

⑤《文化自觉　文化自信　文化自强——对繁荣发展中国特色社会主义文化的思考（上）》，《红旗文稿》，2010 年第 15 期。

化事业和文化产业的二分法出发，认为乡村文化事业侧重于公共产品的供给，而文化产业则看中文化的经济效益，认为文化事业和文化产业二者应该渗透和融合发展，文化产业只是文化运行的不同方式，其承载的精神内容仍是文化自身，文化事业要注重投入产出，文化产业也要通过反哺文化事业等形式实现文化产品的公共价值等。[①] 具体来说，一是乡村文化事业可以提高农民文化素质、繁荣乡村精神文明，一方面有助于村庄和谐稳定，另一方面有利于农民掌握先进的生产技术，能更好经营农村产业。二是乡村文化产业可以更好地挖掘乡村大量现有的文化资源，这些文化资源既可以成为乡村经济发展的新生长点，又可以达到保护、传承乡村优秀文化资源的目的。

二、多角度界定乡村文化的概念

学界对文化概念的界定大概有 500 多种，乡村文化的概念也因此纷繁复杂。正是基于此，笔者将国内学界对乡村文化概念的界定大致总结为以下四种观点。

第一种观点认为，乡村文化是乡村物质财富和精神财富总和。这种观点从广义的文化含义出发，这也是比较为学界接受的解释，即认为文化是在人类社会历史发展过程中创造的物质财富和精神财富的总和，包括物质层面、精神层面和制度层面的文化。因而，乡村文化也应包含乡村的物质文化、精神文化和制度文化。乡村物质文化是乡村文化价值得以实现的物质基础和基本载体，乡村精神文化是指乡村精神文明。乡村制度文化则由于乡村的特殊性，表现出两种文化：一种是正式制度文化，主要是指治理乡村社会所运用的法律条文、法律规定等规章制度形成的文化；另一种是非正式制度文化，是指乡村社会内部在生产、生活中形成的，约定俗成的，具有乡村特色的一些特殊的习俗、规定，其中有来自宗族的影响，也有来自农民长期生活方式的影响。有学者从广义文化的视角出发，对乡村文化的内涵进行了总结，认为乡村文化是源于乡土并依存于乡土的文化，具有很强的地域性。具体而言，乡村文化本质上是一种俗文化，是乡村的各种俗文化与传统文化融合形成的，其存在于乡村田间地头，以活态形式存在

---

① 范玉刚：《文化事业与文化产业的"分"与"合"》，《人民论坛》，2017 年第 4 期。

于乡村民众日常生活之中，体现了村民的生活方式和精神意识，并内敛为乡土文化意识。在物质层面，乡村文化包括乡村山水、乡村聚落、建筑、民俗工艺品；在精神文化层面，包括生活习惯、传统文艺表演、传统节日等；在制度层面，包括生产生活组织方式、社会规范、乡约村规等。① 可以说，广义的乡村文化是农民在生产活动中创造出来的，与农业、农村、农民有关的物质文化和精神文化的总和。基于广义的乡村文化，乡村文化振兴的内涵可以理解为，不仅是物质和社会福利的改善，更是乡村文化体系内在凝聚力的提升，是乡村文化具有自我生长的动力和能够在社会前进过程中长久延续和创新的能力。②

第二种观点认为，乡村文化是以农民为载体的文化。这种观点是从狭义的层面来看，认为乡村文化是指在一定的社会经济条件下形成的以农民为载体的文化。它是农民的文化水平、思想观念以及在漫长的农耕实践中形成并积淀下来的认知方式、思维模式、价值观念、情感状态、处世态度、人生追求、生活方式等深层心理结构的反映，它表达的是农民的心灵世界、人格特征以及文明开化程度。③ 这一说法主要是从农村文化的主体——农民出发。类似的观点还有，发展农村先进文化，实质上就是要建设农村精神文明，改变农民落后的思想观念。④ 这一说法实际上基于狭义的文化概念，从农民的精神层面出发。因此，狭义的乡村文化振兴旨在提升农民的文化素质和转变农民落后的思想观念，实现乡风文明。

第三种观点认为，乡村文化是农民创造出来的直接满足其精神需要的产物。这种观点明确否定了上述两种概念，从根本上否定了广义和狭义层面的文化定义，认为"文化，就是人类创造的用来满足精神需要的产物，通过各种符号、物体、媒介、技能以及行为方式，再现或表达人类的理性或非理性精神活动的过程或结果，其目的是用来为满足人类精神生活需要"。⑤ 这一观点的提出者魏则胜认为，将文化分为大文化、小文化的方式

①李佳：《从资源到产业：乡村文化的现代性重构》，《学术论坛》，2012 年第 1 期。
②高静、王志章：《改革开放 40 年：中国乡村文化的变迁逻辑、振兴模式与制度构建》，《农业经济问题》，2019 年第 3 期。
③吕红平：《农村家族问题与现代化》，石家庄：河北大学出版社，2001 年，第 211 页。
④丁聪枝：《发展农村先进文化的基础性问题》，《中共福建省委党校学报》，2001 年第 12 期。
⑤魏则胜：《中国特色社会主义文化何以自信》，《华南师范大学学报（社会科学版）》，2018 年第 1 期。

造成了文化所指对象的混乱。文化是人的精神生活方式，但人类创造的所有事物都是人类实践的产物，都带有精神属性。文化也是人类创造的，究其根本，文化与其他人类创造的产品的区别在于文化的精神属性的二维性，那些人类创造但直接目的不是用来满足精神生活需要的事物不是文化现象。因此，魏则胜对文化的定义是从文化的本体出发，把文化明确为直接满足人类精神需要的产物。从这个定义出发，乡村文化的内涵就应该是农民创造的用来直接满足其精神需要的产物。

第四种观点认为，乡村文化是与城市相对应的一种区域文化。这种观点从相对的视角审视乡村文化，引入城和乡的文化视角，把乡村文化视为与城市文化相对的一种区域文化。这种相对性，主要是基于城市、乡村两种不同的生产生活地域，不同的构成人群以及在此基础上所形成的观念意识、价值取向以及日常行为方式的不同。城市文化一般是指生活在城市里的人们以城市生活环境为基础所创造的以知识、信仰、艺术、道德、习俗等为核心要素及其表现形式的精神财富的总和，既包括人们日常行为方式、观念意识，也包括在此基础上外化形成的典章制度、组织形态以及艺术形式。具体地来说，乡村文化是一种区域文化，它的主体为农民，是指一种农村居民在漫长的历史进程中创造和形成的精神文明的总和，其内容有四，即农民的价值观念、规范体系、语言符号、处事方法和行为方式。[①] 早在改革开放初期就有类似的提法，黄延平就指出，"村民文化是相对职工文化而提出的，它是农村文化的重要组成部分，也可以说是农村文化的主体"，[②]而城乡文化即城市文化和乡村文化的合称。职工文化是城市文化的主体，村民文化是乡村文化的主体，村民文化与职工文化的相对性，恰恰就是乡村文化与城市文化的相对性。

三、多层次分析乡村文化的作用

回顾我国乡村文化发展历程，一方面，我国乡村文化整体上表现为封闭性、凝固性、落后性、农耕性等特征；[③] 另一方面，我国的乡村文化有着

---

①朱启臻：《生存的基础》，社会科学文献出版社，2013 年，第 144 页。
②黄延平：《塑造和建设有中国特色的村民文化》，《农业现代化研究》，1992 年第 4 期。
③韩美群：《"全面建设小康社会"的农村文化境遇》，《社会主义研究》，2003 年第 6 期。

鲜明的时代特征，包括自我满足的群众性和地域性，口述文化和视觉文化依然是主要的文化形式，传统文化与外来文化互相吸收与扬抑。① 乡村文化的内容也因此异常丰富，其作用也得到了体现。

首先，乡村文化具有稳定村庄秩序、制约乡民的重要作用。乡村文化的一个重要组成部分就是乡村习俗，即一个区域长期以来形成的约定俗成的规则。乡村习俗是乡村的非正式制度，社会控制的传统手段正是习俗。② 如若一味地淡化或者漠视乡村文化，不仅不能用其约束乡民，还会使得社会控制弱化或失灵。20 世纪 90 年代，有学者对吉林省乡村文化建设进行了实地调查，指出吉林省在乡村文化建设中存在乡民价值观念模糊等突出问题。事实上，这一问题到今天仍然存在。不少乡村地区存在农民的集体观念淡化、自治意识弱化、村落社会关系纽带疏散以及社区舆论对个人行为约束力明显降低，村落文化生活金钱化、低俗化，部分地区农民存在道德失范等现象。③ 这些现象无疑是长期以来对乡村文化建设漠视的后果。党中央在十九大报告中重提乡风文明这一关键词，就是意识到了乡村文化的重要性。

其次，乡村文化能够形成"文化力"④，为乡村各方面发展提供精神动力。具体来说，就是通过乡村文化的手段，增强农民的凝聚力和向心力，进一步提升农民的素质和精神文明，从而为农村社会的全面进步提供强大、可持续的精神动力。⑤ 上述两种观点虽然有些许出入，但究其根本都认为乡村文化可以起到包括约束、激励等在内的思想教化作用。还有学者认为乡村文化的重要性在于其本身内含的文化资源，文化资源能带来新的经济增长，并作为经济发展的新的内生变量，成为现代经济分析框架中的关键因素。乡村文化资源是具有开发潜力的物质性或非物质性存在。⑥ 正因如此，

①于慎忠：《小康社会农村文化与乡镇图书馆》，《图书馆杂志》，2001 年第 1 期。

②高长江：《对吉林乡村文化建设的思考》，《长白学刊》，1995 年第 1 期。

③《村庄秩序、文化重建与现代化类型》，《东岳论丛》，2006 年第 2 期。

④"文化力"这一概念最早于日本出现，是指一个国家在经济发展到一定程度之后，为进一步提升经济竞争力而提出的口号。参见：谈建成、彭寿清：《论西部农村经济发展的文化动力》，《农村经济》，2004 年第 11 期。

⑤葛彬：《文化在当代中国农村现代化进程中的基本定位——关于农村文化建设的调查与思考》，《求实》，1998 年第 4 期。

⑥李佳：《从资源到产业：乡村文化的现代性重构》，《学术论坛》，2012 年第 1 期。

乡村文化资源的产业化、乡村文化产业的发展日益成为学者们关注的焦点。还有一些学者尝试从不同视角研究乡村文化振兴。吴理财等人基于文化治理的视角阐述了乡村文化振兴与乡村振兴的多重价值目标耦合，包括文化产业、伦理文化、自治文化重建以及农耕文化复兴与乡村振兴中的产业兴旺、乡风文明、治理有效以及生态文明等目标耦合，可以说，乡村文化振兴正是乡村振兴的题中之义，是乡村振兴的文化推力和精神动力。①

　　最后，推动实施乡村文化振兴能够促进与自然的和谐共处。追溯到 20 世纪 90 年代，早期学者对乡村文化的前景主要有三种看法。一是对乡村文化的前景不乐观。邴正认为在市场经济冲击下都市文化逐渐取代了乡村文化的传统优势，"取代"一词的使用，体现了邴正对乡村文化前景暗淡的观点。辛秋水直接批评乡村文化是"贫穷文化"，而非代表先进生产力的文化，并将其视作乡村现代化实现的阻碍。② 因此可以说辛秋水对现存的乡村文化的态度是否定的，他主张"改造"，即乡村文化必须要改造文化的主体——农民，通过精神层面的改造，实现其自身的发展，并最终实现文化的发展和整个社会的发展。"改造"一词与"取代"一词有相似的意义。也有学者持不同观点。1995 年，王钧林《近代乡村文化的衰落》讲述了乡村文化在传统社会向近代社会转变的过程中"无可挽回的衰落"，同时，他又指出乡村文化的希望在于乡村及其文化更适宜人的生存与发展，既有自然的生态环境，又能够实现身心的返璞归真，并由此推断未来的现代化必将是乡村化道路，而到那时，乡村文化的价值则会愈加闪耀。当然，这都是要以经济、社会的高度发达使得乡村能够提供接近城市水平的便利生活为先决条件的。③ 这篇文章透视了乡村文化的本质是"人与自然和谐共处"，恰是因此，乡村与其文化在未来发展中的重要性就不言而喻了。不同于上述两种观点，也有学者认为，乡土文化和城市文化将会快速整合，生成现代中国文化。期间，城乡文化的交流从城市向乡村的单一输出转变为二者相互输出的方式，乡土文化不断吸收现代城市文明，城市文化也会吸收乡村

---

①吴理财、解胜利：《文化治理视角下的乡村文化振兴：价值耦合与体系建构》，《华中农业大学学报（社会科学版）》，2019 年第 1 期。

　　②辛秋水：《改造乡村文化推进乡村发展》，《福建论坛（经济社会版）》，2000 年第 11 期。

　　③王钧林：《近代乡村文化的衰落》，《学术月刊》，1995 年第 10 期。

文化的传统精髓与乡土气息，二者不断整合，并最终构成现代中国文化。①二十几年过去了，20 世纪学者们的研究观点在当下都得到了不同程度的印证。乡村的地位和作用日趋突出，乡村文化的重要性自然不言而喻。近年来，市民下乡、农民返乡就业创业的趋势愈发明显，传统农业样态发生较大改变，对乡村文化的保护和传承日益得到重视，部分农村地区通过对传统乡村文化核心价值的深度挖掘，绿色、生态、和谐的发展理念得到进一步贯彻，休闲农业、观光农业逐渐成为乡村发展的"摇钱树"，农民群众的精神文化生活得到进一步满足，乡村社会的精神风貌也得到进一步提升。

四、多模式促进乡村文化的振兴

当下我国乡村文化振兴的模式以政府主导为主。政府在乡村文化建设上的投入在早期确实起到了积极的推动作用，但这种行政化的治理模式，比如送"文化下乡"等标准化的建设方法，在当下已经不再适合乡村文化建设的需求，它不仅抹杀了乡村文化地域性、多样性的特点，也挤压了乡村文化的生存空间，甚至还出现了文化建设异化为经济行为等乱象。②针对这种现象，许多学者着力探究新的文化振兴的模式，提出了许多化解乡村文化振兴困境的对策和建议。

首先，应让政府在乡村文化振兴中发挥主要作用。吕效华从农村变迁的视角提出，解决乡村文化振兴的关键在于找到传统优秀文化与乡村文化的结合点。③一是要培育乡村多元文化主体。一方面挖掘乡土人才，实施乡村文化振兴人才支撑计划；另一方面，农村基层党组织是乡村文化建设的组织保障，要通过党组织引领农村意识形态的方向，以党员示范作用引领农村文化新风尚。④二是应积极引导宗族组织的良性发展，发挥文化的治理作用。⑤三是要加强制度保障。四是要提升农民文化素质。五是应调整公共财政政策，拓展农村公共文化建设的投资渠道，在政府主导下，采取"投、

①甄峰、宁登、张敏：《城乡现代化与城乡文化——对城市与乡村文化发展的探讨》，《城市规划汇刊》，1999 年第 1 期。
②吕宾：《乡村振兴视域下乡村文化重塑的必要性、困境与模式》，《求实》，2019 年第 2 期。
③吕效华：《变迁语境下农村文化可持续发展模式选择》，《科学社会主义》，2014 年第 1 期。
④唐兴军、李定国：《文化嵌入：新时代乡风文明建设的价值取向与现实模式》，《求实》，2019 年第 2 期。
⑤《近代乡村文化的衰落》，《学术月刊》，1995 年第 10 期。

引、捐、集、融"等形式振兴乡村文化。① 通过以上这些措施，从各个具体层面共同推进乡村文化振兴。但在政府主导的乡村文化建设实践中，有的地方政府以"全能政府"的身份自居，没有给予农民应有的重视，最终容易出现"政府唱独角戏"的怪象。同时，由于"发展主义"作怪，政府在进行乡村文化建设时仍持一种急功近利的发展观，这就导致文化建设成为形式主义。② 也有学者提出建设一种新型政府主导方式。例如吕宾认为，应该强化政府的主导作用，但它不同于以往行政命令的方式，而应凸显农民作为乡村文化建设的主体性，真正迎合农民的内心需要，培育乡村文化自治组织，并且发挥市场在文化资源配置中的积极作用，在文化资源开发、文化基础设施建设、文化产业的经营环节等逐步引入市场机制，在这个过程中，政府要加强文化市场的监管和管理。③

其次，应发挥市场力量，实现资本合理化、规范化下乡。高静和王志章基于制度变迁的视角，分析在城乡关系从对立到统筹再到融合发展的过程中，乡村文化历经衰落、变异到自觉的时空变迁，提出乡村文化振兴的实质就是实现文化自信，并提出只有新的制度变迁才能支撑乡村文化再生长，这就需要市场的推动力，创新适应乡村文化资源开发的投融资制度，探索建立公私合营的 PPP 模式（政府和社会资本合作的模式）、入股集体经济组织的股份化模式，或者实施经营权的转让等具体措施。④

最后，应提升社会成员在乡村文化振兴中的参与度。不同于第一种观点中的"全能政府"，政府在此种模式中的作用更偏向科学的协调引导，强调要形成社会成员主导乡村文化建设的内生驱动力。欧阳雪梅认为：一方面，不仅要送文化，而且还要"种文化"，让文艺工作者深入农村，推出深受农民欢迎的文艺作品，让企业家、科普工作者、退休人员、文化志愿者都加入乡村文化建设中来。另一方面，也要发挥乡贤在乡村文化振兴中的

---

① 《变迁语境下农村文化可持续发展路径选择》，《科学社会主义》，2014 年第 1 期。

② 龚春明、万宝方：《鄱阳湖生态经济区农村文化建设：现实困境与发展模式》，《世界农业》，2014 年第 7 期。

③ 《乡村振兴视域下乡村文化重塑的必要性、困境与模式》，《求实》，2019 年第 2 期。

④ 《改革开放 40 年：中国乡村文化的变迁逻辑、振兴模式与制度构建》，《农业经济问题》，2019 年第 3 期。

推动作用。① 中国的乡村是礼义社会，以教化民、以礼成俗，新乡贤以"身份、能力、行为、品德"嵌入乡村。② 枫桥经验充分显示了新乡贤在"德治、法治、自治"的乡村治理体系中传承传统文化与坚持党的领导之间的协同作用。③ 这些社会成员在乡村文化振兴中的参与度应逐步提高，甚至发展成为乡村文化建设的内驱动力。

还有学者认为，乡村文化建设的推动需要政府的主导、农民主体作用的发挥以及社会力量的助推，三方共同发力。④

以上关于乡村文化的研究成果中几乎都会提到乡村文化振兴的具体模式，包括"文化下乡"、加强乡村公共文化基础设施建设等。这些措施从 20 世纪 90 年代就已经提出，为何到今天仍在倡导？根源就在于在城乡二元结构背景下，政府一方面认为乡村文化建设投入的必要性已不复存在，导致这一政策的贯彻落实长期浮于表面、流于形式；另一方面，乡村文化的发展需要较大的投入，但效果的显性化需要的时间较长，大多数地方政府出于绩效考核因素的顾虑，往往并不注重乡村文化建设，这种短视性的经济发展方式，最终使得乡村文化建设成为一句口号。

综上所言，我国对乡村文化的理论研究大体上呈现以下两个特征：

一是政治化倾向明显。乡村文化的集中理论研究主要出现在 2005 年提出建设社会主义新农村之后，2005 年之前对于乡村文化的研究主要集中在对政策文件的内容解读和具体措施的实施探究上，学理性不足。

二是理论研究系统性有待加强。改革开放以来，学界对于乡村文化的研究逐渐丰富起来，但囿于乡村文化这一主题的集中研究时期不长，其理论研究散见于乡村文化建设措施、乡村文化保护与传承等方面，缺乏理论深度。一方面缺少深度田野调查的研究，另一方面视角单一，大多研究的内容类似，主要集中在对具体地区乡村文化建设的问题、原因以及措施，而从不同理论视角，例如文化变迁理论、文化自觉、文化自信等，研究乡

①欧阳雪梅：《振兴乡村文化面临的挑战及实践模式》，《毛泽东邓小平理论研究》，2018 年第 5 期。

②《改革开放 40 年：中国乡村文化的变迁逻辑、振兴路径与制度构建》，《农业经济问题》，2019 年第 3 期。

③王斌通：《新时代"枫桥经验"与基层善治体系创新——以新乡贤参与治理为视角》，《国家行政学院学报》，2018 年第 4 期。

④徐学庆：《调动各方面力量共同推进新农村文化建设》，《理论前沿》，2006 年第 7 期。

村文化的成果较少，探寻乡村文化发展内在规律的文章不多。

同时，针对乡村文化振兴模式的研究基本是针对主导乡村文化的三种力量即政府、市场、社会的某一种进行研究，或者是杂糅到对策建议中笼统提出，并没有真正对这些模式的实施情况进行比较分析并构建出合理的模式。

因此，笔者认为需要对三种主导力量进行系统的比较研究。笔者通过各地文化建设的主导、参与力量的不同，将乡村文化振兴的模式分为三种，即政府主导型、市场主导型以及社会主导型，在综合探讨这三种模式的基础上，回答如何构建新时代中国特色社会主义乡村文化振兴模式这一问题。

第二章 / 政府主导型乡村文化振兴

前文提到,在近代以前,乡村更多处于内生发展状态,由此建构起来的乡村文化也更多呈现出一种相对封闭的地方性文化形态,其发展的动力取决于当地的文化生产与再生产要素,很少受到外部力量的影响。新中国成立以后,乡村建设进入新时代,其最大的特点是以政府的力量引领乡村文化规划和场域建设,凸显政府力量对乡村文化建设的主体和引导作用。在党政部门主导下,相关部门对乡村进行有目的、有规划的改造,由此形成政府主导型的乡村文化建设发展路径。政府主导的乡村文化建设,目的是改造落后的乡村文化因素,打造社会主义乡村文化制度,为提升乡村治理现代化水平提供文化价值上的支撑。

改革开放之前,乡村作为国家工业发展和城市建设的服务站和补给站,其建设目标与国家发展建设目标是一致的。政府规划乡村建设、改造乡村社会成为国家建设的必然需要。长期以来,中国的乡村文化建设是国家规划的组成部分,一直由政府力量推动实施。包括20世纪50年代以后的"文化下乡"运动、改革开放初期的乡村文化的实践探索,都是依靠政府力量推动。其具体形式包括组织文艺工作者下乡进行文化演出,建立乡村公共文化设施,如乡村图书馆、电影放映室等,其主要目的是加强农民的思想教育和提升农民的文化素质等。基于此,形成了乡村文化建设的基本格局。

党的十六届五中全会后,乡村文化建设的步伐大大加快。由政府全权规划乡村文化建设和改造乡村社会的格局开始转变,逐渐演变为以政府主导,社会力量和市场力量共同参与的乡村文化建设新格局。但因各地乡村实际情况的不同,乡村文化建设充满复杂性和艰巨性。有些地区不断创新,探索出了一条扎根本土的乡村文化建设的模式和道路；也有部分地区走入了样板化、形式化的模式，限制了乡村文化振兴的发展。值得注意的是，近年来，在部分地区的乡村文化建设中，社会力量或市场力量的比重不断增加，甚至占据了主体地位，而政府仅仅负责引导和监督。

政府主导型乡村文化振兴是指政府依靠政策和财政资金、技术等要素的支持，以项目的方式推进乡村文化建设，[1] 其中，行政力量发挥主导作用。政府基于自身立场和整体规划，运用行政力量，包括政策奖励、财政资金支持、行政处罚等方式，直接或者间接干预乡村文化振兴，政府在整个乡村文化振兴过程中起到重要的倡导、推动和参与作用。需要说明的是，政府主导型乡村文化振兴，并不是让政府单方面完全包办，它同样需要市场和社会多元力量的参与，只是政府在乡村文化振兴过程中扮演主要角色。社会主导型乡村文化振兴、市场主导型乡村文化振兴，也是此理。单纯依靠政府推进乡村文化振兴有可能导致地方财政压力过大、村民参与意识不强、社会组织和企业参与不足甚至回避、财政资金效率不高等问题，[2] 形成"强政府—弱市场—弱社会"的格局。[3] 正所谓"日新之谓盛德"，作为乡村基础设施建设和公共服务的主要提供方，地方政府应积极改革和开拓创新，并因地制宜地探索出符合本地区乡村发展实际的乡村文化振兴新路径。接下来，本章将基于对福建省古田县和福建省龙岩市永定区及浙江省绍兴市上虞区等多个案例，对政府主导型乡村文化振兴进行详细的描述和分析。

第一节　乡村文化生态的重塑与发展

文化生态学认为，环境对文化的形成有着至关重要的影响。这个环境包括社会环境和自然环境两个部分。乡村文化生态指的是长期以来在自然环境和社会环境共同作用下的乡村文化产生、发展和变迁的状况。与其接近的词是乡村生态文化，乡村生态文化的核心是人与自然的关系，即人类

---

[1] 伍琳瑜、刘静娴：《政府主导型美丽乡村建设模式的共性问题与主体定位》，《生态经济》2017 年第 10 期。

[2] 同上。

[3] 张天勇、韩璞庚：《多元协同：走向现代治理的主体建构》，《学习与探索》，2014 年第 12 期。

在实践活动中对自然的影响，强调人与自然应该和谐相处，并最终实现可持续发展。[①] 乡村文化生态的核心是乡村文化，即在环境作用下的乡村文化的产生、发展和变化。改革开放以来，我国乡村文化生态发生了巨变，自然环境和社会环境的改变对乡村文化产生了巨大的影响，若要在继承发扬传统优秀文化的基础上重塑乡村文化生态，就需要基于对本地区自然条件和社会条件的详细了解。接下来我们以古田县为例，深入探究古田县乡村文化生态的重塑与发展过程。

古田县位于福建省宁德市辖区内，地处福建省东北部，闽江中下游北岸，古田溪贯穿其全境。2017 年，古田县户籍总人口 42.99 万人，全县辖 2 个街道、8 个镇、4 个乡、275 个村委会。古田县的土地面积在闽东位于第一位，人口总数排第四位，素有"文化之乡"的美称，曾被评为中国文化模范县，也是位于山区的农业大县。2018 年中央一号文件就繁荣发展乡村文化指出，对于乡村文化生态的重塑，要遵从以下思路："紧密结合特色小镇、美丽乡村建设，深入挖掘乡村特色文化符号，盘活地方和民族特色文化资源，走特色化、差异化发展之路。以形神兼备为导向，保护乡村原有建筑风貌和村落格局，把民族民间文化元素融入乡村建设，深挖历史古韵，弘扬人文之美，重塑诗意闲适的人文环境和田绿草青的居住环境，重现原生田园风光和原本的乡情乡愁。引导企业家、文化工作者、退休人员、文化志愿者等投身乡村文化建设，丰富农村文化业态。"[②] 古田县的文化历史悠久，课题组调查发现，近年来，古田县大力投入美丽乡村建设，深度挖掘古田县乡村特色文化符号，包括陈靖姑文化、金翼文化、圆瑛文化以及红色文化（黄孝敏）等，盘活特色文化资源，探索出了一条重塑古田乡村文化生态的道路。其中，陈靖姑和圆瑛代表的是信俗文化，金翼文化和红曲、农民油画等代表的是产业文化。这些本土文化已成为古田乡村文化振兴特色化、差异化发展的依托。

---

①张晓琴：《乡村文化生态的历史变迁及现代治理转型》，《河海大学学报（哲学社会科学版）》，2016 年第 6 期。

②中共中央、国务院：《乡村振兴战略规划（2018—2022 年）》，人民出版社，2018 年版，第 63 页。

一、传承民间信俗文化，构建闽台文化认同

古田县的地理位置特殊，在与台湾文化交流中地缘相近，与台湾一水相隔；血缘相亲，古田县是许多台湾同胞的祖籍地；文缘相承，台湾和古田县许多民众共同信仰妈祖文化、陈靖姑信俗文化等，文化渊源相同，文化同根信俗相连。诸多"缘"形成了两岸共同的闽台文化体系与生态空间。在诸多"缘"中，陈靖姑文化作为两岸共同的信俗文化，成为台湾和古田神缘相连的重要载体。陈靖姑是古田民间信俗中的重要人物，是古田县的特色文化符号。长时期以来，台湾和古田共同信奉陈靖姑信俗，共同举办祭祀等活动，使得两岸的文化认同感逐渐增强，尤其是陈靖姑金身巡游台湾，逐渐成为两岸文化交流的重要形式。可以说，陈靖姑信俗文化对联结台胞、海外侨胞，增强民族认同感与自信心具有十分重要的作用。古田县为了做好本土民间信俗的保护与传承，围绕"千年临水　健康古田"，成立了古田临水宫景区规划建设指挥部。古田县政府在民间信俗文化的建设中承担统筹、规划、设计、监督等主要责任，是典型的政府主导的乡村文化振兴的模式。

此外，圆瑛文化作为古田县又一的文化符号，其代表的爱国爱民的精神对营造稳定和谐的社会秩序、培育爱国主义精神等都具有重要的作用。

近年来，古田县政府积极利用"陈靖姑信俗文化"，积极打造闽台民间信俗文化生态空间。在福建省古田县，陈靖姑是与妈祖齐名的女神，被奉为顺天圣母，又被誉为临水夫人、妇幼保护神。据有关史料记载，陈靖姑（767—790）出生于福州下渡，后嫁给古田人氏刘杞。陈靖姑与古田的缘分自此开启。相传，陈靖姑曾赴闾山学道，她嫁入古田后，经常帮助古田的穷苦人家看病，救死扶伤。在陈靖姑二十四岁的时候，古田大旱，她不顾自己身怀六甲，为百姓祈雨抗旱，最终殉命。陈靖姑去世后，当地百姓感念其恩德，将其视为"护胎佑民"的神，建立殿宇，崇敬祭拜。历代帝王也因这一传说，对其加以敕赐：五代闽王赐号三十六宫婆，树碑纪念；南宋淳祐年间被追赐为"慈靖夫人"，赐额"顺懿"；清朝雍正年间皇封为"天仙圣母"，乾隆皇帝赐其为"太后"，咸丰皇帝封赐其为"顺天圣母"。"顺天圣母"的提法也一直沿用至今。

"陈靖姑信俗文化"的精神内涵是抑恶扬善、扶正祛邪、为民献身，这

些是中华传统文化的重要组成部分。"陈靖姑信俗文化"集中体现在供奉陈靖姑的祖庙——临水宫每年举行的祭祀典礼仪式中。为了更加立体地了解、感受陈靖姑文化，我们先来了解陈靖姑文化的载体——古田临水宫。

古田临水宫，始建于唐贞观八年（792），是我国祀典道教女神"顺天圣母"、临水夫人陈靖姑的唯一祖庙，也是闽地道教的主要发祥地之一，其香火自唐代以来已延续了千余年，海内外临水分宫分殿有 4000 余座，信众达 1.2 亿人。古田临水宫坐落在大桥镇中村，距县城 30 公里，是福建省境域内少见的整体风格保持完整、整体风貌协调一致的仿唐式宫庙群。其风格别致，具有鲜明的地方特色和年代特征，有着极高的历史价值、科学价值、艺术价值及深刻的历史文化内涵。临水宫自唐代建成后，经元明清历代重修扩建，至今已有 1200 多年的历史。1991 年，福建省人民政府将其列为省级文物保护单位。2008 年临水宫被列入首批国家涉台文物保护工程。同年，古田临水宫陈靖姑信俗被国务院列入国家级非物质文化遗产名录。2013 年被列为全国重点文物保护单位，2017 年被列为首批福建省对台交流基地。

古田临水宫依山而建，周围层峦叠嶂，群山环绕，显得气势恢宏，蔚为壮观。临水宫占地 8000 多平方米，一共设有四个分殿。前殿南墙设两仪门，越数级台阶达大院，院内存有古戏台、钟鼓楼、拜亭和正厅，厅内廊柱、门拱精雕细琢，屋顶设有大小藻井。正厅中央供奉着陈靖姑神像，左殿是太保殿，右殿有三十六宫婆像，后殿由陈母葛太夫人殿、梳妆楼、三清宫组成。

二、塑造乡村文化名片，增强闽台文化认同

近年来，古田县政府围绕陈靖姑信俗文化，积极打造文化名片。自 2002 年开始，古田县对临水宫进行重修，并新建了十二姐妹殿、文昌阁、观音阁。2007 年，出于文物保护和安全考虑，临水宫又增建了敬香台和陈靖姑石像，各地来的陈靖姑信众可以在此处奉香。2009 年，考虑到信众的数量逐年增加，古田又在临水宫修建了大型停车场。2010 年，临水宫的南北大型石雕山门建成。临水宫周围还散存着与陈靖姑身世相关的百花桥、梳妆桥、顺天府、夫人潭等十多处遗迹，是人们探幽访古、游览观光的胜地。2014 年，临水宫文旅建设项目正式立项，作为福建省重点项目，目前已列入"全国优选旅游项目名录"、福建省"海丝"核心区建设重大项目。

项目规划用地面积 104 公顷（合 1562 亩），建筑面积 11.52 万平方米，分两期开发建设。其中一期项目投资规模为 5.51 亿元，2014 年立项，预计 8 年建成；主要建设内容有临水宫核心朝圣区、民俗文化博览园、夫人水袖、旅游服务区、临水夫人文化传承区以及省道联十线景区段公路建设工程等配套设施。二期项目开发将主要借助社会资金，重点建设项目为文化创意产业和临水康养中心等。2017 年初，古田县提出以健康产业为引领，打造"千年临水·健康古田"品牌，将临水宫打造成为"世界陈靖姑信俗文化中心"和"海峡两岸交流基地"，推动古田文化旅游发展，扩大古田知名度和影响力。2018 年，临水宫核心朝圣广场基本竣工。

　　在完善基础设施的基础上，古田县政府围绕陈靖姑信俗文化积极组织筹办"海峡论坛·陈靖姑文化节"和"陈靖姑民俗文化旅游节"。自 2009 年迄今，已经成功举办十一届"海峡论坛·陈靖姑文化节"，其中七届在古田县举办。与此同时，古田县政府充分利用陈靖姑信俗文化引领古田县民间信仰文化的发展，不仅使其成为古田县特色文化的重要组成部分，还通过"海峡论坛·陈靖姑文化节"使陈靖姑信俗文化成为连接台胞、侨胞的纽带。古田临水宫一直是两岸同源、同根的历史印证。临水宫主庙的信众上亿，全国的分宫分庙登记在册的有 4000 多座，仅台湾地区就有 400 多座。据传，从明代开始，大陆居民从古田迁居台湾时一般都会带去两尊神像，一尊是妈祖，另一尊就是陈靖姑。

　　古田临水宫长期举办各种陈靖姑文化活动。2009 年 10 月，古田临水宫祖庙顺天圣母陈靖姑金身在台湾开展为期 13 天的全岛巡游活动。据中国新闻网报道："二十五日的法会现场，两岸信众蜂拥而止，或焚香朝拜、或燃放鞭炮、或挥舞鲜花。主祭者依序分别敬献瓜果、鲜花并上香，祭司则高声祈福'国泰民安、风调雨顺、两岸和平'。行宫内满是虔诚朝拜者，绕境巡游时大街两侧也是人头攒动，场面甚为壮观。"[①] 此次活动获得巨大成功，圆了两岸信众多年的夙愿。此次巡游活动规模之大、范围之广、层次之高、影响之深，前所未有，获得了台湾社会各界的广泛关注和高度赞扬。

---

①《台湾写真：顺天圣母陈靖姑金身来台巡游》，中国新闻网，2009 年 10 月 26 日，http：//www.chinanews.com/tw/tw－ztjz/news/2009/10－26/192950.shtml，2019 年 5 月 1 日查阅。

2008 年，"陈靖姑民俗文化旅游节"在闽台两地同时举行，临水文化文艺与台湾庙会同台竞技，全方位展示陈靖姑信俗文化。此外，"陈靖姑信俗文化"全年都有祀典活动，最集中的时间是在农历除夕到正月十五，全国有 600 多个团队来临水宫请香接火，也就是说在这 15 天里大概有 40 万人齐聚古田。

古田县政府以"陈靖姑信俗文化"为抓手，走特色化、差异发展化道路，充分规划、建设古田临水宫，将其作为古田县的三大核心景区之一。临水宫成为古田县乡村文化建设的特色符号，以其为中心连接包括翠屏湖在内的绿色生态风景，实现"千年临水·健康古田"的规划理念。

传统乡村道德秩序的载体主要有祠堂和庙宇，祠堂是祭祀祖先的地方，庙宇是祭祀神灵、历史名人的地方。出于对于未知力量的敬畏，传统的乡村道德秩序得以长久延续。如今，乡村传统道德观念对人的约束作用逐渐弱化，重建乡村道德秩序，重塑文明乡风成了当下乡村文化建设的主要任务。一方面要正确看待乡村传统文化中的信俗。陈靖姑等信俗文化在稳定乡村秩序、重塑良好乡风方面具有重要力量，这种力量与一般的封建迷信不同，它能够促使人们向善向好，勉励人们要敬畏自然、做好事、有感恩之心。改革开放至今，各地祠堂、庙宇陆续重建，乡村文化正以这种形式重新归来。重建的庙宇、祠堂不仅承担着重塑乡村伦理价值的任务，给当地民众提供精神和心理的慰藉，同时也成为农村老年人交往活动的公共场所。

三、弘扬爱国主义文化，彰显先辈家国情怀

在古田县平湖端上村，立着一座学堂，五十多年来，学校培育了一批又一批优秀人才。这所学堂由我国佛教杰出领袖圆瑛法师捐资修建。2008年，在园瑛法师诞辰 130 周年之际，为了弘扬他爱国、爱民、爱家的崇高精神，古田县政府组织修缮了园瑛学堂，并将其作为宁德市爱国主义教育基地，着力打造"园瑛文化"。

圆瑛（1878—1953）法师是我国近代佛教领袖，著名的得道高僧，俗名吴昌发，号亨春，其祖籍为古田县平湖端上村。园瑛法师自幼家境贫寒，5 岁时失去双亲，由叔父吴元吉收养。圆瑛幼年在家乡私塾读书，他聪颖好学，天赋过人，被乡里誉为神童。15 岁到古田县城求学，寄居关帝庙。他熟读四书五经，受朱熹理学思想影响，具有扎实的国学基础，17 岁考中秀

才，20 岁在福州涌泉寺剃度为僧，法号宏悟，取字圆瑛。他一生走过清末、民国至新中国成立，历经辛亥革命、军阀混战、民主革命、抗日战争、解放战争、土地改革等艰难岁月，直至新中国成立。他爱国、爱民，为国家和我国佛教的发展做出许多杰出贡献。

圆瑛一生突出事迹可概括为七个方面。

一是九主佛门，为十座古刹明寺住持。园瑛法师曾先后在福州涌泉寺、（闽侯）崇圣寺、西禅寺、林阳寺、法海寺，泉州开元寺，古田极乐寺，宁波天童寺，常州天宁寺和南洋极乐寺等为住持（或方丈），多有建树。1912 年，圆瑛与寄禅法师等联合筹创中华佛教总会，寄禅法师当选会长，圆瑛担任教务主任。1929 年，中国佛教会成立，圆瑛当选会长，从而确定了他在中国佛教界的领袖地位。之后，圆瑛又连续担任七届中国佛教会会长、理事长。1953 年，中国佛教协会在北京成立，圆瑛被推选为首任会长，赵朴初任秘书长，促成了全国三大语系佛教界的大团结。

二是首开佛教办学之先河，大力兴办慈善事业。圆瑛法师一面提倡僧伽要接受良好的正规教育和训练，另一方面积极为社会兴办慈善教育事业。1909 年圆瑛在宁波鄞县接待寺担任住持时，创办了佛教讲习所。1917 年，圆瑛在宁波白衣寺创办了首家孤儿院；1924 年在泉州开元寺开办了慈儿院。圆瑛先后办学 40 多年，弟子无数。赵朴初（全国政协原副主席）、明旸法师（原中国佛教协会副会长）、觉光（香港佛教联合会会长）、白圣（台湾中华佛教救会会长）等都是圆瑛的高足。为修建古田县圆瑛学堂，圆瑛法师几经波折，多方筹措资金，校舍于 1943 年破土动工，1944 年初步建成，到 1946 年才完全竣工。学堂朝向东南，为二层楼土木结构，建筑面积 750 平方余米。1944 年招收第一届学生，极大程度上解决了当时平湖镇范围内的学生就读问题。圆瑛学堂的创办和发展，是圆瑛法师追求进步、教书育人、爱国爱民的光荣写照。

三是研经弘法宗说兼通，弘扬佛教经典。圆瑛禅净双修，既能融汇各家各派，又能独立阐发，尤精《楞严》，被誉为"楞严独步"。他一生演教布道，法席遍及海内外，经传十省，布道十国，包括福建、浙江、江苏、广东、湖南、湖北、北京、天津、上海、台湾、香港，以及新加坡、马来西亚、印度尼西亚、菲律宾、泰国、缅甸、印度、斯里兰卡、日本、朝鲜等地。圆瑛盛名佛法界，讲经演教次数之多、地域之广、形式之多、内容之丰、风格之妙、影响之深，在佛教界很难找出与其相匹之人。

四是促进国际间佛学交流，收获国际赞誉。1907 年起，圆瑛先后十次到新加坡、马来西亚等十个国家和地区传经弘法，时间跨度长达 40 多年。1925 年 8 月，圆瑛与太虚、梁启超等人发起成立世界佛教联合会。1929 年 9 月，圆瑛代表中国佛教会出席在朝鲜召开的东亚佛教大会，并在会上发表演说，受到与会代表的高度赞扬。

五是抗日壮举名声远扬，彰显民族气节。1931 年九一八事变后，圆瑛以中国佛教会会长身份通告全国佛教徒启建护国道场，抗议日本侵占中国东三省。1937 年七七事变后，圆瑛马上主持召开中国佛教理事会理监事紧急会议，号召全国佛教徒参加抗日护国运动，组织青年僧侣救护队奔赴抗日前线。"八一三"淞沪抗战爆发后，圆瑛在上海筹建了佛教医院，还在圆明讲堂内设置难民收容所。1939 年，圆瑛赴南洋开展救国活动募集医药费。1939 年，圆瑛在上海被日本宪兵抓捕入狱，关押近一个多月。在狱中，圆瑛大义凛然，视死如归，保持了民族气节，受到国内外舆论的高度赞扬。

六是忧国忧民，拥护共产党，热爱新中国。圆瑛一生爱国忧民。新中国成立前夕，圆瑛在我国香港地区及新加坡的弟子致函催他到南洋安度余生，圆瑛婉言谢绝说："我是中国人，生在中国，死在中国，绝不他往。"圆瑛爱国精神倍受人敬重。

七是致力于制止侵略，维护世界和平。1952 年，"亚太和平会议"在北京召开。圆瑛致电中央领导，表示坚决拥护和平会议，并在会上与各国佛教徒代表发表联合声明："制止侵略，保卫和平，是我们每一个佛教徒的迫切任务。"12 月 15 日，圆瑛为即将在维也纳召开的"世界人民和平大会"发表了《全世界佛教徒行动起来，为争取民族独立和保卫世界和平而奋斗》的文章。1953 年元旦，圆瑛发表文章《中国佛教界热烈拥护要求五大国缔结和平公约》。同年 3 月，圆瑛在《人民日报》上发表《佛教徒的责任》一文，痛斥美国发动侵朝战争，破坏世界和平罪行。圆瑛为中国佛教走出国门，参与维护世界和平做出了不懈努力。①

①资料来源为本研究团队实地调研。

圆瑛法师一生行善，救治了许多百姓，为国家、民族做出了许多突出贡献。1989 年，为纪念圆瑛法师，古田县筹资于古田县城东极乐村极乐寺兴建了圆瑛法师纪念堂；1991 年，原中国佛教协会会长赵朴初为当年修缮后的纪念堂题名，现存的古代石佛及圆瑛法师生前所用法器等文物均供入纪念堂。2005 年 2 月，园瑛法师纪念堂被评为第一批宁德市爱国主义教育基地。

四、保护乡村原生风貌，展现乡村人文内涵

林耀华[①]（1910－2000）是我国著名的民族学家、人类学家、历史学家、社会学家和民族教育家，他的家乡就在福建古田。林耀华于 1944 年在伦敦写下一部英文小说《金翼》，在国内外引起巨大反响。这部小说以我国南方乡村为背景，讲述了福建一个村庄里毗邻而居的张、黄两个家族的故事，这两家既有亲戚关系，又一起做生意，展现了两家人在社会变迁与经济动荡中的兴衰沉浮。在叙述张、黄两家生活场景的同时，小说对地方社会的信仰、习俗等进行了细致入微的描写，刻画出了中国南方乡村生活的全景，是我国研究家族制度的著作。林耀华先生本人这样评价《金翼》："《金翼》不是一般意义上的小说，这部书包含着我的亲生经验、我的家乡、我的家族的历史。它是真实的，是东方乡村与家族体系的缩影。"

《金翼》中的黄东林是这部小说的核心人物，是以林耀华先生的父亲林孝先为原型的。黄东林勤俭节约、精明能干，在他的耳濡目染下，家族的子子孙孙都秉承着正直、良善的人格：在德行上，知恩图报、伸张正义；在性格上，从容不迫、冷静理性；在为人上，博爱宽厚、团结齐心。

"金翼之家"蕴含着耕读传家、清廉传世、吃苦耐劳等优良的金翼家

---

①林耀华，笔名自贡、述真，中共党员。1910 年 3 月 27 日出生在福建省古田县岭尾村（今黄田镇凤亭村），哈佛大学博士，是我国著名的民族学家、人类学家、社会学家历史学家和教育家。曾先后于云南大学、燕京大学、中央民族学院任教，桃李满天下，是中国人类学和民族学的重要奠基人和开拓者，主要著作有《严复研究》《义序的宗族研究》《金翼》《凉山彝家》《原始社会史》和《民族学通论》等，共计300 多万字，这些著作成为相关研究的基石。林耀华率先用马克思主义指导民族学、人类学、社会学，是中国马克思主义民族学、人类学、社会学奠基人。他应用人类学知识为新中国服务，率先运用马克思主义指导人类起源论研究，其著作《从猿到人的研究》使国内的人类学研究转到新的方向，是坚定不移的马克思主义者。同时他还以严谨的学风开展了民族大调查，为 56 个民族的认定、为党和政府处理解决民族问题作出了巨大贡献。他在世界民族学、人类学、社会学中独树一帜，被誉为"一代宗师、学界泰斗"。林耀华生平概略见本书的附录二。

风，林耀华先生受其影响颇深，这也为其后来的学术生涯发展奠定了基础。中国人民大学人类学研究所所长庄孔韶评价"金翼"家风："林家的成功，他和他家族的教育，即所谓家风家训的联系是非常紧密的，而且他们家接受了新的教育，所以他们能够积累知识，积累阅历，除了勤劳之外还能够发现机缘，发现机会，这样就使得他不是一个默默无闻的乡村农人，他能够找到非常好的机遇，把他的智慧焕发出来成为一个成功的家庭。"福建省人大常委会委员陈宜安认为，要了解林耀华，一定要走进"金翼之家"，学习金翼家风："一个家庭的成长、一个民族的成长、一个国家的成长，正如习近平主席所谈的依靠学习走向未来。这个家庭、这个家庭的兴旺发达，就是依靠学习。一个真正的学者，只有做到这点，即使遇见很艰涩的问题，也能实事求是、一丝不苟地认真对待和解决，才能在客观上为学术和社会作出贡献，这是他对自己和子女的要求。"

小说中故事展开的场景"金翼之家"，就是林耀华故居的所在地。书中对"金翼之家"的由来描述如下：三哥的同学来家中做客时，发现黄金屋后的山状似鸡，金色翅膀伸向黄家屋子，翼荫兴旺起来的黄家，"金翼之家"由此而来。这座"金翼之家"位于古田县凤亭村，闽江中游东北岸，始建于民国四年（1915 年），占地面积 800 多平方米，为六扇两弄三进式建筑，屋子前后耸立两座用于抵御土匪的塔楼，整幢房屋规模庞大。如今它被誉为研究社会学、人类学的"东方神庙"。

古田县政府保留了林耀华旧居——"金翼之家"原有的建筑风格和村落布局，将林耀华和《金翼》这一著作的人文底蕴融入乡村文化建设中，主导开发金翼田园综合体这一人文生态农业项目。金翼田园综合体既保护与重塑了原生态的村落居住环境，又给乡村注入了新的活力。2018 年中央一号文件指出，要"保护乡村原有建筑风貌和村落格局，把民族民间文化元素融入乡村建设，深挖历史古韵，弘扬人文之美，重塑诗意闲适的人文环境和田绿草青的居住环境，重现原生田园风光和原本乡情乡愁"。① "金翼文化"的内核就是将林耀华先生的"乡情乡愁""金翼之家"的家风和凤亭

---

① 中共中央、国务院：《乡村振兴战略规划（2018—2022 年）》，北京：人民出版社，2018 年版，第 63 页。

村村落环境三者的融合，兼备环境之美和人文之美。

古田县凤亭村因为《金翼》这部小说而被誉为"金翼之乡"。凤亭村位于闽江中游东北岸、京台高速旁，毗邻高铁古田北站，全村土地面积 15838 亩，耕地面积 3809 亩，林地面积 12029 亩。总人口 1655 人，共 495 户。近年来，凤亭村立足于区位优势，充分利用有利的地理和气候等条件，逐渐发展起特色农业种植产业，其中蔬菜种植面积 450 亩，水果种植面积 100 亩，还有占地 28 亩的食用菌基地。经过近些年的发展，凤亭村综合农业实力明显增强。

古田县政府以"金翼文化"为抓手，以"金翼之家"为基本载体，大力打造金翼田园综合体。2017 年 2 月，田园综合体作为拓展农业产业链价值链的新型农业产业被写入中央一号文件，并强调，田园综合体是"以农民合作社为主要载体、让农民充分参与和收益，集循环农业、创意农业、农事体验于一体"。[①] 田园综合体既展现了乡村风光，同时又反映了农业产业发展的新趋势，即传统农业向现代农业的转型，集生产、旅游、生态等于一体。田园综合体的设计、规划涉及土地、人才、资金等多个方面，既需要政府在田园综合体建设中发挥主导作用，团结各方力量，同时注重发挥市场、社会的重要作用，才能加快推动田园综合体的建设进程。

古田县政府携手福建七次方信息科技有限公司[②]科学打造古田金翼田园综合体项目。"金翼之家"景区位于福建省宁德市古田县黄田镇，占地面积 280 亩。古田金翼田园综合体的设计，一是深入挖掘"金翼文化"内涵，综合打造集自然风光与金翼文化于一体的景观。田园综合体的建设以古田县凤亭村现有村庄山水格局为景观载体，通过主题景观、情景雕塑、民宿展馆、文化街区和体验活动等方式再现书中的生活情境。此外，"金翼之家"景区也是北

---

①中共中央、国务院：《关于深入推进农业供给侧结构性改革加快培育农业发展新动能的若干意见》，北京：人民出版社，2017 年版，第 14 页。

②福建七次方信息科技有限公司是一家以互联网、大数据、云计算、人工智能、信息安全、VR/AR（虚拟现实技术和增强现实技术）等技术为核心的科技公司，具有较强的技术研发、创新能力。海南三亚康然农业发展有限公司，是福建七次方信息科技有限公司投资的一家农业公司。其主要以现代农业为核心，集农业投资、管理、生产、研究、销售为一体的综合农业公司。通过投资、并购、重组、合作等多种方式，基于以三亚核心基地向外拓展，成功试点了云南元江基地，以互联网＋的新思维补充了原传统农业营销手段。目前公司下属基地近 4000 多亩，并以创新农业技术为核心理念组建研究院，保障了公司基地果蔬产品的迭代。同时与永辉超市和沃尔玛超市战略合作，为其提供高品质的果蔬产品。

大、清华等二十几所985高校的人类学、社会学文化研究基地，实现了特色文化元素与田园综合体项目的深度结合。二是立足于农业生产，开发金翼无人采摘百果园示范基地和马蹄笋采摘文化园。田园综合体的建设立足于乡村这一重要属性，对传统农业生产进行优化，集农业生产、农业体验、农业科教于一体。金翼田园综合体将百香果、马蹄笋作为特色农产品，将其与《金翼》书中的乡村生活紧密联结在一起，拓展了农业产业链和价值链。（金翼田园综合体的具体规划可以参考附录三。）

"金翼文化"是古田县的特色品牌资源。古田县采取政府与地方合作的方式，基于凤亭村的产业布局和金翼之家的现状，对凤亭村进行整体规划、布局、开发。金翼田园综合体的核心是"金翼文化"体验，从规划建设方案可以看出，古田县政府坚持以农为本的基本原则，从生产、产业、经营、生态、服务、运营六大体系入手，整合了"金翼文化"资源、旅游资源、政策资源并切实考虑了农民的利益，让农民参与其中，充分发挥了聚合效应。区别于景区游览这种"蜻蜓点水"的游览方式，在古田"金翼之家"，游客可以在欣赏凤亭村自然风光的同时，切实感受"金翼之家"的文化内涵，真正实现将乡村文化的底蕴融合到乡村文化振兴中，进而融入整个乡村振兴。古田县政府科学引导、充分发挥福建七次方信息科技有限公司"智""人""技""资"四大优势，最终目标是打造现代化、品牌化、智能信息化的金翼田园综合体，既保护和弘扬和人文之美，又对振兴农村农业产业新模式的创新起到积极意义。

五、发展民俗文化，引导乡村文化发展产业化

产业文化是指产业发展过程中形成的独特文化，并依靠各种形式或载体得以传承。古田县经济结构呈现多支柱、宽领域的特点，红曲产业、农民油画产业以及食用菌产业都是古田县的特色产业。"金翼文化"产业是占有一定社会文化资源才得以发展起来的。与"金翼文化"产业不同的是，红曲文化、农民油画文化、食用菌文化的传承与发展是在这三大产业长期发展的基础上逐渐形成的。古田县政府充分利用这些文化资源，延长三大产业的产业链，在进一步打造本土文化的同时发展文化产业。红曲制作技艺于2010年被列入省级非物质文化遗产名录，是典型的特色产业向文化产业拓展的案例。古田县将具本土特色的产业转化为文化产业，既推动了产

业的发展，又拓宽了文化产业领域，充分实现了红曲产业、农民油画产业和食用菌产业的经济价值和文化价值。

其一，在古田县政府的支持下，玉源红曲文化通过产业化实现了新发展。红曲是粳米通过发酵而制成的，外形为棕红的米粒。根据《本草纲目》和《中药大辞典》记载，红曲有活血化瘀、健脾消食、温中益气的药效。中国是红曲的发源地，福建古田是中国红曲的发源地。这是福建省微生物研究所所长 L.F. 教授考证得出的结论。L.F. 在翔实的考证中，逐一排除了红曲汉代起源说、晋魏起源说、唐前起源说之后，以充足的文献资料和缜密的论证，得出福建古田是红曲的发源地的结论。L.F. 引用明代《玉田识略》东汉"刘疆辟地俺冠……千村制曲不知酤"，说明在刘疆"辟地"之初，制曲就"遍地开花"了。明万历版《古田县志》明确记载，红曲"惟古田能造，远方闽中皆用之"，说明明代古田红曲已经享誉"远方闽中"了。民国版《古田县志》记载，红曲"邑东北等区出产品以红曲为大宗，北区普多数，大东区次之，小区又次之"，说明北区（即今平湖一带）制曲在古田县名列前茅。

玉源村的红曲功能较多，兼具药用与食用价值。《本草纲目》中的谷部载有红曲的制法及其功效：红曲在酒中浸泡四日后"取出日干收之。其米过心者谓之生黄，入酒及酢醢中，鲜红可爱。未过心者不甚佳。入药以陈久者良。气味：甘、温、无毒。主治：消食活血，健脾燥胃，治赤白痢下水谷。酿酒，破血行药势，杀山岚瘴气，治打扑伤损。治女人血气痛，及产后恶血不尽，擂酒饮之。良。"1979 年，医学家发现红曲中富含一种能强力抑制胆固醇合成的药理活性物质，定名为 Monacolink（莫纳可林 K），它能显著降低人或动物的血脂浓度，同时还有降血糖、降血压、防癌的功效。红曲还可以酿酒和醋。古田红曲老醋属中国四大名醋之一，选用糯米、红曲、芝麻为原料，分次添加，进行液体发酵，其酿造期长达三年以上。古田曲醋为传统工艺，其酿造技艺有 750 年历史。古田红曲老醋色泽棕黑、黑而不涩、香中有甜、风味独特，产品畅销 30 多个国家，在省内外及东南亚享有盛名。红曲亦可作食品添加剂，是没有任何化学污染的天然红色食品染料。

红曲产业文化是在漫长的社会发展过程中形成的。唐代古田先民用大米发酵红曲，而酿酒业又进一步促进了红曲的发展。入闽先行者已经知道从原始森林地面腐积物中培养、提纯红曲霉。到了宋代，玉源人发现原始曲母，并熟练掌握制曲工艺。明、清、民国时期古田制曲日趋成熟，明末清初，玉源村红曲制作后来者居上，其产量质量已冠全县。玉源村的配方、生产流程等开始成为各地红曲制作的规范程序。从清中后期至民国时期，政府以"保护粮食"为名，严格控制民间制曲、酿酒，并对制曲行业课以重税，全县只保留玉源村等少数大户制曲厂家。民间大量出现"偷（私）卖曲"现象。新中国成立后，1956 年，酿造行业实行公私合营，古田县建立公私合营企业古田红曲厂，把全县制曲技术高超的老师傅全部集中在一个厂里。到了改革开放后，玉源村红曲生产复苏。2002 年起，玉源村红曲生产逐渐走向规模化。2012 年，古田县成立了红曲协会，并取得了国家市场监督管理总局认证的"古田红曲地理商标"。

红曲产业历经长久的发展，逐渐形成了特色的红曲文化，古田县政府在这一基础上又建立了红曲博物馆，将红曲产业文化进一步发扬光大，作为乡村文化建设的重要部分。红曲博物馆是整个村庄文化产业的核心，为下一步发展乡村文化旅游、吸引游客打下了基础。与此同时，红曲文化的建设也推动了红曲产业的发展。

其二，古田县政府积极引导双坑村农民油画点靓乡村风景。笔者在古田县实地调查时，发现古田县双坑村有很多农民依靠画油画为生。因修建福建省最大的水电站——水口电站，库区移民集中到了双坑村，该村属重点村，也是宁德市确定的十个市级社会主义新农村建设示范村之一。在政府帮扶下，双坑村逐渐成为闽江中游崛起的一个油画村。为了推动双坑油画村的发展，当地政府采取了一系列措施加以扶持，将双坑油画村打造成为一个集学习、教学、创收、就业为一体的油画创作展销产业基地。2010年 10 月双坑油画产业协会成立，协会充分发挥纽带作用，不断壮大双坑油画队伍。目前村中从事油画行业的画家、画师有 300 多人，油画公司、工作室 40 多个。2011 年初被福建省工艺美术协会授予"福建油画之村"，又被宁德市文化广电新闻出版局授予"市级文化产业示范基地"，2012 年初被评为"全国十大魅乡村"。据双坑村油画基地工作人员 H. H. Z. 介绍，本村油画产业的兴起是一次产业和生产方式转型发展的结果：

"20 世纪 90 年代，我们村的地因为建水电站被淹掉了，我们的传统是靠山吃山，靠水吃水。政府主要在两个产业上帮助我们，一个是农民油画，另一个就是种马蹄笋。十多年前国内油画业逐步兴起，当时我们村很多人在深圳打工，许多人纷纷去学油画，学会了之后回家开油画工作室，招学生、卖画。最早是临江中学的一位老师带着我们，手工作画，条件成熟的还去中央美院接受培训。我们村子有四千多人，两百多户人家从事油画行业，大约每户一个。油画的利润很高，平均每个人一年有十几万的收入，最少也在十万以上。之前对外的订单比较多，现在慢慢转向国内。现在我们村许多人在全国各地办了工作室，很多村民也被吸引返乡创业。"①

农民油画已是双坑村农民的重要收入来源。双坑村的油画作品不仅创作于纸上，许多美丽乡村的壁画如二十四孝图文化墙、风景画等，也都是农民绘制的。农民油画带来的不仅仅是经济效益，而且成了双坑村的名牌，其作为文化反哺的典型也引起了政府的关注。古田县政府高度重视双坑村农民油画的发展，投资建立了双坑村休闲公园和画院。良好的硬件设施和创作环境吸引了大量的人才返乡创业，双坑村农民油画文化产业逐渐发展壮大。农民油画对村民来说不仅仅是一项谋生的手段，更是一份家族事业，许多从事油画工作的家庭其后辈也继续从事这个行业。从文化反哺到文化传承，农民油画的产业文化已经转化为一种文化力量。

其三，古田县政府积极利用"食用菌文化"打造休闲观光农业。2015年，古田县政府计划打造桃溪村"蘑菇部落"生态旅游区，联合桃溪村的乡贤林澄清等人，打造古田县以"食用菌文化"为主题的乡村旅游项目。桃溪村位于古田县的东北部，村内保存300多亩明清古民居建筑，是中国传统村落和福建省历史文化名村。早期，桃溪村依托深厚的文化底蕴加入乡村旅游的大军中，但随着乡村旅游的范围逐渐拓宽，同质化的旅游体验使得桃溪村客流量大幅度下降。古田县政府打造"食用菌文化"，不仅是为了转变桃溪村粗放的乡村旅游发展方式，更是为了树立古田县食用菌特色品牌。古田县食用菌的栽培品种、产量规模、科研水平和营销网络均位居全国前列，被誉为"中国食用菌之都"。古田县有70%的劳动力从事食用菌产供销活动，食用菌年产量78万吨以上，产业链总产值达100亿元，农民现

---

① 2018年9月28日访谈古田县双坑村油画基地工作人员 H. H. Z.

金收入、农业总产值有 70％来自食用菌产业（2016 年农民人均纯收入
14209 元，来自食用菌产业的就达 9946.3 元）。古田县食用菌产业的参与者
很多是"菇二代""菇三代"，培育技术世代传承。但是，古田县食用菌产
业也面临着品牌影响力不足的困境，如何进一步延长食用菌产业链，形成
品牌效应，成为古田县面临的重要问题。基于此，古田县政府在桃溪村打
造"蘑菇部落"，成功地将食用菌产业文化转化为文化产业。

"蘑菇部落"以"创意农业＋旅游"为主题，通过整合食用菌生产的上
下游产业链，引进食用菌文化科普、教育和生态养生体验，旨在打造一个
以休闲观光游为基础、文化体验游为辅助的观光旅游点。"蘑菇部落"中开
设了蘑菇主题的餐厅、民俗体验馆等，将蘑菇文化与本土民俗相结合，不
仅宣传推广了食用菌文化，也大大激发了桃溪村的发展动力。桃溪村现有
村民 1122 户，贫困户 16 户。桃溪旅游开发有限公司党支部与桃溪村党支部
开展结对共建活动，以"租金＋股金＋薪金"的模式，将贫困户与公司的
发展联结在一起。当地村民从传统的农民变成了产业的股东，更加主动地
参与桃溪村的发展，自觉自发地维护乡村生态环境。这一做法在促进产业
基地发展壮大的同时，也推动村集体和村民实现"双增收"，加快了桃溪村
经济发展与生态文明建设，推动桃溪村脱贫攻坚、乡村振兴的进程，并助
力古田食用菌文化走向世界。

第二节　乡村传统村落的保护与传承

我国传统村落是农村生产生活的文化遗产，是重要的乡村传统文化资
源。其文化资源包括建筑、村落整体风貌、村落的祖训等。关于古村落的
保护与发展，2018 年中央一号文件强调"实施农耕文化传承保护工程，深
入挖掘农耕文化中蕴含的优秀思想观念、人文精神、道德规范，充分发挥
其在凝聚人心、教化群众、淳化民风中的重要作用。划定乡村建设的历史
文化保护线，保护好文物古迹、传统村落、民族村寨、传统建筑、农业遗
迹、灌溉工程遗产。传承传统建筑文化，使历史记忆、地域特色、民族特

点融入乡村建设与维护。"[1] 事实上，我国传统村落的形成因素十分复杂，既有血缘凝聚和地缘聚居的因素，也有因为外部环境包括战乱、天灾等成因。传统村落得以留存，其主要原因是封闭性，他们大都分布在山区地带，远离城市，村落和乡民被现代化濡染的程度较轻，因此很好地保留了传统的乡村文化。福建闽西永定客家土楼文化就是最具代表性的文化样本之一。多年来，当地政府部门始终以发展土楼文化旅游为抓手，在挖掘土楼文化经济价值的同时也注重保护好土楼文化的物质载体和精神内核。

位于福建永定区的客家群体，其先祖是河南杞县的中原百姓，村子里的人大多都姓林，由此形成了林氏家族。客家人为躲避战乱而从中原迁徙到福建，最早可追溯至西晋八王之乱，至今已有 1700 多年。林氏人聚族而居，宗族成为这些传统村落生产活动、组织活动的载体，宗族祭祀活动是连接族人、凝聚族心的主要方式。正因为有宗族的存在，客家人团结在一起，为了共同生产、抵御外敌，创造了土楼这一独特的建筑，而且代代相传，成为我国传统建筑史上的瑰宝，而客家人勉励族人一心向学的良好家风家训也被誉为"好家风"的典范。本研究团队曾前往福建省龙岩市永定区客家土楼群中的著名村落——洪坑村调查客家土楼文化和家训家风文化的现状，并分析其推动的文化振兴的价值意义。

永定现存著名的圆楼 360 座，著名的方楼 4000 多座，拥有高北、万安、洪坑、南溪、初溪、中川、岩太、中溪园、大洋埃、石城坑十个土楼群。笔者走访了洪坑村和南江村两个村落，主要调查的是洪坑村。洪坑村位于湖坑镇东北部，距湖坑镇 5 公里，是世界文化遗产——福建（永定）土楼所在重点村之一，也是著名土楼民俗文化村、省级园林式村庄、国家 5A 级旅游景区所在地。全村土地总面积 7117 亩（1 亩≈666.67 平方米），人口 2910 人。洪坑村保留了相当多的客家传统家训、祖训、族规，设有"客家家训馆"。相比较于洪坑村较为现代性的整体性开发，南江村的现代气息就没有那么浓郁，其传统的特性得以较为完整地保留下来。南江村地处龙岩市永定、漳州市平和两县交界处，位于永定区湖坑镇南溪片区，村子东西两侧山脉连绵，山峦重叠，溪水潺潺，是典型的两山夹一沟的河谷盆地地

---

①中共中央、国务院：《关于实施乡村振兴战略的意见》，人民出版社，2018 年版，第 62 页。

形。南江村村落环境优美，青山绿树、溪流环村，水稻梯田与古朴的客家土楼相辉映，是绵延六百余年的中国传统古村落。南江村的面积较小，仅有 5.5 平方公里，其中耕地面积 1982 亩，森林面积 9200 亩，森林覆盖率 78%，全村有 411 户 1510 人。2014 年，南江村被评为全国生态文明村。

一、土楼修建历史悠久，家风文化传承悠长

洪坑村土楼历史悠久，作为永定土楼群的重要组成部分极具代表性。早在 13 世纪（宋末元初），林氏在现今福建省永定区洪坑镇东北面的洪坑村开基，2000 年有 638 户 2310 人居住在该土楼群内。林氏先人在此开基时所建方形土楼崇裕楼、南昌楼已坍塌。现存明代建造规模较大的土楼有峰盛楼、永源楼等 13 座，清代建造规模较大的土楼有福裕楼、奎聚楼、阳临楼、中柱楼等 33 座。土楼造型主要有正方形、长方形、圆形、半月形及其变异形式。此外还有以生土建造的天后宫、日新学堂、林氏宗祠、关帝庙等。奎聚楼、福裕楼、如升楼、振成楼为该土楼群的杰出代表，其中振成楼、福裕楼、奎聚楼于 2001 年 5 月被国务院列为全国重点文物保护单位。

洪坑村风景优美，空气清新，为中国十大古村。这里旅游业较为发达，土楼建筑众多，其中振成楼是最富丽堂皇、最具代表性的圆形土楼。它是客家土楼的精品，被称为"土楼王子"。南江村的土楼文化相比较于洪坑村，还蕴含着丰富的红色文化。20 世纪 30—40 年代，中共闽西军政委员会曾在南江村办公，中共闽西第一个地下电台在南江村诞生，因此南江村也有"小延安"的美誉。南江村现有保存完好的 23 座土楼，圆形、方形、八角形、月牙形等，造型各异，堪称"土楼奇葩"。除了土楼，水景如画的黄金坝、古朴的天后宫、古色古香的私塾——经德堂、嫁女思乡的"女儿林"、逶迤重叠的梯田、风景美丽的生态游步长廊等，共同构成了南江村的文化魅力。

土楼外观宏伟壮观，造型多元，其结构也是十分坚固，作为地方特色民居，承载着独特的历史、文化、艺术和科学的价值，具有独特的功能以及丰富的文化内涵。洪坑村是著名的客家民俗文化村，现有 36 座保存较为完好的土楼，其中最著名的当属振成楼。振成楼于 1912 年建造，耗时 5 年建成，耗资 8 万大洋。楼主精通易经八卦，这座楼是按照八卦设计的，因此又叫作八卦楼。楼体坐北朝南，当地民众有种说法：坐在振成楼门前，就

像坐在一把龙椅上，两座青山就像龙椅的两个扶手，村子沿溪流而上，环绕的溪流就像官服上的腰带。振成楼主体建筑呈圆形，分内外两圈，外圈4层，内圈2层。外围是土木结构，墙体厚度超过1米，内部是砖木结构。外圈按《易经》的八卦图布局建造，卦构之间设有防火墙，并设有拱门，门闭自成院落，门开院落相通。楼内有精美的石雕木刻、琉璃瓦与铁艺栏杆。内环当中为中心大厅，厅前设廊，以4根近7米长的大石柱支撑。楼内院落之间通常以屏风相隔。内环用砖木仿西洋式装修，形成了"外土内洋""中西合璧"的独特风格。楼内有众多名流名家楹联，充分展示了土楼文化内涵和客家文化的精髓。整个楼内有2口水井，3道门，4户楼梯，5座小厅堂，8个卦，9个露天的天井，20个洗澡堂，大大小小房间222个。主体左右两边各有一个耳房，像一顶官帽，左耳房是日升烟刀坊，是打造烟刀的加工厂，右耳房是私塾，这在当地称作"左手抓经济，右手抓教育"。这座楼是林家5个兄弟建的，现在繁衍下来，一共14户，300多人，常年住在这里的只有七八十人。这座楼先后培养出60多位专家教授，1位中科院院士。从振成楼的布局和传承上，可以总结出永定土楼的四大特点。

一是"大"。永定土楼在高度、占地面积和容纳人数上都比其他土楼更胜一筹。一座普通的土楼一般有一百多个房间，住四五十户；振成楼有两百多个房间。永定最大的土楼有几百个房间，可以容纳一千多人。一千多人居住在一起，就像一个小社会，在这个小社会里居住的都是同姓同宗的人家，因而宗族是维持秩序的基本准则。位于土楼中心的祠堂被誉为土楼的心脏，凡有重大宗族事务或一些重要的节日，都要在祠堂里举行宗族会议或仪式，在这一天，整个家族的人都会聚在一起。这样，土楼就将整个家族密切联系起来，对外表现为团结统一、互相扶持、一致抗敌。

二是"奇"。首先是造型奇。客家土楼最早是方形的，先建方楼，后建圆楼。景区内普通的方形土楼有123座，而圆形土楼只有3座。整个永定区有23000多座土楼，只有326座是圆形的，其他都是方的。作为经典之作的圆楼基本都是后期建的。圆楼是在方楼的基础上改进的。为何要从方至圆？相对于方形土楼，圆楼既可以节省材料，又能保证土楼的各个部分的采光相同，而方形土楼只有四个角落比较亮堂。同时圆楼的防风效果特别好，里面特别保暖。最主要的是圆楼有防震的效果，就拿墙来说，圆楼的墙体是下面厚上面薄，这种建筑方式有向心力，抗震效果强。据当地民众说，永定发生过七级地震，有一座土楼被震开了裂痕，但是经年累月，裂痕竟慢慢消失了，只留下细细的痕迹，在向心力的作用下，裂痕逐渐被压实。土楼不仅有方形、圆形，还有特别的形状，如天一楼和八角楼。其次是构造奇。土楼的一二层没有窗户，只有最上面一层开几扇小窗。原来，土楼的一、二层在过去是不住人的，一楼是厨房，二楼是粮仓，只有位于三四层的卧室才会开小窗。在当时，土楼最重要的用途是抵御外敌，当外敌入侵时，土楼大门紧闭，内部有水井、粮草可供他们生活一段时间。振成楼的两边墙是分隔开的，各为一卦，卦与卦之间有青砖隔开，可以防火，被当地人称为防火墙。振成楼的屋檐设计十分巧妙，雨水可顺着屋檐流入楼内的排水沟，形成科学的排水系统。此外屋檐出挑较长，可以防止墙壁被淋湿。仔细观察土楼，最上层的屋檐下有一个瞭望口，瞭望口外以四根木棍为支撑，搭成一个瞭望台，人就可以从里面出来观察外部情况，八个卦一共有八个瞭望台。三是建筑过程奇。土楼修建极为不易，建筑材料主要是当地的黏土和红土。当地田地里面 1 米深左右的土黏性很强，用它混合一些碎石等材料，然后等待土发酵，使其变得更有黏性，有时甚至需要放置几个月。等到土捏起来能够捏成一团，掉到地上能够马上散开，就可以用来夯土墙了。夯制土墙工序繁杂，20 厘米算一层墙，一层墙分四次来夯，夯两层以后至少要达到七成干再继续夯，而且夯到了第四五层以后，每一层就要分七次来夯，使其更加牢固。每夯一层墙，中间都要加竹片，使墙面更具有韧性，不容易倒塌。土楼的门用杉木制成，所谓"风吹万年杉"，杉木很耐用。杉木被熏过之后可以防蛀，楼内只要有人居住就会烧柴火，而烟火就可以熏木头，起到防蛀的作用，所以土楼经久不蛀。但是杉木比较干燥，容易着火。早前的大户人家就在门的外层加一层铁板，穷人用不起铁板，就在大门上面修一个水槽，通往二楼的大水缸，一旦敌人放火烧门，就可以用水扑灭。

三是"老"。永定区最古老的方楼有 1300 年的历史，圆形的土楼有将近八百年的历史，每座土楼都蕴含着极其丰富的历史积淀和客家文化传承。

四是"厚"。永定土楼最厚的外墙可达 2.8 米。正是这一特点，使得土楼千年屹立不倒。洪坑村的土楼，几乎每一座都有居民仍在居住。当地居民十分自豪地告诉我们，"城里的房子最多住两三百年，而我们一千多年了仍然可以住，再继续住几百年没有问题"。

从内部设计来看，振成楼的每个细节都蕴含着客家土楼的民俗价值。在入门处，花岗岩从大门铺到中厅，犹如铺红毯一样，过去尊贵的客人才能走正门。楼的内环，是四个兄弟的公共区域。正中央的厅是家族的议事厅，红白喜事的公共场所，这里可以当作戏台，贵宾来时如安排看戏，就要将贵宾安排到楼上坐中厅，主人坐两边陪同。而中厅的走廊设计高出十多厘米，表示客人永远高于主人，体现了客家人的好客。振成楼的特殊之处还在于他的门，正常的土楼只有一个门，用来防土匪，土匪来了将门关起来，外面就很难攻进来。而振成楼前面有一道天门，天门进来还有中门，一般情况下只是走侧门，贵宾来了才会开中门。振成楼的排水设计十分讲究。永定土楼的排水系统普遍是弯弯曲曲的，古人将水视为财运，认为水直流出去是散财之兆。L. X. Z. 在排水口的上方石砖刻上铜钱标记，意在把坏事排出，把钱财留住。另外，普通土楼的栏杆是木制的，振成楼的栏杆是铁制的。这些栏杆由楼主从上海购回，通过水路运到厦门，再雇人从厦门挑回来。所有栏杆一模一样，都有四朵百合，百合花象征着百年好合，三朵朝上，代表欣欣向荣、蒸蒸日上，一朵朝下，代表叶落归根。客家人有一有趣的习俗，孩子出生以后，女婴的胎盘要埋在厨房门背后，男婴的胎盘埋在厨房门口，表示女主内男主外。把胎盘埋在地底下就意味着把根留住，教育后代不要忘本，落叶归根。

土楼的建筑特点正是土楼文化的外在体现，世界遗产委员会这样评价土楼："世界上独一无二的集居住和防御功能于一体的山区民居建筑福建土楼，体现了聚族而居之根深蒂固的中原儒家传统，更体现了聚集力量、共御外敌的现实需要。同时，土楼与山水交融、与天地参合，是人类民居的杰出典范。"可见，土楼文化的核心就是团结一致、共同御敌的家族观念，它象征着客家人团结、勤劳、上进等优秀的族群品质。除此之外，土楼文化还蕴含着天人合一的理念以及客家人的婚丧嫁娶等各种民俗。土楼文化的载体正是土楼本身，因此，保护土楼建筑的完整性是当地政府的重要任务。政府为了保护其原始形态，势必要尊重土楼的原始面貌，同时要改善周围的村落环境，进而从侧面提升村民的生活品质。

永定区政府在保护土楼的基础上，充分利用土楼文化中蕴含的价值取向、家族观念、道德准则，将其作为稳定乡村秩序、促进乡村经济发展、改善乡村生态环境的重要抓手。不同于城市，在乡村，约束村民言行举止的除了国家的法律法规等正式制度，民间习俗等非正式制度也发挥着重要的作用。^① 土楼文化的内核是团结一致的家族观念。政府充分挖掘土楼文化的内核，通过申遗、图片展览、导游讲解等形式，将土楼文化既内化于乡民内心，又外显于社会。

其一，保护利用土楼文化，可以增强乡村的凝聚力。土楼文化彰显着客家人家族内部和谐包容的特质，也蕴含着客家人耕读传家、重视礼教的教育追求。当地政府对土楼的保护恰恰使得团结友好、以和为美的土楼文化内核得以延续。其二，保护利用土楼文化，发展了土楼文化产业。事实上，受城乡经济二元结构的影响，城市文化对乡村的冲击愈演愈烈，洪坑村和南江村大多年轻人选择背井离乡，外出务工，村子里留下的大多数是些老人和无劳动能力村民。同时，年轻一代把自己的孩子也带到城市去，接受城市教育，土楼文化的传承面临着前所未有的危机。这些年轻人每到逢年过节才返回家乡，土楼文化对他们的影响不断弱化，土楼文化不断流失。在政府和当地民众的努力下，2008年"福建土楼"被正式列入世界文化遗产名录，自此，福建土楼成了旅游热门景点，永定土楼因其极具代表性，也成为著名的旅游景点，洪坑村成为中国土楼文化旅游村。当地政府积极主导土楼文化旅游，涵盖土楼参观、民宿、特色餐饮、土特产以及地方导游讲解等一系列内容，同时还包含特色文化体验。永定以"烤烟之乡"闻名，烟草是永定经济发展的主导产业，比较知名的有七匹狼香烟等，早年永定不少人凭借做烟、打烟刀发家致富。在振成楼，我们见到了特色的烟刀展示，旁边还售卖本地烤烟。这些旅游项目极大地拉动了当地经济发展，给村民增加了收入。据统计，目前南江村年接待游客30万人次以上，乡村旅游业总收入超200万元。仅在2018年中秋假期，永定区就累计接待游客10.71万人次，实现旅游总收入8289.54万元，收入同比增长18.2%。其中，永定土楼景区接待游客3.88万人次，实现旅游收入1703.32万元，

---

① 朱冬亮：《当前农村土地纠纷及其解决方式》，《厦门大学学报（哲学社会科学版）》，2003年第1期。

收入同比增长 18％。^① 经济发展又反过来促进了土楼文化的保护。乡民认识到土楼蕴藏着巨大的经济效益，愈发自觉了解土楼文化，再从自觉到自信，真正实现了土楼文化的落地。据村民反映，近几年返乡创业的年轻人逐渐多了起来，村子更加有活力了。

利用土楼发展旅游业是永定区的一个主流，土楼瑰丽古朴的外观、深厚的文化积淀，是吸引游客的亮点。依托特色土楼群，南江村不断完善基础设施，改善村容村貌，先后建设了仿古栏杆、拱桥、水上公园、文化广场、环村游步道等项目，并按照土楼风貌对裸房进行立面改造。同时，借土楼客流带来的客流推广当地的特产。不少村民在自家大门两侧摆放自家种植的农作物，如百香果、茶叶、笋干等等，除此之外，也贩卖一些纪念品，如土楼模型、钥匙扣等。

当然，"土楼文化"的发展仍然面临着困境。刘洋等在《乡村振兴视域下土楼文化的保护与传承——以福建省永定土楼为例》一文中详细阐述了三大困境："一是土楼建筑的保护存在局限性。二是政府和村民对土楼文化的保护存在疏漏。三是政府对土楼文化的利用不当，过度商业化侵蚀了土楼文化。"^② 土楼修建时比较强调聚集力量、共御外敌的现实需要，因而建筑本身更加强调安全性和封闭性，这就导致土楼内的很多设施诸如供水、排水、排污等设施在现在来看都比较落后，严重影响了居民的居住质量，便利性和舒适度较差。许多青壮年外出打工就是为了易地而居，另建新楼，这直接导致了土楼内的原住民数量迅速减少，留下的人也不再坚守过往的生活方式，摇身一变成为"旅游商贩"。这是土楼自身的建筑特点在时代变迁中不能适应现代居住方式所导致的。同时，土楼属于土木结构建筑，长时间没有人居住很容易损坏甚至坍塌。

受文物保护修缮经费限制，不同地方的土楼保存程度各有不同。笔者在洪坑村调查时发现，当前许多土楼内已经出现了墙面剥落等现象，且囿于建筑材料的不可复制性，土楼的修复艰难。一些土楼的墙面曾经用水泥

---

① 《永定土楼：全域旅游的亮丽风景》，东南网，2018 年 11 月 28 日，http://ly. fjsen. com/2018—11/28/content_21723522_2. htm，2019 年 5 月 1 日查阅。

② 刘洋、赵祥辉：《乡村振兴视域下土楼文化的保护与传承——以福建省永定土楼为例》，《福州党校学报》，2019 年第 2 期。

进行填补，但灰白色的水泥与土黄的墙面"不可兼容"，于是很多修复动作对土楼来说反倒成为一种再破坏。再者，洪坑民俗文化村拥有三十多座大小不一、方圆各异的客家土楼，但是除了振成楼、奎聚楼等被列入"世界文化遗产名录"的土楼保护较为完整以外，其他相当数量的土楼均面临着消失的命运。洪坑村旁的南江村也拥有丰富的土楼群，但土楼破损的程度更严重。这是由于土楼被刻意的划分成了遗产名单内和名单外的，由此决定了它受保护的程度。虽然保护、修复文物的资源有限，划定遗产名单本无可厚非，但土楼文化的载体为土楼群整体，而非局限于某几座著名土楼。土楼文化的保护和传承应当强调土楼群的整体性保护。

地方政府和村民对土楼的保护意识不强。当前政府对土楼的保护措施主要是给楼内的一两户住户发放补贴，使其承担起土楼看护的责任，但利用利益捆绑的方式来促进文化保护，其效果是值得质疑的。我们在调查中发现，当地村民对土楼的保护意识并不强，甚至存在以违规参观土楼换取经济利益的现象。笔者在参观振成楼时发现，振成楼的三楼到四楼本来是作为保护层而封闭起来的，它的木质楼梯存在凹陷破损，尽管墙面上在贴有"保护文物，请勿上楼"的标识语，但在参观过程中，一位土楼负责人告知我们，只要掏四元钱便可上楼参观。由此可见，政府的制度规范固然重要，但土楼的保护和传承依然要依靠规范的落实和这些几百年来和土楼相互依存的客家人自发、自觉的保护。当前村民保护土楼的意识逐渐淡化乃至变得功利化，这不仅使土楼遭到严重破坏，而且也不利于土楼文化的长期延续。

土楼开发的过程中，商业化侵蚀了土楼文化的精神内核。随着旅游产业的发展，土楼游逐渐成为当地文化产业中的重要部分。在土楼文化与商业化联姻的进程中，商贩、游客与导游唱了主角，土楼文化的保护者和传承者却逐步流失，呈现出"缺位"和"失语"态势。调查发现，当地村民对土楼文化大多不太了解或者置若罔闻，原本应当最熟知土楼文化的群体表现出记忆淡漠和情感疏离的状态，折射出当前土楼文化的保护与传承中"对文化载体过度重视"和"对土楼文化内核过度轻视"相互矛盾的吊诡现象。

由此看来，土楼文化保护和传承的实效性与当地村民的"文化自知""文化自觉"和"文化自信"的程度高低有着极大的关联。

此外，土楼旅游发展模式定位模糊，特色未能充分彰显，这也是制约土楼文化发展的重要因素。洪坑村和南江村的土楼类型虽然丰富，但地域分布不够紧凑，旅游结构较为单一。目前的游览活动依然停留在散点的观赏上。游客一般较多去振成楼和庆成楼（博物馆），而对于较偏地区的土楼则没有兴趣，大部分土楼尚未开发。游客奔波数百里，在景点逗留数小时，观赏后意犹未尽，不能尽兴而归。不仅是整体旅游线路的布局有待更新，同时如何彰显土楼特色，使其品牌化也是政府面临的巨大难题。

土楼遗存较多，土楼文化缺乏品牌竞争力。闽粤赣客家地区区域广阔，乡村众多，自然与人文环境大致相同，土楼旅游竞争相对激烈。因此，铸造个性品牌极其重要。两个村子在土楼旅游开发的品牌意识上不强，品牌经营、品牌塑造上较为粗放，同时未能很好地利用现代化信息传播手段，宣传和销售方式落后，土楼旅游资源利用的低效，势必将难以适应旅游市场竞争日趋激烈的形势。

二、土楼传承千秋历史，家训留传和谐乡风

1. 客家人的古训与家风

"人必有家，家必有谱，谱必有训。"家训是指家庭或者家族规范家人或族人言行，教育子孙后代的各种文字记录，涵盖书信、诗歌、散文、楹联等文体，包括族约、家范、家箴、家规、家法、家诫等。[①] 而家风，亦称门风，是一个家庭或家族多年来形成的传统风气、风格和风尚，象征和反映着一个家庭或家族的生活方式、情感态度、文化氛围、精神品质、价值观念、人生信仰等，并成为家族成员共同的文化基因和价值共识，建构的是一个家族成员共有的精神家园。[②] 总而言之，家训，是一个家族或者家庭行事的准则，为了教育族人而设置的规定，族人长期遵循家训，从而形成一个家族特有的气质，即家风。

客家家训历来都是家训文化研究的重点，客家人在漫长的历史中聚族而居，共同御敌、共同生活，形成了互帮互助、耕读传家的良好家风。且客家家训家风历经数代传承至今。正是在良好家风的熏陶下，许多客家人

---

① 夏青云：《中国家风家训形成发展脉络及主要内容初探》，《文化学刊》，2019 年第 2 期。
② 王泽应：《中华家风的核心是塑造、培育与树立正确的价值观》，《上海师范大学学报》（哲学社会科学版），2015 年第 4 期。

勤奋读书，走出大山，成为一个又一个时代名人。追溯过往先人，孙中山（中国近代伟大的民主革命先行者）、张鼎丞（中国首任最高人民检察院检察长）、卢嘉锡（著名的物理化学家）、胡文虎（著名华侨企业家）、刘亚楼（开国上将）、杨成武（上将）等等都是客家人。客家人有一句话叫作"宁卖祖宗田也不卖祖宗言"，客家人秉承祖训，不论是过往的客家先贤还是今天的客家人，他们深知只有良好的家风才能孕育优秀的人才。客家人认为单纯给子女们提供物质财富，会使他们泯灭自我奋斗的意识，丧失独立创业的能力。他们祖祖辈辈将良好的道德修养、人格风范传给子孙，把清风留给后人，这是无价之宝。

《客家家训总纲》十分鲜明地展现了客家人对良好家风家训的重视：

客家家训总纲

序　言

泱泱中华，屹立东方。客家民系，源远流长。

祖传家训，字字华章。先贤教诲，子孙不忘。

致　孝

百善孝为本，先知敬爷娘。寸草报春晖，时刻挂心肠。

父母生身佛，孝顺理应当。在生勤服侍，细心来奉养。

教　子

为母善择邻，教子有义方。天明须早起，烧火煮茶汤。

厅堂勤洒扫，庭院花果香。勤俭传家宝，浪费无天良。

敦　爱

百年同船渡，有缘结鸳鸯。妻贤夫祸少，恩爱福寿长。

相夫又教子，重任肩上扛。白头相伴老，比翼双飞翔。

劝　学

月光照莲塘，围屋闻书香。尊师又重教，遍地建学堂。

胸中有笔墨，出门气轩昂。读书破万卷，胜过有宝藏。

······

永定土楼内有大量的楹联匾额、对联，都体现了客家家训中孝悌、勤俭的思想精髓。永定区委区政府也将部分放入家训馆作为展示。如："礼仁通一路，知水近人山"，把儒家思想仁义礼智融入楹联；"德为邻"就是要和有德行的人和睦相处。"第一等人忠臣孝子，只两件事耕田读书"是林则徐手写的一副对联，他把这副对联送给了他的弟子，就是永定客家人韩凌。

2. 客家家训的传承

近年来，洪坑村和南江村弘扬当地客家传统家训文化，使之与文明乡村建设结合，取得较大的成就。主要做法有：

①创建客家家训馆，传承客家家训。

为了践行十八大、十九大精神，增强文化自信，更好地保护和传承客家家训，永定区委在洪坑村庆成楼内创建了客家家训馆。客家家训馆由中国国民党荣誉主席吴伯雄题写馆名，有客家源流、家训家规、客家厅堂、楹联匾额、家训故事、客家私塾、客家俗语、客家美德八个主题，以族谱、图片、书法三种形式展陈。客家家训馆对进一步宣传习近平总书记关于"好家风应世代相传"的讲话精神，以及社会主义核心价值观，传承中华文化，弘扬客家精神，都具有积极的现实意义。中央文史馆馆员 Z. S. Y. 先生说，永定客家土楼是客家文化的积淀和物化，堪称客家文化的符号。在客家土楼里面，一个大家族几百人聚族而居，将客家的风土民俗，尤其是家训族规表现得非常丰沛。客家人的祖训家规，各个姓氏虽有差异，但都有一个共同之处，那就是教育子孙后代做人、做事要遵循"孝悌忠信、礼义廉耻"。这些代代沿袭的祖训家规，是客家人奋斗不息的理想追求和原生动力。客家后人受祖训家规熏陶，恢宏先绪，崇文重教，睦邻相助，振奋家声，让中华文化之光熠熠生辉。[①]

客家祖训体现了孝悌、忠信、礼仪、廉耻，那么客家祖训从何而来呢？要想解开这个谜题，就必须先了解客家源流。

客家人历经磨难，为了生存和发展几经迁徙，在华南创造了辉煌历史，发展出了丰富的家训文化。客家家训文化核心思想就是教育后代勤劳耕作、团结御敌、勤奋治学等，促使子孙后代成为德才兼备之人。客家人每个姓氏族谱里都有家训的记载。永定家训馆里展示了永定客家人口最多的 60 个

---

①《永定客家家训馆完成提升改造后重新开放换新颜》，人民网，2017 年 1 月 6 日，http：//fj. peo-ple. com. cn/n2/2017/0106/c234955-29563918. html，2019 年 5 月 1 日查阅。

姓氏的家训，其中：李氏家训讲的是宗族一定要和睦，以和为贵，尊敬祖宗；王氏家训的核心是把国家放在首位，具有家国情怀；张氏家规突出体现爱国守法（上文提到的张鼎丞就是客家张氏家族的杰出代表）。下面是笔者调查的族谱家训节选：

林氏家训：明是非，辨忠奸，守节义，权生死，才算得上大勇。不自用，能用人，才算得上大智。端正勤俭，是居身良法；仁恕正直，是居家良法；恭宽容忍，是居乡良法；廉洁奉公，是居官良法。

王氏祖训：夫言行可覆，信之至也；推美引过，德之至也；扬名显亲，孝之至也；兄弟怡怡，宗族欣欣，悌之至也；临财莫过，让之至也。此五者，立身之本；先国家，敦孝友，重丧祭，肃闺门，受耕读，务勤俭，戒斗讼。

李氏家训：睦宗族：宗族吾身之亲，千支同本，万脉同源，如出一祖。不睦宗亲是不敬祖宗，不敬祖宗则近于禽兽。凡我族人，切不可相残相欺，以伤元气。

张氏家规：急公守法，完粮息讼。士农工商，各执其业。慎终追远，宜尽诚敬。娶媳嫁女，咸宜配择。治内治外，不可易位。事事亲敬，敦宗睦族。

......

这些家训既包含了家庭人伦关系的内容，也有对社会上人际关系的处理准则的表达，更有国家与家庭、国家与社会个人关系的重要论述。客家人重视人伦关系，强调百善孝为先，要"孝敬老人长辈，兄弟友爱协作"，这是兴家旺业、社会和谐的基础。例如，卢氏家训教育后人要孝敬父母，和睦乡邻，勤俭耕读，明礼诚信，知法守法；罗氏家训强调做人要从懂孝悌开始，要互相关心、互相爱护、互相帮助。客家家训中"忠信"思想贯穿始终，是其显著特征。例如林氏家训，"仁恕正直，是居家良法；恭宽容忍，是居乡良法；廉洁奉公，是居官良法"。同时，家国情怀也镌刻在客家人的文化血脉之中。客家人历经战乱，背井离乡迁至南方，对国家有着深厚的感情。客家先祖把这种家国情怀用家训的方式向后人生动诠释、谆谆教导。客家家训文化将"礼义廉耻"视为做人的根本，兴家立业的关键。正因客家人识礼义、知羞耻、懂廉俭，在迁居南方后披荆斩棘，艰苦创业，得以在他乡生存下来，并使子孙繁衍不息，家业枝繁叶茂。

②保护、收集客家土楼楹联。

客家人为了教育族人，通常把祖训家规记载在族谱上，雕刻在楼门、中厅楹柱上，题写在宗祠的墙壁上，作为立身处世、创业持家的座右铭。南江村传统家训、族规、家风建设主要体现在土楼楹联上。土楼楹联属于永久性的对联，本地俗称"楼联"。永定区每一座客家土楼的楼名都隐含深意，且楼内都有一副或者几十副含意隽永的对联，被人们称之为"诗中之诗"。这些对联大多直接镌刻在土楼的门框上或者柱子上，也有用油漆书写的。一般人家不能自己写对联，撰写者大多是一些社会地位较高的乡贤。这些对联文化底蕴深厚，集教化族人、观赏功能于一体，是永定客家先贤留给后代的宝贵文化遗产。

土楼对联数量多，内涵丰富，且镌刻于的柱子、门框等显眼的位置，其教化作用是显而易见的。这些对联旨在教育后人学会修身积德、行善施仁、克勤克俭、耕读兴家、存忠孝心、齐家报国、尊老爱幼、和睦相处。土楼的楹联是土楼文化的完美阐释：

振成楼

振乃家声好就孝悌一边做去，成些事业端从勤俭二字得来。

振纲立纪，成德达材。

从来人品恭能寿，自古文章正乃奇。

······

承启楼

承前祖德勤和俭，启后孙谋读与耕。

奎聚楼

奎星朗照文明盛，聚族于斯气象新。

静以修身，俭以养德；入则笃行，出则友贤。

日升堂

训蒙心存爱国，为学志在新民。

经训楼

经宗典范，训毓贤材。

山静日常仁者寿，荷香风善圣之清。

事能知足心常惬，人到无求品自高。

观史知今当思进退，读书养志可识春秋。

经德堂

第一等人忠臣孝子，只两件事耕田读书。

存忠孝心，行仁义事。

衍香楼

积德多繁衍，藏书发古香。

不因富贵求佳地，但愿儿孙做好人。

衍庆睢麟，谋诒翼燕；泽衍千秋，簪缨勿替。

香熏斑马，藻艳雕龙；书香百代，门第聿新。

当地政府一方面保护楹联本身，另一方面收集编印土楼内的楹联。

③倡导移风易俗，组织重新修订家谱家训。

客家家训也传达了客家人对良好家风的重视，同样是客家人宝贵的精神财富。新时代，政府组织重编了永定林氏家谱，增加了爱国、美化环境、遵守公德等内容，并将女儿也编入家谱，体现男女平等的新风尚。早前的客家族谱没有女孩的名字，黄氏家族是最早将女子加入族谱的。当地政府还依照传统家训、族规、俗语的形式编制村规民约，如南江村的"村规民约"、社会管理综合治理村规民约等。政府还将家训、家风建设与文明村建设相结合，将爱国、守法、明礼、诚信、团结、友善、勤俭、自强、奉献与客家传统美德故事结合，广泛宣传。

弘扬传统文化，建设好家风，传承好家训，对我国社会主义道德建设来说是极其重要的。要让客家家训文化在新时代焕发新活力。

三、传承优良家风家训，铸就文明和谐乡风

自古以来，重家训、育家风一直是中华民族的优良传统。一般认为，

我国家训最早产生于西周，周公旦的《诫伯禽书》是我国家训产生的标志。[1] 之后陆续出现了《女诫》《颜氏家训》《朱子家训》《家范》等家训代表作。家训文化在凝聚族人力量、形成良好家风、培育优秀人才方面具有十分关键的作用。一方面，族人遵守家训，修养自身道德品质，培育出具有家族特质的家风；另一方面，在原有家训的基础上根据时代的变化发展出适应当下时代气息的新的家训。家训文化传承至今，早已成为中华民族传统文化的重要组成部分。当下，深入挖掘家训文化的丰富内涵，保护传承家训文化，对我国乡村文化的建设，尤其是乡风文明的实现，具有重要的借鉴意义。

客家人的家训家风文化体现在两个方面。首先，良好家风的形成依靠氛围的营造。土楼内部随手可见的楹联、族谱中的家训、客家俗语等都是客家人家风的映照。客家家训积淀了客家文化道德之精髓，传承了"修身齐家平天下"等的儒家精神，凝聚客家人文精神，是客家文化的精华。其次，客家家训契合了社会主义核心价值观，保护和传承客家家训，有利于践行社会主义核心价值观，传承传统文化，促进社会和谐。客家的家训教育积极影响深远，已经深深地影响了全球的1亿多客家人。

家风家训不仅对个人品格有着极大的塑造作用，同时对乡村文化治理也有着极大的帮助。优良的家风家训不仅能够塑造出具有传统的文化价值观念的乡村社会成员，还能使得乡村社会精神风貌整体提升，有助于营造文明乡风。当然，客家家训中也有一些不符合时代发展的内容，比如一些家训中对于女性的地位并未充分认可，认为女性就应该在家操持家务、相夫教子，同时不允许媳妇入族谱等。这些落后的观念旧俗在各级党政组织倡导的移风易俗和乡村经济社会环境的现代化发展中逐渐被摒弃。

南江村的家训家风区别于洪坑村。洪坑村多为大家族，大家族产业雄厚，家族人口数多，具有较为完整的家训、家规、族规。而南江村多为小家族，其土楼规模较小，人口数量少，虽说同村人属于一个宗族，但宗族联系较为松散，其家训文化没有得以集中体现。但其也包含了修身养性、齐家教子、交友处世、任事用权、读书勉学等多方面的内容。

———————————

①《中国家风家训形成发展脉络及主要内容初探》，《文化学刊》，2019年第2期。

优良家风是几十年甚至几百年来通过几代人的言传身教潜移默化形成的。习近平总书记在十八届中央纪委六次全会上讲话时指出，"在加强党性修养的同时，弘扬中华优秀传统文化。领导干部要把家风建设摆在重要位置，廉洁修身、廉洁齐家"，[1] 强调领导干部要注重家庭、注重家风，培养自身的好思想、好品行、好习惯。在中国传统文化中，道德建设始终贯穿个人、家庭和社会三者之间。《礼记·大学》说："古之欲明明德于天下者，先治其国。欲治其国者，先齐其家。欲齐其家者，先修其身。欲修其身者，先正其心。欲正其心者，先诚其意。欲诚其意者，先致其知。致知在格物。物格而后知至，知至而后意诚，意诚而后心正，心正而后身修，身修而后家齐，家齐而后国治，国治而后天下平。"欲治国平天下，则先要修身齐家，要修身齐家，则先要正心诚意，要正心诚意，则要格物致知。个人要学习，读书明理，培养对家庭的责任感，培育对国家民族的责任感和使命感。良好的家风建设、优秀家训的传承，是社会道德建设的重要内容。

客家家训文化是中华优秀传统文化的重要部分，但我们在实际走访中发现，一些人并不了解自己家族的家训。家训家规是在家族中通过代际关系传承的准则。现代社会经济发达，交通便利，人们对家族的依赖越来越小，更多人外出寻找生存的途径，追求更好的生活，这在一定程度上使得家训文化淡化。但中国人有很深的家族观念，家族的社会根基稳固，家风家训稳定乡村秩序、勉励子孙读书做人的功能仍在。事实上，纵观一代代优秀的客家人，客家家训文化已经内化为客家人心中的准则。相对于土楼所面临的载体消解、文化消解的困境，家训文化的消解并不那么容易，相反，其留存时间也会更长。

第三节　乡村精神文明脉络的延续

一、建立乡村文化礼堂，营造农民的精神家园

为了满足全省广大农民日益增长的精神文化需要和推进乡村文化建设

---

① 习近平在十八届中央纪委六次全会上发表重要讲话，新华社，2016 年 1 月 12 日，http://www.gov.cn/xinwen/2016-01/12/content_5032433.htm，2019 年 5 月 1 日查阅。

的进程，浙江省政府于 2011 年在临安试点建设乡村文化礼堂，2013 年开始在全省范围内逐步实施乡村文化礼堂的建设工程。截至 2017 年底，浙江已建成乡村文化礼堂 7916 家。[①] 到 2020 年，浙江省已建成乡村文化礼堂 14341 家，大约每年增加 3000 个。浙江省委省政府在《全面实施乡村振兴战略　高水平推进农业农村现代化行动计划（2018－2022 年）》中指出，到 2022 年，将新增乡村文化礼堂 15000 家。乡村文化礼堂建设六年来成效卓著，乡村文化礼堂重新为乡村文化发展提供了公共场所。乡村文化礼堂的功能从最初的精神文化家园不断延伸，逐步显现出其实现乡村文化治理的深层次功能。

　　浙江省建设的农村文化礼堂，是我国乡村文化建设中的成功模式。它既是深入开展文化惠民工程中建设的文化活动场所，又不仅仅是一个单纯的文化活动场所。农村文化礼堂从丰富"农民群众的精神家园"这一核心需求出发，在充分发掘和弘扬各地特色的农村优秀传统文化和吸收现代文明养分的基础上，立足于满足广大农民群众日益增长的精神文化需求，着眼于加强农村思想道德建设和公共文化建设，弘扬主旋律和社会正气，从更高层面和更大范围让农民群众的精神世界丰富起来，"充分体现农村特点，注意乡土味道，保留乡村风貌，留得住青山绿水，记得住乡愁"，是真正做到有内涵、见实效的乡村文化建设实践。[②] 可见，农村文化礼堂承载了文化传承、道德弘扬和精神家园的三重功能。作为一种公共文化事业，农村文化礼堂设立之初，其形式主要是政府组织城市送文化进乡村。据调查，在温州，通过温州文化礼堂点单平台，每年有 9000 多场活动送往广大乡村。[③] 这基本满足了农民的精神文化需要。在此基础上，各地经过实践探索，逐渐形成了形式多元、内容丰富的农村文化礼堂。概括而言，文化礼堂以教育教化、乡风乡愁、礼仪礼节、家德家风和文化文艺"五进"为建设内容，取得了乡村文化建设的综合成效。[④]

---

①徐继宏：《浙江：今年将新增农村文化礼堂三千个》，《中国文化报》，2018 年 2 月 7 日。
②王宁：《乡村振兴战略下乡村文化建设的现状及发展进路——基于浙江农村文化礼堂的实践探索》，《湖北社会科学》，2018 年第 9 期。
③《浙江：今年将新增农村文化礼堂三千个》，《中国文化报》，2018 年 2 月 7 日。
④陈野：《文化治理功能的浙江样本浅析——以农村文化礼堂为例》，《观察与思考》，2017 年第 4 期。

二、营建乡村文化空间，满足农民精神需求

称海村是浙江绍兴市上虞区道墟街道所属的第一大村（称海村一带历史上称为"扇头地"），坐落于道墟街道北面，南至称山脚下，北邻曹娥江边，东至道墟镇江协村，西临联江村。称海村由中区、大丘畈、新村三个自然村组成。新中国成立前，称海村一直贫穷落后，吃的是杂粮，穿的是土布，住的大多是草房。曹娥江时常涨水、倒地、倒塘，村民生活十分困苦，是全县有名的落后村。新中国成立初期，称海村属绍兴县皋埠区道墟乡，1958年进入大公社。1951年归并上虞县东关区漓海乡，称海村为二村，当时漓海乡乡政府曾设在二村。1962年属漓海公社。1982年为称海大队。1983年设漓海公社为杜浦乡，设称海村。1992年撤乡扩镇，称海村并入道墟镇，现为道墟街道辖下村。2015年，称海村地域面积1.6平方千米，979户，人口2945人，外来人口325人。称海村建有党总支部1个，下设3个党支部，现有党员87人，13个村民小组，村民代表49人，拥有各类个体、私营企业28家，村级农贸市场1个。

多年来，称海村大力推进以"产业兴村、建设靓村、文化活村"等为核心的组团式中心建设，不断发扬称海精神[①]。现在的称海村，农民生活水平不断提升，人居环境日益优化。作为上虞区组团式中心村，其商店、银行、小学、公交车站、医院、停车场、村文化活动中心等村级配套设施齐全，全村村民全部住上二层以上的楼房或独立别墅。据保守测算，人均住房面积达100平方米（包括城里的商品房在内）。称海村道路整洁，环境优美，社会和谐，生活舒适。60周岁老人有800余人，占总人口近30%，远超出浙江省老年人占总人口的平均水平。称海村荣获浙江省文明示范村、浙江省小康建设示范村等荣誉，其村党支部多次被评为上虞区级和道墟镇级先进党组织，已连续多年跻身上虞区"廿强村"。

在上虞区政府的重视下，称海村在2014年建设了文化礼堂。文化礼堂是农村文化综合体，包括礼堂本身、乡村大舞台、讲堂、文化活动室、农家书屋、广播室、"春泥计划"活动室、群众体育活动设施、文化信息资源

[①]称海精神是指称俭养德、海纳江河，即称海人勤劳、节约、正直、公道的传统美德和包容、豁达、开拓创新的品质。

共享工程基层网点等文体活动场所。[①] 除此之外，称海村还根据本村的历史文化传统建成了文化长廊、棋牌室等设施。文化长廊中用图片、文字等展示了称海村的村史村情、民俗活动以及时事政治等。村文化礼堂建成投运后，村组织了腰鼓队、舞蹈队、军乐队、民乐吹打队、排舞蹈队等文艺团体，乡村大舞队每年演出 20 多场。村里还在文化礼堂开展各类讲座、宣传各类知识、举办"四好评比""免费体检"等各类活动，深受村民欢迎。观看表演和参加活动的村民遍及周边村落，观众达 2 万以上人次。文化礼堂是农民学习娱乐、修身养性、提升文化素质的精神家园。丰富的活动不仅提高了村民的文明素养，而且活跃了村民的文化业余生活。

事实上，农村公共文化设施的建设和服务活动的开展历来已久，但效果一般。究其原因，多是因照搬城市公共文化设施和活动的模式造成的"水土不服"。与以往的公共文化设施建设不同的是，农村文化礼堂扎根乡土，是乡土民风民情与城市良好融合的产物，体现了乡土味儿。正是这种乡土味儿，使农村文化礼堂得以在乡村扎根。具体来说：

首先，农村文化礼堂重塑了乡村公共生活空间，丰富了农民的精神生活。传统的乡村公共空间多在田间地头和生产生活场所。这些空间不仅仅作为生产空间，同时也可以作为公共空间、仪式空间。可以说，乡村公共空间历来就带有多元功能的本质属性，这是其与城市公共空间的根本区别。正因如此，农村文化礼堂作为一种乡村公共生活空间，就必须以农民的需求为核心，其功能也围绕农民的需求科学拓展。在称海村，农村文化礼堂不仅仅举办丰富多彩的文化活动，丰富了农民的精神生活，同时也作为村民们举行祭祀仪式的地点或者婚丧嫁娶的家宴中心，其费用低廉，且设施可重复使用，既有效利用了文化礼堂，又很大程度上缓解了农民的经济压力，解决了农民的难题，使得农村文化礼堂活动的参与度大大提升，进而有利于凝聚民心，增强农民的认同感和归属感。当地的工作人员告诉我们：

我们在文化大礼堂举办各种活动，重大节日都有文艺活动，是很热闹的。但是因为这些唱唱跳跳不可能每天都举办，你空着是浪费，老百姓也会说那么大的场地空着不让用，这是形式主义。所以我们就把它也作为家

[①]《文化治理功能的浙江样本浅析——以农村文化礼堂为例》，《观察与思考》，2017 年第 4 期。

宴中心，办红白事。原来村民办红白喜事都要到酒店，花费很高，现在村里面有场地，设施齐全，象征性地收一些费用，500块钱就能摆30几桌。这样村民就可以在村子里办红白事了。礼堂设施和其他的一些工具都可以重复使用，今天这家办，洗干净之后他家办，村子里面的人都可以使用。500元费用只是象征性的收费，用于清洗工具、打理场所，可以说完全就是公益性质的。这样满足了老百姓的需求，解决了老百姓的燃眉之急，他们更信任我们，也更乐意参加我们组织的活动，甚至主动提出要表演节目。我们要搞活动，提前通知一下，村民自主报名，大家都愿意参加，已经70多岁的老太太都愿意上台演唱。搞活动的时候其他村的村民都会过来看。①

其次，农村文化礼堂有利于乡村传统文化的保护和传承，真正实现文化自信。文化礼堂很重要的一项作用是本地文化展览，包括村史村情、民俗风情、地方名人等。称海村建立了文化长廊和村史纪念馆，村两委成员向村民征集了信息资料，凝聚一村之力将本村的乡村文脉、历史资料较为完整地搜集起来并加以整理。称海村农民在回顾这些历史资料的过程中，加深了对本村文化的了解，实现了文化自觉。系统、全面、翔实的称海村史料在文化礼堂用文字、图片、实物展览，甚至以表演的形式得以展现，吸引了其他村的村民也来观看，村民的自豪感、归属感油然而生。村民了解了本村的村史文化后，又以走村串镇的沟通方式将本村的民俗特色等表演传播出去，最终从文化自觉走向文化自信。可以说，农村文化礼堂真正实现了从乡村"文化撂荒"到"文化自觉"的转变，并最终达到"文化自信"。

再次，农村文化礼堂创新了乡村治理的新方式，是乡村文化治理的显性化载体。农村文化礼堂对于稳定乡村秩序具有重要作用。农村文化礼堂的"新"就在于它科学吸收了传统文化中的精华，将乡村文脉更好地传承了下来，而将重男轻女、权力至上等封建糟粕剔除。一方面，农村文化礼堂凝聚了民心，作为村委参与乡村治理的重要抓手，起着调节农民矛盾、稳定乡村秩序的重要作用；另一方面，农村文化礼堂成为稳定乡村秩序的方式。传统的乡村治理除了依靠法律条文等正式制度，很大部分需要依靠家族观念、乡民情谊等非正式制度解决。事实上，随着城市文明的冲击，

---

① 2018年9月2日访谈浙江省上虞区工作人员 X.S.J.。

乡村宗族对乡村治理的影响逐渐弱化，而农村文化礼堂作为正式制度与非正式制度之间的桥梁，成为乡村治理的新方式。

最后，农村文化礼堂恢复了乡村活力。农村文化礼堂的建设很大程度上改善了村庄环境。村庄环境的改善和文化精神的丰富使得村民的干劲更足，"等、靠、要"的思想得到了很大改善。环境的改善和村民思想的转变使得乡村的发展更具活力：本地人返乡创业、市民下乡的人数逐年增加，乡村人口增加，乡村吸引力增强。有了人流和环境的良好基础，乡村产业得以更好发展。文化礼堂既成了农民的精神家园，又唤醒了乡村振兴的"魂"。

三、多元共建文化礼堂，创造乡村文化乐土

称海村农村文化礼堂的成立既是政府决策的成果，也是政府科学引导乡贤参与建设的成果。为充分挖掘、利用乡贤资源，积极引导社会力量参与农村文化礼堂建设，称海村建立了农村文化礼堂乡贤理事会。同时乡贤阮兴祥出资150万元，设立"称海村文化礼堂公益基金"。由阮兴祥任首届理事长。每年称海村从公益基金中提取5万元用于村文化礼堂的建设和村文化礼堂开展各项文化活动的费用支出。称海村的乡村大舞台也是由阮兴祥先生个人出资建成的，目前已演出十多场次。

当地政府意识到乡贤的重要性，努力打造乡贤文化。乡贤以捐款、技术培训等形式援助家乡，乡贤振兴家乡的氛围愈发深厚，唤起越来越多的乡贤回馈家乡的意识，并最终形成"先富带后富"的文化氛围和社会风尚，最终形成了乡贤文化。乡贤文化在乡村文化振兴乃至乡村振兴中发挥了重要作用。据当地民众说：

村里有孩子上不起学，有人看不起病，都可以申请乡贤基金。很多孩子考上大学还有奖励。看病、上学的费用对村民来说是一笔很大的开销。村民家里如果有人生了大病，基本上是负债累累，公益基金帮助村民解决了大问题。本来做公益的人不是很多，主要靠先富起来的人，慢慢的大家都自觉去做些公益，不一定出钱，有力出力，有技术出技术，村里的事大家都出把力。小孩子有了出息也懂得回过来帮帮村里，想着能当乡贤，上榜呢。

乡村振兴的主要困难在资金和技术上，乡贤回馈乡村一方面可以解决

这些困难，另一方面作为当地比较有威望的人，他们对乡民和其他乡贤的影响是潜移默化的，可以为乡民塑造榜样，有利于和谐稳定的乡村秩序的形成和乡村精神文明的培育，同时可撬动关键少数乡贤回乡参与乡村文化建设，带动其他乡贤共同参与家乡事务，形成乡贤竞相出资出力，共同振兴家乡的氛围。

乡贤文化的形成使得越来越多的人参与到乡村振兴中来，一方面，动员了更多社会资金参与到乡村振兴中，极大地缓解了政府的财政资金压力，解决了乡村振兴"钱从哪里来"的问题；另一方面，社会参与大大增强，推进乡村振兴战略从政府的任务转变为整个社会的行动，政府能够更好地发挥自身政治引领和政策引导的角色。同时，社会多元力量参与乡村振兴事业，能够充分发挥乡村社会成员建设乡村的主动性，让乡村社会成员参与到乡村的规划建设当中，既有利于建设符合乡村社会成员生产、生活的新时代乡村，也有利于化解在乡村建设过程中的矛盾，维护乡村社会稳定。（称海村文化礼堂乡贤理事相关制度详见附录四。）

第三章 // 社会主导型乡村文化振兴

社会主导型主要是以乡贤为代表的乡村社会力量，利用其在资金、技术和社会关系等方面的优势，协调推进乡村文化建设的乡村文化振兴类型。社会主导型乡村文化振兴具有两大鲜明特点：一是主体以本地乡贤为主，人员职业构成多元；二是价值导向上不以个人利益为目标，追求公共利益的最大化。从第二章政府主导型乡村文化振兴的案例分析中可以看出，政府主导模式在乡村文化振兴中发挥了重要作用，尤其是在初级阶段，以政府主导模式推进的乡村文化振兴的效率更高。但是，政府主导模式也存在乡村社会成员参与程度较低，相关资源难以发挥最大效用等问题。社会主导型乡村文化振兴模式则可以较好地调动农民、乡贤、社会组织的积极性，其本身也是文化自觉的外在表现。接下来将对社会主导型文化振兴模式的案例进行详细分析。

笔者基于研究团队的实地调查发现，两个同样以社会主导为主要模式的地区，社会主导的程度却可能有很大不同，即使是同一个地方，在经济发展的不同阶段，乡村文化振兴的模式也有很大不同。以福建省屏南县漈头村和浙江省绍兴市上虞区为例。漈头村的文化振兴总体上经历了从社会主导向社会、政府双重力量融合发展的过程。上虞区则实现了从社会主导向社会主导、政府引导，再到社会主导的升华。早期的社会主导是由个人发起，主要依靠某一个或某几个人的力量。发展到中期，乡村文化建设的规模、影响力逐渐提升，政府开始参与其中，并给予重要支持。发展到后期，社会力量的参与程度和质量不断提升，政府作用弱化，使得社会主导模式最终得以实现。

任何模式的转变，本质上都是地区经济发展的状况和目标转变等因素综合作用的结果。对于推进乡村文化振兴，无论采取哪一种模式，都是为了实现经济效益和公共效益。本章拟对最初级的社会主导型——单一个体主导的模式进行探讨，进而对政府引导、社会主导模式进行分析。

第一节　古老村落的"现代突围"

村庄不仅是一个生产、生活单位，更是中国乡村文化的载体，是中国血缘和地缘聚居地的完美结合，具有组织、生产、文化、对外交往、聚心收族的功能。[①] 改革开放以来，现代化不断冲击着传统村庄，乡村人口大量外流，部分传统村庄面临着逐渐消失的局面，乡村文化也亟须拯救。面对这样的情况，近年来部分地方政府积极发展乡村旅游，使当地乡村经济得到了新发展。传统村庄的旅游项目开发，不仅为城市居民开辟了新的休闲目的地，也为乡村文化的发展注入了活力。但是，在资本和市场经济规则诱导下发展的传统乡村旅游，却逐渐陷入乡村文化符号化、乡村文化象征性等"伪复兴"的困境。[②] 传统乡村旅游的发展在一定程度上破坏了原有的村落形态及传统乡村文化，使之呈现出碎片化、唯利益化的特点，传统乡村文化的丰富内涵并没有得到深度发掘，反而逐渐丧失生命力。同时，由于社会观念的影响，乡村文化成为落后、腐朽的代名词，对传统乡村文化的保护仍然是一种城市文化外溢到乡村社会的行为，不能真正对传统村庄及其文化起到保护的作用。同时，这种保护也与乡村社会成员的实际生产、生活需求脱节，乡村社会成员并不能真正自发自觉地参与进来，传统乡村文化的保护和开发也因此成为部分地方政府的包袱。

事实上，乡村振兴应该立足于乡村的独特文化资源和文化氛围，只有这样，才能适应乡村的需要。在全国许许多多传统乡村文化日益消失的情况下，如何破解这一难题？我们在中国历史文化名村——福建省屏南县漈

---

①陈华文：《文化重启：传统村落保护可持续的灵魂》，《广西民族大学学报（哲学社会科学版）》，2018 年第 5 期。

②王志芳：《切勿让传统村落失去文化生命力》，《人民论坛》，2019 年第 8 期。

头村找到了答案。事实上，漈头古村落文化的发展也并不是一帆风顺的，重现漈头古村落文化的光芒也并不是一件易事。一千多年来，漈头村历经了"辉煌—衰败—复兴"的曲折历程。

一、自然景观独特，历史遗存丰厚

漈头村，古称龙漈乡，地处福建省屏南县中部，东毗小章村，南接熙岭乡黛溪镇，西紧靠城关，北邻安溪峰段村，海拔高度 850 米，全村总面积 31 平方千米，现有村民 812 户 4176 人，海外侨胞与迁居外地的还有千余人。漈头村周围重峦环抱，中为平地，有"高山假平原"之称。气候冬暖夏凉，年平均气温 15℃，全年无霜期 234 天，年降水量 1858.5 毫米，冬不严寒，夏季温湿而不酷热，气候宜人。漈头村层峦叠嶂，群山蜿蜒起伏，沟壑纵横，西北向东南倾斜，最高峰龙岗寨海拔 1049.9 米，最低点长潭圪海拔 480 米，平均海拔 764.95 米。河流蜿蜒由村东出，河岸曲折，河水碧绿清澄。沿河潭幽瀑多，河水倾泻而下，汇于金造溪。主村位于这些瀑布的源头，当地称瀑布为"漈"，故村名为"漈头"。漈头村肇基于唐僖宗乾符三年（876），迄今有一千多年历史，属古田县二十六都六保恩惠乡新俗里管辖，称龙漈上下境。当时的龙漈下境有宋、兰、梁等姓人氏居住。宋姓曾建立祠堂，梁姓居住时曾盖起"梁亭"，后改称"凉亭"；这些姓氏早已转迁他处。相继在漈头肇基的还有黄姓和张姓。千余年的文化积淀，为漈头村留下非常浓厚的文化底蕴以及纯朴的民情民俗民风。"蒲山多胜迹，漈水有俊贤"。漈头村地灵人杰，钟灵毓秀，文化名人辈出。这里曾名列屏南古代"四大书乡"之首，有着浓郁的文化气息和独特的人文景观。2007 年 12 月，漈头村被公布为福建省第三批省级历史文化名村；2008 年 8 月又被评为闽东"十美村庄"。屏南历史上长期属福州府古田县管辖。据《古田县志》《屏南县志》记载：清雍正十三年（1735）闽浙总督郝玉麟、古田知县朱岳楷奏请分县，清世宗旨准并赐名曰"屏南县"。漈头地理位置特殊，是旧县治双溪通往省城的必经之道，经济发达，文人商贾聚集。民国初年（1912），该村设立团总；民国三十二年（1943），漈头为第四区公所驻地，其他时期均属棠口区公所管辖。新中国成立后，漈头村仍属棠口乡管辖：1951 年至 1954 年属第三区管辖（区公所设棠口）；1955 年至 1957 年属棠口区公所管辖；1958 年至 1960 年属先锋人民公社管辖（公社设棠口）；1961

年至 1983 年属棠口人民公社管辖；1984 年至今属棠口乡人民政府管辖。

1. "上六景"与"下八景"

漈头村古有八景——蒲山栖凤、漈水潜龙、金台挺秀、玉树长春、南洋夜月、北寺晨钟、丹源霁日、烘岭薰风。昔日"漈头八景"，如今古韵新风。漈头村分新村区和旧村区两部分。新村区位于东北部，沿屏宁二级公路而建；旧村区沿鲤鱼溪而建，区内大多为明清以来古民居建筑，尚存有古民宅群、古庙宇、古宗祠、古道、古桥、古井、古树，以及几十家百年老字号店铺等，街巷狭小，鹅卵石道路纵横其间，古村原有风貌基本留存。

漈头"上六景"与漈头"下八景"过去文人墨客均有诗志之，屏南县志均有记载。

2. 奇树异木

漈头村独特的自然地理环境孕育了数量众多的奇树异木，主要代表为漈头水松林、古柳杉群以及一些造型独特的树木。

漈头水松林，位于城关至漈头屏宁二级公路三公里处左边田垄里。这里生长着 24 株水松，属小片成林。水松是孑遗植物，为著名的古生树种之一，被国家列为珍稀树种，目前已挂牌保护。

古柳杉群。漈头村柳杉数量多，分布广，历史悠久，堪称屏南独特。自公元 993 年肇基至今，村民代代重视种植柳杉，现在还有 80 多株古老的大柳杉，分布在古村周边，特别是狭口处。其树围最大的有 6.3 米，一般的都有 3～5 米，高达二三十丈，树龄长达千年。这些柳杉根深扎地，蜿蜒交错，枝繁叶茂，巍巍耸立，其中有许多被县林业局列为国家保护树木。

3. 文物古迹

千年历史积淀，为漈头村留下了丰厚的历史文化古迹。漈头村的文物古迹以地面古建筑为主，总计 57 处（漈头村文物建筑与历史古建筑名单具体见附录一），现有国家级文物保护单位 1 处，省级文物保护单位 1 处，县级文物保护单位 4 处。这些数量众多的文物古迹，分别为古街古巷、桥梁路亭、庙宇建筑、民居建筑、古遗址、古墓、古碑刻，此外还有古牌匾等相当数量的可移动文物。

在"桥梁路亭"方面，漈头村保留有百祥桥、金造桥、清晏桥、凉亭、桥亭等五处著名的历史遗存。此外，还有许多小桥，如竹溪桥、过桥、万寿桥、石桥等。漈头村四方向的路上都建有亭子，如岭岗亭、大章亭、桂树亭、溪头仔亭、三森仔亭、雷岔亭、周地亭等。过去文人墨客有大量诗文颂之。

在"石坊碑刻"方面，漈头村遗留有数量众多、做工精美的石牌坊，在石牌坊上还有大量的古碑刻，具有极高的历史研究价值。

漈头石牌坊群，位于漈头村北通往旧县城双溪镇的官道两旁，离屏宁二级公路仅 100 米左右，共十座，漈头村民将其称为"石坊岔"，已被列为第七批省级文物保护单位。石牌坊均用上等花岗岩构筑，分为一间二柱二楼式和三间四柱三楼式两种，通高 6 米，通宽 3.1～4.9 米不等。坊额上方竖镶"圣旨"，正中则有"彤映崇徽"等大字匾，下方有皇清旌表等字样，立柱有楹联。额枋图案纹饰工艺精美。在几百户人口的村庄，从乾隆五十七年（1792）至光绪十四年（1888），仅 96 年时间能建起这样规模的牌坊群，体现了古代劳动人民的勤劳智慧。"文革"时期部分石牌坊被毁坏，该村正在对其进行修复。

除了石牌坊群之外，漈头村还遗留有数量较多的石碑石刻，主要有石牌坊、古墓碑、石门当、石柱等，其石雕精美，有深浮雕、浅浮雕、镂空雕（即透雕）等，雕刻的花鸟人物惟妙惟肖，石刻文字苍劲有力，具有极高的历史研究价值。

在"古街古巷"方面，漈头村现存古街为后街与凉亭街，著名古巷有南洋巷、鲤鱼弄、黄厝弄等，鲤鱼弄还流传着鲤鱼传说。

4. 宗祠建筑

漈头村"宗祠建筑"类的历史遗存主要有黄氏宗祠、漈头上村张氏宗祠、漈头张氏宗祠、漈头张氏支祠、八家张氏宗祠五处。

漈头村是屏南大村，历史悠久，地域大，人口多，目前这里保存较好的古民居建筑有 100 多幢，其中较为著名的有旗杆厝、张氏老宅、后街张氏老宅三处。

漈头村形成于明末清初，张姓迁入后这四百多年最为鼎盛，因而漈头村的民居基本上都是明清风格的土木建筑。漈头村民居布局以鲤鱼溪为中心，呈带状特点。土墙青瓦、朴实无华的平民住房与粉墙黛瓦、雕梁画栋的宅院相互毗邻，鳞次栉比，错落有序，街巷间隔，尺度适宜。这里的古民居都属于江南天井民居，从大门到中门两边的天井、廊庑，大厅及后厅两边的厢房，后边天井左右的廊庑都是对称的。屋里的装修各异，有的精雕细刻，有的古朴粗放，花鸟人物形象逼真。漈头古民居院落一般以二进厅为多，也有少数一进、三进和四进厅。这种结构俗称"前厅里楼"，前厅用于会客、议事、婚丧、喜庆设宴，里屋一般都是眷属居屋。有的富户，隔壁或背后还设小花园，门口旗杆林立。有钱人家的住宅墙饰非常讲究，墙饰大多在厅堂对面门楼上的墙檐下，分为灰塑墙饰和彩绘墙饰，题材为书法作品或花鸟人物，色彩鲜艳，栩栩如生。

清代后期至民国初，盗匪丛生，出于宗族发展与维护社会安全的需要，村中开始兴建围墙炮楼。村中围墙总长 3206 米，均为石基土墙，墙体高低不同，均留有枪眼，开四门，共建炮楼六座与围墙相连。一座在来龙岗左首，连以围墙，下至后村路，上及民房；一座在来龙岗右侧，下及民房；一座在志盛公支祠后横墙上，需登梯而入；一座在蒲山麓，称为八角炮楼；一座在南洋后门山半腰，由地下隧道出入；一座在龙井头前黄土岗东。现只留来龙岗左边一座，其余已拆毁，仅留遗址。这种建构体现了一种内向封闭的特点，是当时那种特定社会环境下的产物。

漈头村还遗存有数量极其可观、历史研究价值较大的可移动文物，主要为历代匾额、清代皇帝圣旨及封荫录、祭祀供奉器具、古代名人字画。

漈头村古匾额从数量和质量来看，堪称屏南之最。漈头曾是屏南"四大书乡"之首，那时文风日盛，英才辈出，许多人读书出仕，金榜题名，仁人志士层出不穷，文明乡风不断弘扬。知县刘延翰曾题"士林硕望"予以彰扬。为使祖德宗功名标史册，古人就以竖匾立牌，悬挂在祠堂以及大屋的门口或厅堂之上。这些古匾额来源于"封""诰""赠""立"。全村有各种牌匾 160 多面，如今仅存 40 多面。

漈头村非常重视传统祭祀活动，现在还保持着许多祭祀仪式，各类祭祀供奉器具也就相当完整地保存下来，如香炉、香案、烛台、法器等。

二、历史传承久远，文化多元丰厚

从山上俯瞰漈头，一水两岸，众多古建筑错落有致地坐落在鲤鱼溪两旁。这里既有明代的张氏宗祠，又有清朝的张氏老宅和旗杆厝，还有民国时期的洋楼，一村三代的村落格局，明、清、民国三个时期的祠堂、凉亭、路亭、庙宇、木拱廊桥等诸多建筑，就这样和谐地分布于一个村子中。这些建筑展现了漈头村甚至是我国古建筑的变迁。漈头祠堂众多，族谱清晰，是我国传统宗族下"血缘＋地缘"古村落的典型代表。

漈头村自然环境得天独厚，历史悠久，文教事业发达，为国家和社会培养和输送了大量文武英才。历史上，漈头村曾有过"一门两进士""父子三贡生"的辉煌，有过"夫妻同百岁，父子两琴堂"的荣耀，也有过屏南"四大书乡"之首的美誉，仅明清时期就有中科举人士 200 余人。漈头村还有"戏剧之乡"的美称，并具有独特的民俗文化、多样的武术文化、丰富的饮食文化、发达的手工制作技艺，呈现出多元丰厚的文化特点。

1. 文教鼎盛

漈头村历来就秉承着"尊师重教"的优良传统，村里走出了一批又一批的文武英才。单从明、清两代算起，就培养出各种科举人士 200 多名。由那时起，村中文风日盛，人才辈出，仕宦乡贤不断涌现。追溯本村的教育历史，黄姓肇基最早（993）。从《黄氏族谱》中查证，黄姓文人在明代有黄文宾、黄童等，清代有黄士岳等，他们均能诗属文，学问渊博。其中最有名的高士黄童曾参加明朝《永乐大典》的编辑，在明天顺四年（1640）庚辰岁逝世时，当地曾举行隆重的御葬仪式，其墓在漈头村西杉树岔党仔边。该处已成为乡村游的重要景点之一。溪头张姓在康熙、雍正年间就有多人入庠、入监。至志盛公即办私塾，延师执教。乾隆年间，屏南开县，其孙张步齐先后考取文武庠生。步齐公极其重视教育，力劝乡人送子入学。邑令刘廷翰下访至村，闻里巷早晚书声琅琅，赠以"士林硕望"匾额，嘉其劝导得力，以资鼓励，使其子孙及族人贡庠迭起。八家张维北公，虽系商贩起家，亦极重视教育，在其住屋之中设塾延师，使子孙入庠入监多人，至张大勋父子建"听雨楼""兰言轩"书斋，分"成人""举业""启蒙"三个班，厚薪敦聘名孝廉陈日煌莅村坐馆多年，后入仕入贡多人，皆为陈公培育之桃李。清道光至咸丰年间，漈头村在村边北山寺办起书院（幼童仍在村中私塾就读）。光绪年间，北山寺失火，书院迁至慈音寺。那时，漈头成了屏南"四大书乡"之首。漈头的文风促进了当时全县教育的发展。清末至民国期间，漈头村仍旧"兴学重教"，也曾培养出大中专学生 30 余名。其中有参加辛亥革命组织同盟会的，有黄埔军校毕业的，有参加地下党的。

新中国成立以来，漈头村一如既往，励精图治，把原来的蒲山小学改为漈头小学，并建成具备现代装备的新型学校。历年来学校哺育了数以千计的莘莘学子，培养大中专学生逾千人。他们当中有博士、硕士、留学生、工程师、企业家、全国劳模，还有全国、省、市、县、乡五级人大代表……文明乡风，世代弘扬。

2. "戏剧之乡"

漈头戏剧源远流长。屏南县七种地方戏，其中四种都发祥于漈头村。早在明末清初，漈头村就有戏剧活动。最早流行采茶戏、江湖班，后盛行木偶戏、四平戏，至清初漈头村张志慎在采茶戏与四平戏的基础上创造了"平讲戏"。张志慎被尊为屏南平讲戏的一代宗师。当时流行的木偶戏与平讲戏观众喜闻乐见，是实实在在的乡土文化，后代代相传。1938年，漈头村办起了"乱弹班"，1939年，张荣璃又从福州引进了闽剧。新中国成立初期，漈头村成立两班剧团，一是以农会名义成立的"平讲班"，二是以小学名义成立的"闽剧团"，配合"土改"宣传，受到群众好评。1957年，以漈头村业余闽剧团为基础，成立了屏南县专业闽剧团。2006年10月17日，漈头村平讲业余剧团《马匹卜换妻》剧目参加全国四平腔学术研讨会上的演出，得到中外专家的一致好评。这次演出成功，对这一古老剧种的挖掘、抢救、保护及发展起到一定的作用。2007年8月，漈头平讲戏组团代表屏南参加马来西亚砂罗越屏南公会创会二十周年和屏南董乡会创会九十周年的庆典演出，受到华侨和当地群众的热烈欢迎，获得了高度评价。2008年6月，平讲戏被列入国家级非物质文化遗产代表作名录，老演员张贤楼、青年演员张贤菊被定为县级非物质文化保护项目代表性传承人。2009年6月11日，平讲戏导演张贤读入选第三批国家级非物质文化遗产传承人。

3. 独特的民俗文化

漈头村自唐末肇基以来，立祠祀典，长期的群居生活留下了许多宝贵的民俗文化。特别是明清两代，科举鼎盛，正直廉洁之士、名宦硕彦如星汉灿烂。漈头村较为隆重的传统节日有春节、元宵灯节、端午节、中秋节、齐天大圣诞辰等。其中特别隆重的是农历十月廿七的齐天大圣诞辰之日。这一天全村都要举行请神祭神活动，祈愿风调雨顺，人寿年丰。如今，漈头村已不再囿于这一古老形式，在请神日改办民俗文化节，以提升传统民俗活动的内涵，给人耳目一新之感。2005 年、2006 年，村里连续两年成功地举办了民俗文化节。节日期间，全国各地的乡亲都相邀回乡，近万人汇聚在一起，共同欢度民俗文化节盛典。文化节期间上演了南少林武术，平讲、四平、闽剧等各种戏剧精选唱段，还举办了大型踩街活动，分器乐技艺展示和文物展示等十多个队，包括鼓号队、民乐队、腰鼓队、舞龙队、武术队、花灯队、八仙队、杖头木偶队等；展示的文物有古梧桐柱楹联、古牌匾、古石坊上的石圣旨以及现代名家庆贺民俗文化节的美术、书法摄影佳作，让人大饱眼福。当天的庆典一般都要进行到深夜才结束。接下来，戏剧和电影的展演短则延续一周，长则超过半个月。漈头民俗文化节常办常新，得到社会各界的好评。丰富多彩的民俗文化活动有力地促进了社会主义新农村建设。

4. 丰富的饮食文化

漈头村依靠青山绿水间蕴藏的丰富食材，传承民间烹饪传统，发展出丰富的饮食文化。特别是那些农家菜肴、药膳、食用菌、河鲜，都具有农家风味，散发着乡土气息。漈头村的小吃在屏南具有代表性，早在清乾隆年间就闻名县内外。较为出名的糕点有七层糕、根豆糕、雪片糕、喷糕、苏州糕；饼的种类较多，其中出名的有咸馅、葱肉饼、炸蛎饼、光饼（又称漈头大饼，很多游客买了喂鱼取乐，人们又称鲤鱼饼）；米粿有秋菊粿、煎黄粿、七重粿；粽子有造型特异的糖心粽，还有肉粽、豆粽。此外，糯米糖、肉包、鸡髻包、烧迈、水粉、拌面、扁肉、芋头面、鸳鸯面、艾叶蛋都远近闻名。特别值得一提的是漈头扁肉。据传在清朝年间，凡知县到漈头都要尝一碗漈头扁肉。漈头扁肉皮薄、柔韧、润滑，肉馅色质鲜纯，高汤要用老鸭、猪头骨熬制，特别清甜。漈头扁肉不但传到县城和外省，还传到港澳地区，这种味道独特的小吃在香港也颇受人们喜爱。

5. 发达的手工制作技艺

漈头村在上千年的农业发展史中形成了较为发达的手工制作技艺，其中最为著名的是漈头红茶制作工艺及雕刻工艺。

在乾隆五年（1740）编印的《屏南县志》里就有关于漈头茶叶的记载："各山都有……唯产于岩壁云雾中者佳。"光绪年间民间茶业生产有所发展，开始有了茶行；至民国时期，漈头有名的茶行有逢源茶行、启兴茶行、佬红茶行、兴华茶行、公利茶行等。这里山高雾浓，茶质芳香浓郁，醇厚爽口。优质的红茶长期畅销国内外。漈头清水茶场生产的红茶"如来春""红上岭"颇受欢迎，其中金丝甘毫获得福建省名茶奖，金毫红茶获得第四届全国名优茶质量评比大赛金奖。

漈头村雕刻工艺一度非常发达，金银、铜铁、竹木各类工匠齐全，特别是木雕技艺具有很强的优势。鼎盛时期全村有 300 余名木匠，当时人们戏称"300 把斧头大闹建宁府"。过去民居建造很重视木雕，如屋檐下的套斗和屋檐前的浮雕等都需要木雕作装饰，家具、几桌、围屏的雕刻就更加讲究了。漈头木雕分浅浮雕、深浮雕、胶嵌雕、镂空雕等，构图精美，雕刻细腻，所刻出的人物花鸟形象逼真。现在漈头村最负盛名的雕刻技艺是漈头根雕。漈头根雕艺术家张长青一方面继承了漈头村传统的雕刻技艺，另一方面是拜现代根艺宗师屠一道老先生为师，练就了一手绝活。其作品《宝中宝》荣获"中国第三届根艺优秀作品展"银奖，《巨龙腾飞》荣获"第三届根雕木雕全国名家邀请展"金奖，《熊猫》荣获"九七中国根艺博览会"金奖，《沙漠之舟》荣获"福建工艺美术百花展"金奖。1992 年，他被列入《中国根艺美术家辞典》，1997 年被列入《中国当代艺术界名人录》。其作品深受国内外行家好评，很有收藏价值。[①]

三、文化衰败与突围

近代以来，由于城市文化的兴起，乡村古建筑遭到严重的破坏，祠堂等古建筑首当其冲，漈头村多元丰厚的乡村文化也因此受到了极大的冲击。费孝通曾指出"文化是物质设备和各种知识的结合体"[②]，但作为乡村文化物质载体的古屋、古庙、古迹被大量破坏，使漈头的文化发展陷入了困境。改革开放以来，城市的发展逐步走向现代化，城乡二元的社会结构逐渐形成，城乡差距日益增大。乡村的青壮年外出打工，人口的大量外流导致大量乡村文化的发展陷入了动能不足的泥潭。作为现代化席卷下的村落之一，漈头村也不能例外。住在村子里的大部分是老人，年轻人几乎见不到，村

---

①本处资料根据《第五批中国历史文化名村申报材料：福建省屏南县甘口乡漈头村申报文本》整理所得。

②《江村经济》，第 4 页。

中的生态环境也遭到破坏，村子里的古建筑因为长期没有人居住也几近坍塌，漈头的传统文化在现代化的冲击下隐匿起来。

21世纪以来，关于乡村建设、文化建设的倡导日趋热烈，漈头村在曲折中获得了巨大发展，人居环境得到了改善。2007年，漈头村被评为"福建省历史文化名村"；2010年12月，漈头村荣列"第五批中国历史文化名村"。漈头村如同一颗蒙尘的明珠，揭开了头上那层灰暗的布，重新闪耀灿烂的光芒。但是，要让古村落文化重现光芒并非易事，事实上，全国有许许多多的古村落仍然趋于消失，是什么让漈头得以复兴？研究团队来到漈头寻找答案。

顺着鲤鱼溪往上走，就能看到被称为"民间故宫"的屏南耕读文化博物馆。这家博物馆的馆长是 Z. S. Y. ，他在这里一干就是十年。

2009年对于漈头村来说是不平凡的一年。在2007年成功申报"福建省历史文化名村"的激励下，村里决定继续申报"中国历史文化名村"。国家级历史文化名村的申报显然更为严格，而漈头村的村干部文化水平普遍不高，面对严格的申报条件面面相觑，申报之路似乎就要中断。2009年8月，时任屏南县旅游局局长的 Z. S. Y. 年满60岁，正式退休，他没有选择留在生活条件便利的县城，而是回到了他的家乡——漈头。

作为乡贤，Z. S. Y. 既抱有振兴家乡、为村民做事的热情，又有发展乡村旅游，保护好生态环境和村容村貌的观念，还有扎根漈头千年耕读文化的坚守。漈头养育了 Z. S. Y. ，而 Z. S. Y. 让漈头在新时期重新散发光芒。

1. 赤诚红——助力漈头村成功申报中国历史文化名村

屏南县是旅游大县，拥有鸳鸯溪、白水洋、鸡鸣山等众多风景名胜，Z. S. Y. 曾任屏南县旅游局局长，积累了丰富的工作经验，不仅笔杆子过硬，同时熟悉国家申报政策，见多识广，又拥有丰富的管理经验和很强的组织能力，在漈头村有较高的威信。村民们都认为 Z. S. Y. 是主持申报工作最合适的人选。因此棠口乡两委正式下文，聘 Z. S. Y. 为漈头村"村两委特别顾问"，组织漈头村的中国历史文化名村申报工作。

申报小组很快投入到中国历史文化名村的申报工作中，不断查缺补漏，完善申报资料。他们还邀请了著名词曲作家 X. B. 来到漈头并创作村歌。历经数月，2010年12月，漈头村成功被列入第五批中国历史文化名村，由

X. B. 创作的村歌《锦绣漈头》荣获"中国十佳村歌"。2013 年 8 月，漈头村被评为中国传统古村落。

2. 生态绿——打造整洁村容，用"绿色邮袋"传播文明火种

漈头村户籍人口 3000 多人，常住人口只有 500 多人，村子里几乎都是老人，青壮年外出务工，只有过节才会回来。许多民居由于无人居住，也没有人看顾，几近坍塌，成了危房。村民回忆道，2010 年前的漈头，许多房子没人住且长满了野草，村子里的卫生也不好。面对这些令人痛心的画面，Z. S. Y. 决定担起这个责任。那么该如何做呢？Z. S. Y. 决定，先从整治村里的卫生，改善生态环境入手。他带头打扫村道，自掏腰包买来 300 多把扫帚分发给村民，村民们在他的带动下，纷纷主动清扫"门前雪"。但是漈头村的人少，地方又大，村民短期的打扫远远达不到他心中的标准。于是他每个月从自己 3000 多元的退休金中拿出 800 元，聘请两个人打扫。这两个人一个是"五保户"老大爷，一个是 28 岁的尿毒症患者。Z. S. Y. 聘请二人三年多，不仅维护了村道的整洁，还解决了两个村民的收入问题。生态环境的改善绝不是一蹴而就的，Z. S. Y. 深谙此道。他和堂弟 Z. S. B. 从古田等地购进了一批上等的红豆杉苗进行培育，花了六年的时间，培育出一万多株红豆杉，一部分用于村道绿化，另一部分用于公益事业。2012 年、2013 年和 2014 年的"植树节"，他共捐赠屏南一中、侨中、职专、县医院和中医院等单位 700 多株苗龄四年的红豆杉，价值达 7 万多元。

漈头村的村容整洁了，Z. S. Y. 又主动承担起送信的工作。漈头村距县城 5 公里，邮件投递只由县邮政局聘请临时工进行不定期服务，村里信件来往不及时，给群众带来许多麻烦。为了方便群众，他主动与县邮政局协商，在县邮政局的支持下，在漈头村创办起一所邮政代办所，他自己当起了义务投递员，背着"绿色邮袋"免费送信。后来，因为他年事渐高，他的二儿媳妇接过了"绿色邮袋"的接力棒，成了他的接班人。

创办邮政代办所过程中，Z. S. Y. 发现村里缺少较好的阅读场所，订阅的《福建日报》《闽东日报》《福建老年报》等报纸，群众并不能随时阅报，资源浪费很大。为了使现有资源得到充分利用，也为了让更多村民了解党和国家的政策，了解外面的信息，他因地制宜，用"钓鱼丝＋竹夹子"的办法设置了简易阅报栏。虽简易，但看报的村民却不少。时任县委常委、

宣传部部长到漈头调研，看到群众围着这个简易的阅报栏阅报，被深深触动，拨款 2000 元作为建设阅报栏费用。Z. S. Y. 立即请人制作了一条长达 4 米，高 1 米，价值 3000 多元的精美的不锈钢阅报栏。[1]

小小的绿色邮袋和阅报栏，使得 Z. S. Y. 走进村民心里，也让他有机会接触到了那些文物，成为 Z. S. Y. 创办耕读文化博物馆的起点。

3. 泥土黄——收集散落文物，推动建立屏南耕读博物馆

漈头村历史文化悠久，拥有明、清、民国三个时期的文物古迹，不仅文化古迹众多、村落布局特别，还拥有优美的自然景观、众多的耕读文物以及戏曲文化、武术文化、美食文化等非物质文化。Z. S. Y. 背着绿色的小邮包骑行在漈头的乡间小路，敲开每一家的门投递信件，就在这样的过程中，他发现村民们丢弃的物件有些是农耕文物，虽然看起来普通，但其背后的文化蕴含丰富。由于缺乏文物保护意识，村民经常丢弃甚至烧毁这些破旧的古物。一次，Z. S. Y. 送信到一位村民家时，发现他家的柴火堆中躺着一个破旧的、散了架的脸盆架。他定睛一看，这个木雕的脸盆架虽然破旧，雕刻却十分精美，他凭经验推测，应当是清朝时期的文物。Z. S. Y. 当场就说出了自己的看法，并强调文物保护的重要性与意义。想不到，主人却心不在焉地笑着说："这个破家伙已经不能用了，你要就拿走，不要，我可要烧了。"Z. S. Y. 连忙用数倍的柴火进行了交换，请师傅修复，随后摆在"明清家具小展室"中展出。后来，这位村民在 Z. S. Y. 的耕读文化博物馆中见到这个脸盆架，不禁感叹："要不是老张的热心收藏修复，它已经成了灰烬了！"这位还是比较明理的村民，一些村民在 Z. S. Y. 宣讲文物保护法时，还会嘲笑他多管闲事呢。[2]

屏南耕读博物馆的前身是 Z. S. Y. 利用鲤鱼溪边的古民居建立的耕读文化展室。虽然有些村民不理解，Z. S. Y. 没有放弃。他以漈头村的一分子的身份主动和村民聊天，唤醒村民们对本村文物的自觉和自信。他的想法逐渐得到了大家的支持，许多村民将自己的旧脸盆架、梳妆台、洗脚桶、米粿印等物品以捐赠、寄放等形式交给 Z. S. Y.，Z. S. Y. 自费将其修复并摆

---

[1] 吴文胜：《绿色小邮包，背出一个民间博物馆》，《贵州文学》，2015 年第 4 期。
[2] 同上。

放在鲤鱼溪旁的一栋古民居中，并取名为耕读文化展室，这就是屏南县耕读文化博物馆的雏形。

随着 Z. S. Y. 收集的乡村文物不断增多，耕读文化展室的影响不断扩大。为了增强小展室的效果，Z. S. Y. 将文物进行了分类，分为"农耕文化小展室"和"明清家具小展室"。2010 年 7 月 16 日，中宣部常务副部长 G. X. H. 到馆参观后挥毫题词"收藏农耕文化，展示屏南文明"。2010 年秋，福建省政协原副主席 C. Z. G. 参观后极为赞赏，题下"乡村旅游大有作为，收集民俗文物功德无量"赠予展室。同年 12 月，福建省纪委书记 C. W. Q. 视察博物馆后称赞屏南耕读文化博物馆是一个可以"记住乡愁的地方"，并强调博物馆要充分利用好清风正气史鉴馆和廉政文化长廊，把它作为宣传廉政文化的重要载体，弘扬正气。

Z. S. Y. 为了收集乡村文物，跋涉在屏南县的山水之间，不辞劳苦。他曾到离城关 40 多公里的前塘村吊唁一位 90 多岁的缠足奶奶，在即将焚烧的遗物中抢救出两双"三寸金莲"；清明节扫墓时，Z. S. Y. 在下山口村舅舅老屋中的柴火堆里翻出一个民国初年的稻谷印；又在上凤溪村旅居马来西亚的乡友家里找到一个 10 斤重的百年石秤砣。溪角洋工业园区搬迁坟墓，Z. S. Y. 一路风尘仆仆赶到墓地，钻进墓穴中，找到一顶破官帽和一个小银饰。在一座有百余年历史的亲戚古宅里，全身挂满蜘蛛网的 Z. S. Y. 搜到一根"他爷爷的爷爷"用过的储藏蔬菜种子的竹筒。①

为了收集文物，Z. S. Y. 可谓呕心沥血。他的退休工资每月仅 3000 元，妻子每月仅 2000 元，两个人微薄的工资尚不足以支撑文物的收集工作和展室的修缮，因此 Z. S. Y. 向亲朋好友借钱甚至向银行贷款。在 Z. S. Y. 的努力下，政府部门也逐渐关注到这一个小展室，越来越多的社会力量参与到展室的建设中来。福建省文物局局长等领导到馆参观，随即拨款 20 万元，修复了 6 座古民居。后来，又有各级领导相继给予鼓励、支持。在各级领导和国内外文物专家的鼓励、捐助和政策支持下，小展室迅速发展，最终以漈头村的 12 座明清古民居为场馆，建成了屏南耕读文化博物馆。

在农耕文化展室建成初期，古民居的修缮工作和文物的整理、分类、

---

① 《绿色小邮包，背出一个民间博物馆》，《贵州文学》，2015 年第 4 期。

编号、拍照、归档、展出等工作异常繁重，Z.S.Y. 把儿子、儿媳、堂弟都叫过来帮忙。在 Z.S.Y. 的带动下，乡土文化研究学者 W.W.S.、邵武市博物馆前馆长 W.S.R.、省收藏家协会会员 H.Z.X.、文物研究爱好者 X.L.H.、C.S.Y.，以及许多村民都来帮忙。经过一年多的努力，2010 年底，屏南耕读文化博物馆对外开放。

这座耕读文化博物馆的镇馆之宝是牛皮双面雕屏风、皇帝圣旨（原件）、朱熹亲题匾额、华夏第一斗和嘉庆年间的贺寿屏风。六个展馆也各有独特的镇馆之宝：农耕文化博物馆以福建第一木犁、大型手摇水车、扯凳和清代茶叶揉捻机为镇馆之宝，展出农耕文物 1000 多件；木雕精品展览馆以巨幅"双龙戏珠"、三面镂空雕巨龙和四层透雕鎏金"周文王渭水访贤图"为镇馆之宝，展出木雕 3000 多件；农耕文化体验馆以古老的手工榨油床、罕见的石砻、人力拉犁和手工织布机为镇馆之宝，展出农耕文物 1000 多件；课读杂艺陈列馆以全椴木梧桐木板联、文武魁牌匾和典妻契等为镇馆之宝，展出课读文物 1000 多件；民俗风情联播馆以漈头平讲戏《马匹卜换妻》、十佳村歌、《锦绣漈头》、专题片《古村漈头》等为特色展品，展出音像制品数百件。

除此之外，博物馆中还设有耕读文化长廊和廉政文化长廊，并被设为屏南县纪委廉政教育基地和青少年爱国主义教育基地。在此基础上，Z.S.Y. 还逐步充实并完成了"三条长廊"（耕读文化长廊、廉政文化长廊、弘扬雷锋精神文化长廊）、"三个基地"（屏南县纪委廉政教育基地、屏南县雷锋精神教育营地、屏南县青少年校外德育基地）的建设。[①]

目前，福建省屏南耕读文化博物馆展区面积超过 3000 平方米。馆内现藏历代古（文）物三万余件。一期展区分设了"十二展馆""十七基地""四长廊""一书院""一个工作站"（十二展馆：历史文物博览馆、农耕文化博物馆、耕读文化体验馆、木雕精品展览馆、古代家居展示馆、民俗风情联播馆、课读杂艺陈列馆、清风正气史鉴馆、屏台情缘展播馆、世界张氏史料馆、基督教文化展馆、屏南"非遗"小展馆；十七基地：福建省家风家教示范基地、宁德市家庭建设示范基地、宁德市华侨文化交流基地、

---

①《绿色小邮包，背出一个民间博物馆》，《贵州文学》，2015 年第 4 期。

宁德市社会科学普及基地、宁德市第三批文化产业示范基地、宁德市离退休干部正能量活动基地、屏南县纪委廉政文化教育基地、屏南县人民检察院反腐倡廉警示教育基地、中共屏南县委组织部党员教育培训基地、中共屏南县委党校党风廉政教育基地、屏南县青少年校外德育基地、屏南县青少年法制教育基地、屏南县雷锋精神教育营地、屏南县科普教育基地、福建阳光学院大学生实践教育基地、福州大学传统文化教育实践基地、福建江夏学院社会实践教育基地；四长廊：耕读文化长廊、廉政文化长廊、弘扬雷锋精神文化长廊、爱故乡记"乡愁"文化长廊；一书院：北京仁爱慈善基金会仁爱启明书院；一个工作站：中国爱故乡工作站）。①

七年来，博物馆为社会提供17个就业岗位，免费接待国内外大、中、小学师生前来参加社会实践60多批2000多人（次），游客遍及二十多个国家和地区，共计20多万人次，直接带动周边地区经济发展。② 慕名而来的中外嘉宾纷纷盛赞其为"白水洋的另一个精彩世界，名不虚传的闽东民间故宫"。《人民日报（海外版）》、中央人民广播电台、人民网、新华网、加拿大《星星生活周刊》、《日本新华侨报》、美国ICN电视台等100多家国内外线上、线下媒体进行了报道。Z.S.Y. 先后被评为中国"2014爱故乡十大年度人物"、省"岗位学雷锋标兵"、市"优秀共产党员"等十多项国家和省市级荣誉称号。他的家庭被授予"第十届福建省五好文明家庭标兵"荣誉称号。③

在 Z.S.Y. 的影响下，漈头村文化保护起来了，游客越来越多了，一批有实力、有热情的年轻人愿意回来建设家乡，漈头村振兴起来了。从文化保护走向文化振兴，Z.S.Y. 付出了难以估量的艰辛和努力。

社会主导型文化振兴，其主导力量通常具备几个特点：一是要有威信，有德行，有群众基础；二是有热情，敢拼敢闯，愿意主动奉献；三是要有一定的经验和才干；四是能够坚守。Z.S.Y. 当初顶着误解和嘲讽建立起耕读文化小展室，用热情和真诚换得乡民的支持，发展到后期，文化小展室

---

① 资料来源于本研究团队实地调研。

② 屏南耕读文化博物馆馆主张书岩：雷锋精神 永驻心中，东南网，2015年10月8日，http：// nd.fjsen.com/2015－10/08/content_16718264_2.htm，2019年5月30日查阅。

③《绿色小邮包，背出一个民间博物馆》，《贵州文学》，2015年第4期。

成为屏南耕读文化博物馆，博物馆也成了漈头村文化振兴的指挥棒。

一个耕读文化小展室能够发展成当今享誉海内外的中国耕读文化博物馆，它的变化正是漈头村乡村文化振兴的缩影。漈头村的乡村文化振兴走的正是社会主导模式，在初期，村委发挥了一定的积极作用，而在整个过程中，Z. S. Y. 起到关键性的作用，到了后期，政府在资金、宣传上的大力支持可谓是"及时雨"。漈头村的整个乡村文化振兴过程由单一的社会主导转变为以社会主导为主与政府参与的共商、共建、共享的多元振兴模式。

漈头村的成功案例证明：首先，社会力量的带动和榜样的力量可以唤醒村民的文化保护意识和文化振兴的迫切愿望，从而使得他们能够更加自发自觉地参与到文化振兴中来，乡村文化振兴的效果自然会更好。其次，文化并不是经济的附庸，也并非要经济发展起来才能进行文化建设。漈头村的成功转型都说明，在社会主导模式下的乡村文化振兴完全可以走文化先行的道路。有些地方政府只追求经济发展，认为经济还没有发展就没有条件搞文化建设，事实证明，经济尚未发展起来不是我们拒绝振兴乡村文化的理由，推动乡村文化振兴不能等待。最后，漈头村的振兴不仅仅是文化振兴，文化是源头，乡村振兴从来不是某一部分的振兴，五大振兴不可或缺，要相互补充，相互推动。文化为源，人才为力，生态和谐，组织发力，产业兴旺，乡村才能振兴。

第二节　"守望者联盟"传承乡村文化

乡贤，是指传统乡村中德行高尚、才能出众，在当地具有较高威望且赢得村民们普遍敬重和好评的贤达人士。他们以自己的德行和才能造福桑梓，为自己生长生活的乡村的建设，特别是伦理文明建设，贡献智慧和力量，因而受到当时和后世人们的爱戴与崇仰。[1] 地域性、知名度、道德观，是构成"乡贤"的三个基本要素。[2] 那么，何谓乡贤文化呢？乡贤文化是中

---

[1] 张静、王泽应：《乡贤文化的理论内涵及其传承与创新》，《南通大学学报（社会科学版）》，2018 年第 3 期。

[2] 王泉根：《中国乡贤文化研究的当代形态与上虞经验》，《中国文化研究》，2011 年第 4 期。

华优秀传统文化在乡村治理和伦理文明建设中的一种实践文本，有着把社会主流文化和上层文化贯穿到乡村社会治理和建设中，同时又为主流文化和上层文化提供生活经验和理论源泉的文化类型，集聚着乡贤们对乡村治理和伦理文明建设的心血与智慧。① 从现实需求出发，还可以这样界定乡贤文化：乡贤文化通常是县级基层地区研究本地历代名流时贤的德行贡献，用以弘文励教、建构和谐社会的文化理念与教化策略。②

从内涵来看，乡贤文化的对象既限定在本地区，又以人为本，同时乡贤文化的对象要德高望重。振兴乡贤文化不仅是传承乡村传统文化的关键，也对农村现代化包括治理现代化的实现具有重要的伦理意义。2015 年 2 月，中共中央、国务院印发了《中央一号文件》，文件指出："创新乡贤文化，弘扬善行义举，以乡情'乡愁'为纽带吸引和凝聚各方人士支持家乡建设，传承乡村文明。"2016 年 3 月 18 日，"国家十三五规划"指出要"培育文明乡风、优良家风、新乡贤文化"。2017 年 1 月 25 日，中共中央办公厅、国务院办公厅印发了《关于实施中华优秀传统文化传承发展工程的意见》，明确要求"建设新乡贤文化"。2017 年 5 月 8 日，中共中央办公厅、国务院办公厅印发了《国家"十三五"时期文化发展改革规划纲要》，文件指出，"新乡贤文化建设：以乡情为纽带，以优秀基层干部、道德模范、身边好人的嘉言懿行为示范引领，培育新型农民，涵育文明乡风"。可以说，乡贤文化是关乎乡村文化振兴乃至乡村振兴能否实现的关键。有学者指出传承和弘扬乡贤文化，有助于社会主义核心价值观自觉融入乡民精神文明，有助于提升乡民的文化自觉、文化自信、文化自强，有助于促进新乡村治理模式的形成，有助于乡风文明。③

一、乡贤文化得天独厚，推动乡土转型

浙江省绍兴市上虞区乡贤文化积淀深厚，影响深远。2001 年 1 月 6 日，上虞乡贤研究会正式成立，它是我国第一家以"乡贤"命名的民间文化研究社团。研究会成立以来，以"挖掘故乡历史、抢救文化遗产、弘扬乡贤

---

① 《乡贤文化的理论内涵及其传承与创新》。
② 《中国乡贤文化研究的当代形态与上虞经验》。
③ 《乡贤文化的理论内涵及其传承与创新》，《南通大学学报（社会科学版）》，2018 年第 3 期。

精神、服务上虞发展"为宗旨，做了大量工作，推动了上虞精神文明建设和社会发展。经过历年的探索、耕耘，上虞乡贤研究会的做法得到了社会的普遍认可，2014 年 7 月 2 日，《光明日报》推出"新乡贤　新乡村"系列报道，上虞创新发展乡贤文化的做法被《光明日报》誉为乡贤文化的"源头蓝本""上虞现象"。2015 年 5 月 21 日，中宣部在上虞召开"创新发展乡贤文化现场交流会"，要求各地认真学习"上虞经验"，学到手，带回去，用起来。要像上虞一样，见贤、求贤、传贤。

在乡贤文化丰富的地区，挖掘本地区乡贤的模式主要有三种：一是以本地区重量级历史名人的研究为中心，形成放射效应，多重开发。此可谓"重量级乡贤模式"，比如老子的出生地——河南省鹿邑县太清宫镇就采用这种程式。二是以姓氏、望族为纽带，开发乡贤文化资源。此可谓"姓氏望族乡贤模式"，比如江苏无锡的钱家，有钱穆、钱基博、钱锺书三大鸿儒与钱学森、钱三强、钱伟长三大科学家，他们都是重要的乡贤资源。三是以历朝历代形成的乡贤群体为纽带，形成乡贤文化研究的平台，发挥乡贤群体整体性、连续性的社会文化效益。其先决条件是，该地产生的乡贤名流多，而且历朝历代英才辈出。此为"群团性乡贤模式"。[1] 浙江省绍兴市上虞区的乡贤文化建设模式就属于第三种"群团性乡贤模式"。上虞的乡贤，既了解乡土文化，又熟谙现代社会规则，既接收过传统文化熏陶，又具备了现代人文精神。他们离乡与返乡的过程，正是在文化意义上打通乡土社会与现代社会的过程，而他们返乡支援农村建设的过程，也是乡土社会启蒙和转型的过程。[2]

上虞乡贤文化的培育独具特色：一方面，它是上虞乡贤自发组织开启的，另一方面，当地政府及时跟进，给予支持，带来了乡贤文化的极大发展，上虞以社会为主导的文化振兴模式也趋向成熟。这是乡土社会转型的重要案例，说明了乡村文化在乡村治理中的重要作用。

---

①《中国乡贤文化研究的当代形态与上虞经验》。
②《乡贤回乡，重构传统乡村文化》，人民政协网，2014 年 7 月 2 日，http：//www. rmzxb. com. cn/c/2014-07-02/346794 _ 4. shtml，2019 年 5 月 30 日查阅。

二、打造文化研究平台，传承乡村文明

乡贤研究会成立至今十余年，从民间自发组织到获得政府关注支持，到后期发展壮大，对于上虞地区的名人历史文化的研究成果颇丰。有研究资料表明，上虞乡贤研究会共有100余名会员，多年以来把挖掘、收集、记录和整理乡贤文化、乡贤史料作为主攻方向。会员们共整理和撰写各类史料文章1000余篇，出版《上虞乡贤文化》八辑，出版个人专著《舜水长流》《上虞故事传说》等30余本，编印《上虞乡贤报》，与上虞区政协联手编撰了《上虞文史资料选粹》《上虞孝德文化》等书籍。研究会还辑录了《虞籍乡亲通讯录》三辑，收录虞籍成功人士3000余名。上虞乡贤研究会在研究发掘和整理积累区域文史资料、抢救当地濒临消失的文化遗产、联络走访乡贤游子方面发挥了重要作用，极大地推动了当地经济、文化、社会的发展。①

1. 乡贤研究会不遗余力地传播乡贤文化

2001年11月28日，乡贤研究会举办了"纪念乡贤章学诚逝世200周年座谈会"；2003年3月30日，乡贤研究会承办了"国学大师马一浮诞辰120周年纪念大会"；2003年10月19日，由市委市政府主办，乡贤研究会承办的"东山文化国际研讨会"隆重举行，来自海内外的150余名嘉宾学者参加了会议；2007年3月29日，乡贤研究会承办了"纪念陈养山同志诞辰100周年座谈会"。

除了举办相关座谈会，乡贤研究会还组织拍摄先贤谢晋的纪录片。著名导演谢晋先生为上虞先贤。他在世时，乡贤研究会每年专程拜访。2003年2月8日，乡贤研究会发起，为谢晋举办了隆重的"庆贺乡贤谢晋先生八十寿诞"活动。2007年10月10日，谢晋向乡贤研究会赠送"中国电影金鸡奖"奖杯。2008年10月18日，谢晋辞世，乡贤研究会积极联系双马影视为谢晋拍摄专题纪录片，2013年11月21日，纪念谢晋导演诞辰90周年暨纪录片《谢晋》首映式举行。

上虞乡贤研究会有自己的会徽和会章制度。会徽以上虞版图、青瓷残

---

①《乡贤回乡，重构传统乡村文化》，人民政协网，2014年7月2日，http：//www.rmzxb.com.cn/c/2014－07－02/346794_4.shtml，2019年5月30日查阅。

片、落叶与古老汉字"乡"为元素。一轮思乡月映照故土，流泻乡贤文化、乡恋血脉的光辉。古老而神秘的青瓷象征上虞是世界青瓷之源，也象征上虞一江两岸生态文明。整个形态圆满而独特。会章制度简称为"一坚守、二不准、三必须、四做到"。从会章制度中可以看出，这些丰硕的研究成果是乡贤研究会共同努力，群策群力获得的，成员们十多年间各司其职，通过实地调研、搜集史料、悉心比对研究，才有如今丰硕的成果。

上虞乡贤研究会会章制度

"一坚守"：坚守办会宗旨。

"二不准"：不准利用乡贤研究会名义为个人谋私利。

　　　　　不准给政府添乱，坚持帮忙，提供正能量。

"三必须"：乡贤有事必须尽力帮忙，乡贤来虞必须热情接待，乡贤在外必须加强联系。

"四做到"：乡贤馆做到每天有人值班，《乡贤报》做到每季度按时寄发，乡贤通讯录做到及时更新，研究会做到每年发展创新。

2. 挽救珍贵文物

乡贤研究会对当地文化的保护作出了杰出贡献。

一是助力修缮祝氏祖堂抢救先贤古碑。2004 年夏天，祝氏祖堂濒临倒塌，乡贤研究会致信市委市政府领导，提出自行筹资进行抢救性修复的建议。在得到了领导的迅速批示后，研究会自筹资金 15 万元，以修旧如旧的原则修复祝氏祖堂。修复后的祝氏祖堂被列为市级文保单位，原来废弃的珍贵文物"祖堂碑"也妥善安排在祖堂墙内。2009 年 3 月，听说上浦镇象田村民宅墙里发现了一块明代浙东学派骨干刘履的"先贤刘履墓碑"，乡贤研究会一行立即前往象田村，经与宅主友好协商，由企业家出资买下此碑，这块上虞首次的发现的以"先贤"命名的古碑重见天日。

二是为杰出乡贤中科院院士 X. G. X. 修缮古墓。2009 年清明节，乡贤研究会为国家最高科技奖获得者、"中国稀土之父"、中国科学院院士 X. G. X. 寻找父母墓地，并请汤浦企业家 L. X. L. 赞助，把 X. G. X. 父母破败不堪的墓地修缮一新。2010 年 6 月，年届 90 高龄的 X. G. X. 院士携女儿、外甥女专程回乡祭祖，热泪盈眶。2015 年 4 月 28 日，X. G. X. 院士逝世。5 月 5 日，乡贤研究会发起举办了"上虞杰出乡贤 X. G. X. 院士追思会"。

3. 推动宗谱编修

宗谱是记载同宗同祖、人物事迹的历史典籍，宗谱中一般都有家规、家训，而家规家训对于提升乡村的文化凝聚力以及提升乡民道德素养具有重要的作用。乡贤研究会十分重视对宗谱的挖掘和研究。2005 年 10 月，乡贤研究会会长 C. Q. Q. 曾受邀参加"浙江省家谱研讨会"，还担任了《古虞刘氏宗谱》《何氏宗谱》等书的主编。目前研究会共收藏家谱 150 余部。上虞乡贤研究会还组织人力物力，历经十年推动续修《崧镇何氏宗谱》。"中国申奥功臣" H. Z. L. 先生祖籍在上虞，生在无锡，长在上海，工作在北京。何老对祖地的印象模糊，他曾经到小越冯家山寻过祖坟，到崧厦寻过故居，但两次都遗憾而归。为了圆老先生的寻根之梦，乡贤研究会千方百计在上海图书馆找到了《崧镇何氏宗谱》。2010 年 7 月 16 日，H. Z. L. 先生回到家乡，会长 C. Q. Q. 送上了《崧镇何氏宗谱》的复印件。H. Z. L. 激动地对夫人说："你看，我爸爸 H. W. J.，字梦莲，果真记在谱里。"得知乡贤研究会正在组织续修家谱，何老非常高兴。为了兑现承诺，乡贤研究会经过十年努力，完成了《崧镇何氏宗谱》的续修工作。2015 年 8 月 28 日，《崧镇何氏宗谱》第七次编修圆谱庆典隆重举行，H. Z. L. 之子、人民体育出版社副总编辑 H. Y. 专程从北京赶来。他为乡贤研究会题词："千年不断娘家路，故乡永远在我心。"2016 年，H. Y. 向上虞档案局捐赠了父亲 H. Z. L. 的工作纪念物、重要信件等遗物共计 331 件。他说："将父亲的档案资料留给家乡是父亲生前的夙愿。"

表 4-1　虞籍宗谱数据检索

谱　名	姓氏	谱籍	纂修者	宗族堂号
上虞夏溪丁氏宗谱	丁	上虞		瑞松堂
三槐李浦王氏宗谱余杭支派	王	上虞	P. C. L.	
汤浦吴氏宗谱	吴	上虞	W. S. Q.	
山阴天乐周氏宗谱	周	上虞	Z. R. Z.	聚飞堂

（续表）

谱　名	姓氏	谱籍	纂修者	宗族堂号
上虞氏方王氏宗谱	王	上虞		槐德堂
上虞前江金氏家乘	金	上虞		旧德堂
上虞南贾氏宗氏宗谱	贾	上虞		
上虞长者山胡氏家谱	胡	上虞		思成堂

　　另一感人事迹是上虞章镇中学的退休教师 D. J. D. 考察谢灵运里籍。D. J. D. 先生是上虞乡贤研究会的成员，他耗费了三十年的心血，深入研究我国山水诗创始人——南朝刘宋诗人谢灵运的里籍。D. J. D. 将他的研究历程总结为"历经数十余年之功，遍查百余卷帙，踏看千里路程"。他考察的资料证实了谢灵运名篇《山居赋》中的居住地"始宁墅"实为两处大庄园——南山与北山，其中，南山在今嵊州市三界镇南，北山就在今上虞市章镇姜山东南地。谢灵运的居住地主要在北山，即章镇一带。这一考证引起了史学界的极大关注，它对解开谢灵运"始宁墅"的千年之谜，提供了一个独特的研究视角。[①]

　　可以说，上虞乡贤研究会所推动的每一项工作都是对乡村文化的血脉传承。上虞乡贤研究会为上虞办实事，带动了更多的人参与到上虞的文化振兴中来。研究会的成员们所做出的努力不亚于专业的史学工作者，他们在工作之余或者是退休之后，出于对家乡历史文化的热爱和责任感，主动承担这一重大使命。[②] 这不单单是简单的文献资料的收集工作，也是社会成员凝心聚力，共建文化的生动体现。中宣部部长 L. Q. B. 表示："研究发扬和培育乡贤文化是一个有意义的课题，乡贤文化中的人文道德力量在当地一方具有重要影响，对传播滋养主流价值观定然有益。"

[①]《中国乡贤文化研究的当代形态与上虞经验》，《中国文化研究》，2011 年第 4 期。
[②] 同上。

经年累月，上虞乡贤研究会走出了一条独特的文化传承、振兴之路，探索出了"乡贤＋品牌""乡贤＋建设""乡贤＋发展"的乡村文化发展模式。一是利用乡贤研究打造文化品牌。上虞是英台故里，是梁祝文化的发源地，乡贤研究会用大量文献资料和实物系统梳理了梁祝文化的丰富内含，2006 年 2 月，中国民间文艺家协会授予上虞"中国英台之乡"的称号。与梁祝传说相关的地方众多，而上虞是唯一获此殊荣的地方。除此之外，2010 年 5 月，中国民间文艺家协会授予上虞"中国孝德文化之乡"称号；2015 年 5 月，中国伦理学会授予上虞"中国乡贤文化之乡"称号……这些文化称号凝结了乡贤研究会和许多文艺工作者的心血和汗水。二是通过乡贤促进文化建设。2003 年，上虞县水利局打造了曹娥江十八里景观带，乡贤研究会参与策划了以"舜会百官""山雅聚""春晖集贤"为题材的三组大型雕塑，布置于景观带中。建成后，这三组雕塑夺得了全国城市雕塑优秀奖，十八里景观带也跻身国家级水利风景区。2012 年，乡贤研究会配合上虞园林管理中心开发龙山公园"乡贤苑"，让 W. C.、W. B. Y.、X. A. 等18 位著名乡贤走进龙山公园，成了上虞的永久"居民"。在大舜庙重建过程中，乡贤研究会组织智囊团，从建筑理念、文化内涵、人文典故等方面，为上虞旅游局做好参谋。三是撬动乡贤带动文化发展。例如，2011 年 11 月，乡贤研究会为履厄山旅游开发出谋划策；2016 年 3 月，研究会代表参与"小越倪梁村文化创意村策划座谈会"。乡贤研究会因此被称为上虞民间的"文化智囊团"和"文化顾问团"。

乡贤研究会不仅奔走于田间地头挖掘文物，收集资料，同时还紧跟时代潮流，充分利用互联网和大数据高效、广泛地宣传乡贤文化。上虞乡贤研究会除了经营新浪和微信公众号外，还有上虞乡贤数据平台，广泛收集整合乡贤的信息，进行统计分析，从而提高服务的效率，做好宣传推广工作。

三、内外携手多策并举，扩大文化影响

历届区委区政府均高度重视上虞区的乡贤文化建设，倾全力打造这块文化金名片。区委宣传部、区社科联从挖掘抢救、收集整理历史文化资源入手，不断深化乡贤文化理论研究，弘扬乡贤精神，健全组织机制，搭建乡贤互动平台，推动乡贤文化在传承中弘扬，在发展中创新，使乡贤文化

成为落实社会主义核心价值观的全国样本。区委宣传部组织了上虞、奉贤、孝感、嘉善、慈溪五地"慈善孝贤"文化交流活动，上虞新乡贤培育"青蓝工程"恳谈会，鼓励社会各界人士献计献策。2017 年 8 月，由上虞经济开发区（曹娥街道）全额出资建设的，占地面积 3 万平方米的上虞乡贤文化广场和面积 800 平方米的上虞乡贤馆正式开放，标志着上虞乡贤文化建设又上了一个新的台阶。如果说早期的上虞乡贤研究会是在"孤军奋战"，那么政府的支持则是上虞乡村研究会成熟、壮大的助推器。

上虞求贤似渴，通过乡贤研究会搭建活动平台，积极联络虞籍社会各界乡贤。2001 年 9 月 27 日，乡贤研究会举办"走近北京虞籍乡贤"活动；2006 年 5 月 25 日，乡贤研究会举办"走进南京虞籍乡贤活动"并举办"走进南京虞籍乡贤恳谈会"；2012 年 6 月 20 日，乡贤研究会举办"走近舟山虞籍乡贤活动"，并举办了"舟山上虞籍乡贤座谈会"；2010 年 7 月 5 日，乡贤研究会拜访爱乡楷模 Z. J. ……

在"走出去"的同时，上虞乡贤研究会也积极把乡贤"请进来"。2005 年 4 月 27 日，乡贤研究会接待著名乡贤 H. Y. Z. 侄媳、103 岁的寿星 L. Y. Y. 回乡；2006 年 4 月 27 日，乡贤研究会接待中国机械制造工艺与设备专家 Z. Q. Z. 回乡；2011 年 10 月 4 日，接待"台湾乡亲寻根团"回乡寻根；2012 年 7 月 27 日，接待中国社科院历史所学术委员会副主任、中国社科院荣誉学部委员 G. S. Y. 回乡……

乡贤研究会唤起了乡贤、游子对家乡的浓浓乡情，有越来越多的虞籍乡贤关注家乡、回报家乡。目前，上虞"虞商回归"工程共引进各类项目 145 个，到位资金 116.6 亿元；全区由乡贤出资的公益基金项目达到 200 余个，涉及文化、教育、养老等领域，每年直接可用资金 7000 万元，被外界誉为"上虞基金现象"。上虞乡贤研究会将乡贤的作用逐渐放大，并形成了带动上虞发展的重要推动力。

四、积极弘扬乡贤文化，播撒文明种子

上虞区乡贤研究会的组织结构包括乡贤理论研究中心、乡村治理研究中心、春晖文化研究中心、旅游文化研究中心、宗教文化研究中心、对外联络发展中心、青少年传承中心、网络文化发展中心、孙文明艺术研究中心，百官分会、曹娥分会等 20 余个分会。除此之外，从 2002 年起，乡贤研究会还成立了包括滨江小学、鹤琴小学、百官小学、实验中学在内的 57 所少儿分院。上虞乡贤研究会深深意识到，乡贤文化的传承甚至是乡村文化的传承不能仅仅局限在他们这一代，乡贤文化的传承和乡贤精神的继承要从"小"做起。这些少儿分院每年都会举办丰富多彩的乡贤文化活动，许多少儿分院的名字都是以当地的乡贤冠名的，比如东关竺可桢分院、长塘谢晋分院，这些孩子从小对乡贤耳濡目染，他们心中播下了"争做乡贤"的种子。研究团队在参观乡贤馆过程中看到下面一段话：

"感知乡贤，引领未来"

"走进乡贤，共话未来"

"争做乡贤，拥抱未来"

许多年轻人选择由农村走向城市，但即使在城市有了工作和自己的房子，但始终保有一份"乡愁"和落叶归根的念头。所谓"乡愁"就是要铭记自己的根，上虞乡贤文化正是让上虞人把根留住，使得上虞人时时刻刻不忘自己是上虞人，并且不忘回馈家乡。从"感知乡贤""走进乡贤"到"争做乡贤"，正是上虞人从文化自觉走向文化自信的全新转变。文化振兴最大的出路在于村民自己，只有村民自发自觉地参与振兴甚至主导振兴，乡村振兴才不会成为一句空话。

第四章／市场主导型乡村文化振兴

　　改革开放至今，随着市场化改革不断推进和深入，城乡隔膜被逐步打破，乡村人口、资源大量涌入城市，城乡差距因城市的急剧现代化而不断拉大，"城市文明不断向乡村延伸，农村优秀的乡土文化的个性日益被削弱"[①]，乡村文化的衰败日益明显。单纯依靠乡村社会自身已无法有效实现乡村文化的发展，更不易实现乡村文化的振兴。政府主导的乡村文化振兴，一方面受政府财力的限制，不可能满足中国巨大的乡村文化发展的需求，另一方面也正是由于政府有限的财力，政府出于其自身理性往往把有限的财政资金用于示范点抑或是示范村的打造，力图带动其他乡村的发展。但是，地方示范点抑或是示范村的打造反而有可能拉大示范村与非示范村之间的发展差距。乡村文化事业的发展乃至乡村文化的振兴还需要更多元的思路。习近平总书记在党的十九大报告中指出，要让"市场在资源配置中起决定性作用"[②]。在资源政策上国家要更多向乡村倾斜，同时大力吸引城市工商资本进入乡村参与乡村的建设与发展；在乡村文化建设中，单独依靠政府的力量或者村庄自身的力量是无法实现乡村文化振兴的。因此，借鉴市场规律，并因地制宜地引入村庄外部的工商资本参与乡村文化建设，便是实现乡村文化振兴的可选项之一。

　　本章所讲的市场主导型乡村文化振兴，是指由市场力量推动乡村文化

---

①陈锡文：《走中国特色社会主义乡村振兴道路》，中国社会科学出版社，2019 年，172 页。

②习近平：《决胜全面建成小康社会　夺取新时代中国特色社会主义伟大胜利——在中国共产党第十九次全国代表大会上的报告》，人民出版社，2017 年，第 20 页。

建设，在乡村文化事业振兴和发展过程中，工商资本与市场扮演主要角色。其特点是乡村文化事业的发展遵循市场规律，依靠市场经济，力图通过"文化搭台"让"经济唱戏"；其目的在于实现乡村文化发展与企业创收双赢，力图通过文化产业化和产业文化化带动乡村文化振兴。实际上，乡村文化的发展有独特的溢出效应，能够带动乡村经济社会等其他方面事业的发展，更好地服务于乡村振兴战略。特别需要注意的是，工商资本天然的逐利性决定市场主导型文化振兴模式对资本与市场的依存度极高，要求有广阔的市场发展前景以实现企业的投资收益，同时也必须为工商资本与市场力量参与乡村文化事业提供一定的载体。这就对乡村的自然资源禀赋和历史文化资源有着较高的要求，不能生搬硬造，也不可千村一面。

本研究团队选取厦门市翔安区的澳头小镇与海沧区的院前社文化产业发展作为案例，对市场主导型文化振兴模式的运行机制进行专题分析。这两个村庄都处于市场经济相对发达的东南沿海经济带，获取支持乡村发展的资金相对容易，也有着广阔的市场空间和发展潜力。同时这两个区域不仅拥有乡土社会传统的历史文化资源，也拥有与地理环境相结合而产生的诸如海港文化、闽台文化等新样态，这为工商资本下乡参与乡村文化事业建设提供了优良载体。

第一节　古老渔村的华丽转型

澳头村，坐落于厦门市翔安区新店镇东南部，地处厦门湾东岸，三面临海，依海之滨，据陆之嘴，古设渡口而得名。澳头社区下辖澳头、上苏两个自然村，现有 5 个居民小组，437 户，1200 多人。澳头村距离海边只有不到百米，过去当地农民主要靠讨海和耕种少量的耕地为生。在城市化的发展过程中，该村土地基本被政府征用，随后通过"村改居"转型为城市社区管理体制，但本地村民和村干部仍然习惯称澳头社区为村庄。澳头村的耕地被征收后，村民的住宅被保留下来，每户村民都盖有面积较大的五至八层的新楼房。因为没有耕地，全村村民身份转换，走上产业发展转型的道路。目前，全村共有 10 多户人家利用自家的楼房经营民宿或者开设农家海鲜餐馆，并组建了"海味联合会"进行规范和自律管理。全村大部分青壮年则离开家乡，到城里做小生意或者打工。

一、历史悠久，千年古村文韵风流

澳头村历史文化悠久，人文底蕴雄厚。该村历史上长期属于泉州府同安县所辖。从出土的文物看，自先民开垦闽地以来，澳头村经历了渔猎、捕捞，进而为农渔并重，再到商贸和运输全面发展的历史进程。这里的先民是百越族民的分支，越人"以船为车，以楫为马"。"闽在海中"，地理环境孕育着澳头文化中的海洋文化基因。从两晋南北朝至隋唐五代，中原汉人南下，经宋元明清历代，中原汉人逐步与闽南原住民交流融合而形成闽南文化。闽南文化与澳头文化中传统的河洛文化基因，共同影响着澳头的生成和发展。

澳头村以蒋苏二姓为主，史上互为姻亲，后人繁衍，代代兴茂。二族宗祠前后相倚，远看就像一座闽式的"二座三进"古厝。相传先前蒋姓之女嫁给苏姓为媳妇，蒋氏以家庙后的一块空地作为嫁妆，后苏姓在此处与蒋姓合建宗祠，也就有了为世人所称道的二族和合的经典故事。两族宗祠间留有一条小巷，被命名为"苏蒋同条弄"。这么一条独特的巷弄，为和合二族的共同见证。两姓人才各露头角，同甘共苦，荣辱共担，和合共处，从未有争讼，诚为世人典范。

据澳头蒋氏宗祠记载，澳头村蒋姓来自福建晋江县福全村，始祖蒋旺，系河北省凤伯府寿州县延寿乡人，于明洪武十七年（1384）授福建建宁府卫前所百户，后明洪武二十八年（1395）升任正千户进驻福建永宁卫（今晋江市金井镇福全村）。蒋旺有子三：政、忠、信。忠、信俱回凤阳老家，而长子蒋政世袭福全所正千户。蒋政生四子：勇、义、雄、铭，其中澳头蒋姓为蒋雄分支。澳头蒋姓自明清以来即有乡亲出洋谋生。据澳头《蒋氏族谱》载，澳头村蒋孟育，系福全派下蒋旺后裔，由澳头迁至金门西山前社。后裔在 1958 年八二三炮战后，有 1000 多蒋氏族人迁入台湾，居嘉义、高雄等地，金门至今仍有蒋氏后裔 300 多人。另据《同安县志》载，澳头迁台始祖有二人，即蒋士魏迁台北淡水，蒋本大居高雄，他们也是澳头蒋氏的又一宗支。

澳头苏氏科第鼎盛，人才辈出。苏氏在宋、明、清三代，共有进士 17 名，举人 16 名，是名副其实的科第世家。特别是苏绅、弟苏缄、子苏颂三人政绩、文采齐名于世，被誉为宋代"同安三苏"。其中以苏颂最为出名，于北宋哲宗年间官拜宰相，为中国宋代著名的天文学家、药物学家、文学家、政治家、外交家和博物学家，发明了"水运仪象台"，著有《新仪象法要》《本草药经》《苏魏公文集》。他执政时，务使百官守法遵职，量能授任。宋徽宗时苏颂进太子太保，累封赵郡公。澳头苏姓虽然历代人口不多，却人才辈出，如清代文举人苏镜潭、贡生苏瑞书、州同苏光彩、进士和四川总督（从一品）苏廷玉、乡贤苏必东，现代华侨苏根、全国民兵英雄苏温柔等。

澳头文化深受理学家朱熹影响。宋绍兴二十三年（1154年），24岁的朱熹赴任同安县主簿，这也是他仕途的开始。他在同安任主簿期间，为官勤政，凡事躬行，爱民亲民，兴贤育才，赢得了老百姓的敬仰。朱熹在同安期间留下许多诗文，大力传播儒家文化，移风易俗，开创讲学之风。他认为，兴办各种学校是教化百姓的重要途径，通过讲学，可以培养百姓良好的伦理道德，建立安定的社会秩序。朱熹弘扬先贤遗风，在县学空闲地创筑"苏丞相正简祠堂"，把县城朝天门内纪念苏颂的荣义坊改名为丞相坊。他还在文庙大成殿后"建尊经阁，藏书九百余卷；立教思堂，日与邑人讲论正学，从游甚众"。他多方收集官书，编定教科书，以"圣贤修己治人之道"为讲学的主要内容。隆庆版《同安县志》记载："自朱子簿邑后，礼义风行，习俗淳厚，则谓本邑礼俗创自紫阳。"同时，朱熹在农业、水利、环保等方面，为同安百姓办了不少实事，百姓"士思其教，民思其惠"。在同安任职期间，朱熹的思想经历了"逃禅归儒"的重要转折。朱熹在同安做了很多实事，最终体会到为官应该务实，而非佛老主张的"清静无为"。朱熹在同安为官的四年里，以自己的政绩验证了"理学"的功用，因此才有"三年之绩，有百年之思"的感慨。在离开同安后不久，朱熹便拜二程（程颢、程颐）的三传弟子李侗为师，逐渐构建起理学的思想体系，后成为理学的集大成者。

正简流芳，紫阳教化，使澳头的文化发展深深扎根于中华文化的肥沃土壤。随着中原宗法制度和佛道等信仰在闽南扎根，澳头的居民以信仰佛教为主，同时重视宗族祭祀与民俗信仰，倡行美德，风化蔚然。澳头历来重视文教，小小的边陲村落，科举时代出了蒋芳镛、苏廷玉等诸多国家栋梁。近代以来，澳头人更以平民教育为导向，乡人蒋玉田与蒋骥甫先后创办公立培基学校和私立觉民小学，校址最初都设在苏廷玉的"进士第"内。抗战时期，蒋骥甫另起两层洋楼当校舍，使学校在抗战最艰苦的岁月也未停过课。澳头不断培植后学，向国家建设输送了一批又一批的有用人才。

二、筑巢引凤，唤醒沉睡的文化资源

澳头社区文化事业的新发展不仅仅依靠丰厚的历史文化遗存，更得益于积极对接国家政策，获取政策支持。2013 年厦门市委市政府推行"美丽厦门·共同缔造"，其基本理念是按照"共谋、共建、共管、共评、共享"模式，大力发动社区群众以主人翁的姿态，从身边小事、房前屋后做起，共同建设美好家园。澳头村借此机会不断向内发掘自身潜力，向外借助国家政策的支持，打造"闽南美丽海港侨村"，以鲜明的文化特色引领村庄新发展。

2014 年 8 月，作为厦门市和翔安区大力推进的"美丽厦门·共同缔造"的试点村之一，澳头村开始以"闽南美丽海港侨村"为定位，积极引导村民巧打"侨乡牌"，大力启动实施"美丽乡村"建设工程。为加快推进新店"美丽乡村·共同缔造"建设步伐，专门成立了新店镇"美丽乡村·共同缔造"领导小组，翔安区副区长兼新店镇党委书记亲自坐镇指挥，提出"海洋蓝—澳头、生态绿—昌塘、党旗红—沙美"，积极调动各方力量为美丽乡村建设提供服务保障。在澳头美丽乡村的建设过程中，新店镇党委书记还挂帅澳头"美丽乡村指导组"组长，组织和领导澳头美丽乡村建设工作有序推进。不仅如此，在澳头美丽乡村建设中还十分注重"依靠群众"，强调让村民自己作决策，自己说、自己干、自己管，使村民"愿意、乐意、满意"。指导组多次深入到村民家中，与村民面对面、心贴心地交流，广泛听取村民对"美丽乡村"建设的意见和建议，鼓励群众积极参与"共同缔造"，为家乡建设谏言献策，充分调动村民参与美丽乡村建设的积极性和主动性，扎实推进澳头美丽乡村建设。

一是顺应政策的东风，澳头深挖内在文化潜力。好的政策只是发展的契机，还需要凝聚村庄共识，积极适应政策，抓住机会，迎风而上。澳头社区在共同缔造过程中，广大村民群众一起捐款、捐地、捐物，投工投劳，积极参与到社区的建设中。在大家的共同努力下，社区新铺设水泥路面 3 万平方米，村民活动小广场改造完毕，雨污分流工程进展顺利……截至 2017 年，澳头村群众共投工投劳 3300 人次，捐出空地杂地 1560 平方米，怀远湖扩建整治 35 亩，企业、党员群众共捐款 34 万元。仅上施片区就投工投劳 903 次，清除垃圾 625 立方米，出动机械 135 工时，开展洁净家园活动 15 次；认捐地块 10 块，共计 1420 平方米；拆除猪、鸡、鸭圈 11 处，共计 220 平方米；小组认捐空杂地两块，共计 420 平方米，捐款 33200 元。全村的土地被征用之后，按照厦门市政府制定的集体资产和集体产权制度改革的方案，每个村民可预留 15 平方米的土地用于发展社区集体经济。这样全村共计预留了 20 多亩的社区发展用地。该村的村支书表示，这是全村唯一的发展社区集体经济的用地，村里正在"待价而沽"，准备与外来的投资者合作共同开发。为此，村里成立了一个股份合作社，与社区"两委"共同合作开发这 20 亩土地，共同发展社区集体经济。

二是共营造村庄好氛围，村庄组织动起来。"美丽厦门·共同缔造"核心在"共同"，基础在社区，关键在激发群众参与、凝聚群众共识、塑造群众精神，根本在让群众满意、让群众幸福。建设美丽乡村，澳头党组织走在前列。澳头两委班子推行"五到位"工作机制：政治引领到位、职责履行到位、政策宣传到位、服务群众到位、评议监督到位，推进澳头事业发展。在具体落实上，澳头社区党支部做了三件事：一是设置"党员示范岗"。澳头社区党支部依托"党员示范岗"的示范引领、带动和辐射作用，在"推动科学发展、服务人民群众、加强基层组织、促进和谐发展"中共建美丽澳头。二是开展党员具体联系农户机制。党支部根据每个党员的活动能力、专业特长和各自的具体情况，采取组织决定和个人自愿相结合的方式，要求每个党员具体联系 5 户农户，积极向农户宣传党的路线、方针、政策，传达党组织有关指示精神，及时向党组织和镇党委反映群众的意见和要求，维护其正当权益，帮助联系户排忧解难，带动共同增收致富。三是成立党员义工队，以老年人、农民工子女、残疾人、贫困户等特殊困难群众为服务重点，因地制宜地开展便民利民、扶贫帮困、治安维稳、文体娱乐、环境保护、信息咨询、家政服务、就业创业、法律援助、心理疏导等志愿服务活动。

三是在澳头社区党支部的领导下成立澳头乡贤理事会。澳头乡贤理事会是提供决策咨询、民情反馈、监督评议及开展帮扶互助服务的公益性、服务性、非营利性的基层社会组织。乡贤理事会旨在激活澳头社区的乡贤资源，促进乡土社会与现代社会的有效衔接，实现政府治理与居民自治的良性互动。理事会的主要职责是联络社情，反映民情，协助兴办公益事业，协助居民自治。其具体职责包括：一是宣传党和国家政策，动员居民投入美丽乡村建设；二是协助开展社区自治，制订章程，开展建设创评活动；三是维护群众利益，保护公共财产，建立健全的各项活动制度，丰富居民文娱活动；四是协助培育社区文化精神，促进社区文明；五是协助华侨乡谊会、文化促进会、海味联合会的管理；六是协助组织居民代表或户代表集中议事；七是合理使用筹款，督促施工进度，严格质量监督；八是组织本社区居民参加各类培训活动。

四是打破传统的以地域划分的党小组模式，探索项目式党小组设置方式。澳头设置了"社区治理""项目推进""富民创业"党小组，引导党员干部围绕项目建设创先争优。"社区治理"党小组创新社区治理模式，协调公亲劝和团、乡贤理事会、社区义工队等社区组织，开展劝和调解、义工劳动等活动。"项目推进"党小组组长带领组员推动道路维护、自来水管网改造、房前屋后美化等项目。项目推进党小组成员踊跃带头认捐认建，投资投劳，将污水横流的二区空杂地改造成村民活动小广场；收到党员、群众捐款 34 万元，认捐空杂地 1560 平方米。"富民创业"党小组侧重于村民就业培训，根据实际情况带领党员群众发展澳头社区海鲜餐饮业，组织党员群众开展烹饪等技术培训，目前社区内共有"大厝宅""663"等 15 家海鲜馆，带动 126 人转产就业。

在澳头社区党组织的积极引领下，澳头充分利用村庄的内生资源，进一步激发村庄文化活力，先后成立了澳头社区书院、澳头"公亲会"、华侨乡谊会等民间自治组织和经济组织。在推进社区经济发展转型的同时，澳头社区还注重把当地的文化产业发展与美丽乡村建设、乡村振兴紧密结合起来。

澳头社区书院由澳头老村部改造而来。老村部始建于 1957 年，是由当时的党支部书记 J. Z. J. 和生产队大队长 S. W. R. 主持修建。在解放战争刚结束时，澳头村的民宅被破坏殆尽，政府为了"支援前线"（简称"支前"）

补助了村庄一笔资金用于民宅修复。老队长就用"支前"剩余的资金在本地买了些旧红砖和石头,老书记则从一些热心的民户手中买来当时货源紧缺的木材,在村民的帮助下建起了这幢闪着红星的村部。村部建立之初用作人民公社的办公地,后来也曾是海军和军医办公的驻点。在城市化不断推进的浪潮中,澳头也进行了"村改居",村部承担起了便民服务点、计生服务站、防台抗汛点、居民公开点等多重职责,可谓麻雀虽小,五脏俱全。随着社区事务的增加,村部的场地已经远远无法满足需求,于是在村民代表大会的决策下,澳头社区建起了新村部。

"退休"了的旧村部也没闲着,在社区两委的牵头下,村民们把旧村部改造成社区书院。澳头书院经常开讲座,为村民讲授党的基本政策,调解婚姻、家庭及邻里关系,宣传闽南文化,举办乐器培训与表演等知识,极大地丰富了民众的日常生活。

表 5-1　澳头社区书院课程安排表

月份	时间安排	上课内容	讲师
6月份	星期一	婚姻家庭及邻里关系	公亲会、G. J. J.
6月份	星期二	南音演奏	W. H. Q.
6月份	星期三	闽南文化与风情	C. L. Y.
6月份	星期四	党建E家专题会议	S. Y. Y.
6月份	星期五	揭开心理测试的神秘面纱	J. F.
6月份	星期六	葫芦丝兴趣班	W. Z. G.
6月份	星期天	葫芦丝兴趣班	W. Z. G.

澳头"公亲会"是由澳头社区及辖区内的企业单位、群众团体自愿发起、自觉参与,遇事共商、共议、共同决策的公益性、服务性、互助性社区基层社会组织。其宗旨是民事民议、民事民办、民事民治,激发群众参与社区事务管理、社区建设,形成了以社区党支部为核心、居民自治组织为基础、社区社会组织为补充,居民广泛参与、协同共治的社区社会新格局。澳头"公亲会"制定了《美丽澳头公约》,对积极参与澳头美丽乡村建

设的单位和个人给予表彰奖励，对于不遵守村规民约和恶意破坏共同缔造成果的单位和个人进行批评、检举和制止，彻底打击歪风邪气，着力提高社区群众共同参与美丽乡村工作的积极性。澳头"公亲会"是澳头构建文明乡风与推进文化振兴的重要助力，也是对当下乡村治理新形式、新思想、新观念的综合运用。

美丽澳头公约

澳头村，好乡里，共同维护和支持；澳头村，好所在，一花一草咱都知；风土情，乡土味，保持美丽靠自己；美家园，共缔造，大家斗阵来做好：

一、美丽乡，做阵来；公共物，不损害；公共地，不乱盖；害大家，咱就汰。

二、平安村，爱联防；人防范，村不乱；讲道理，不捣乱；杜滋事，避祸端；重治理，家园喜。

三、爱劳动，争先锋；来经商，诚信讲；生意经，得人心；创业成，斗牵成；共致富，起大厝。

四、讲卫生，人人搞；养鸭鸡，要管好；不放伊，趴趴走；风景树，咱来栽；景致美，真实在；人人护，才应该。

五、用电用火，要注意；安全意识，要重视；消防检查，要定期。

六、不害人，不作恶；不吸毒，不赌博；守法纪，人和谐。

七、厝边兜，像兄弟；相关心，斗扶持；爱团结，相互利；荣辱观，树正气；新风尚，传下去。

八、孝父母，要到位；寸草心，三春晖；懂文明，识礼教；兄弟间，互帮助；妯娌间，相照顾；创未来，有前途。

九、不文明，要抵触；相监督，尽义务；搞破坏，挺身出；110，要记住。

十、乐助人，好思想；好美德，大发扬；扶弱体，应尽量；献爱心，要提倡；美家园，共同建。

澳头公亲会

2015 年

为了进一步激活群众参与力量，组织和动员广大社区群众推进社区建设，澳头"公亲会"机构下设置宣传队、劝和队、督导队，每月向澳头社区两委汇报一次工作情况。

澳头"公亲会"宣传队在社区定期组织开展社区文艺活动，包括社区包粽赛、斗阵闹元宵、国庆七天乐、和谐邻里节等，丰富和活跃社区居民的业余文化活动，积极弘扬时代风貌，倡导健康、快乐的生活。为了树立模范典型，让好心人、热心人在社区美丽家园建设中发挥示范引导作用，宣传队评选产生社区"美丽榜样"个人名单，进一步激发居民对美丽乡村建设的热情。同时，为了弘扬优秀家风与树立文明家庭典型，澳头社区积极打造"特色之家"，遵循"以奖代补"的思路，鼓励居民与社区小组筹资筹劳，自建家园。澳头"特色之家"评选设有"华侨之家""花园之家""创业之家""文化之家"四个奖项，以有奖问卷的形式把美丽乡村的倡议传递到每家每户，成功营造了"美丽乡村人人参与，建设成果人人共享"的良好氛围。其中，J. Y. T. 家被选为"华侨之家"及"文化之家"，大厝宅海鲜馆被评为"创业之家"及"花园之家"，S. Y. 家被评为"文化之家"及"花园之家"，663 海鲜馆被评为"创业之家"。

J. Y. T. 家原为荷兰归侨蒋永裕旧居，房内还保留着蒋永裕生前的竹编工艺品，以及他前后修改了 7 次的澳头全景图。户主 J. Y. T. 原本要将这座即将废弃古宅拆除翻建，后来看到村内美丽乡村建设把澳头变成了一个环境整洁优美的新村，便萌生了还原老宅旧貌，吸引归国华侨来访的念头。于是户主把老宅修旧如旧，里面保留着当年的陈设样貌，以此反映当时的生活状态，并计划在此建立华侨亲人联络站，这对于在外与亲人失散的华侨具有重大意义。

独具特色的大厝宅海鲜馆被评为澳头"创业之家"及"花园之家"。俗话说酒香不怕巷子深。大厝宅经典的"信夫菜"，即使是隐藏在村庄里，仍被广大食客口口相传。大厝宅是一座百年古厝，它体现了澳头的慢生活与古文化，是传统与创新的和谐统一，古老与现代的完美融合。澳头居民 S. C. H. 把大厝宅海鲜会所及"信夫小厨"带进了这座百年古厝。注入新元素的大厝宅中有园，园中有院，尽展中国式闽南文人院落特色。每位从各地驱车赶来大厝宅的游客，都不仅仅只是为了品尝这里的海鲜，更重要的是感受闽南古厝的独特魅力。

本土艺术家 S. Y. 家则是澳头的"文化之家"及"花园之家"。S. Y. 是土生土长的澳头上苏人，毕业于福州大学工艺美院，早期从事油画创作和出口，1996 年回乡潜心专研书画艺术。在"美丽厦门·共同缔造"规划提出后，他积极参与富美乡村建设，发挥创造力，把牛棚变茶室和绘画、创作的工作室，将自己的家打造成具有乡村特色又别具心裁的花园之家。

朴实无华的 663 海鲜馆被评为澳头"创业之家"。663 海鲜馆原是澳头的一家无名的海鲜馆，以家常菜见长，本地居民和慕名而来的食客常常打一通电话交代海鲜馆煮份夜宵外带，久而久之人们便习惯用外卖电话的尾数"663"来称呼海鲜馆，"663 海鲜馆"因此得名。

澳头"公亲会"劝和队致力于调解社区居民内部矛盾，增进邻里和睦、社区和谐。劝和队吸收退休干部、教师、退伍军人、乡贤等，组建富有群众基础的"和事佬"队伍，发挥其源于群众、熟悉群众的优势，构筑维护社区、社会稳定的第一道防线，分网格责任区管理，开展劝和工作。"和事佬"们妥善处理网格责任区内各种矛盾与存在问题，力争将矛盾化解在社区，问题处理在网格；积极协调处理网格内居民纠纷、举报和信访等问题，维护群众利益和权益，防止纠纷、集体上访和其他案件的发生。

澳头"公亲会"督导队的职责则是监督、指导社区各项工作，促进各项工作落实。目前督导队主要从事社区卫生督导与社区居务监督。在社区卫生督导方面，由督导队开设垃圾分类知识课堂，传授关于农村生活垃圾治理的措施、垃圾分类等知识，全面地介绍垃圾分类的意义，以及如何合理分类、正确投放等。在社区居务监督方面，督导组举办了"阳光居务·人人参与"社区居务监督开放日活动，邀请社区两委班子成员、区务监督组成员与党员代表、居民代表共同巡视社区当前建设项目的推进情况，负责人汇报社区工作开展情况、工作计划及各项财务收支情况，收集民情、民意，对社区居民关切的各种事项与热点问题进行追踪，并进行民主管理、民主监督的满意度测评等。

澳头还利用侨乡优势，成立了澳头"华侨乡谊会"。"华侨乡谊会"是由工作、生活在海外的华侨以及归侨、侨眷自愿组成的联谊性、地方性、非营利性民间团体。"华侨乡谊会"旨在政府和广大侨胞之间发挥桥梁、纽带作用，广泛团结、联系侨胞及其团体，通过乡谊会平台开展丰富多彩的活动，共享资源，共建美好家园。"华侨乡谊会"由澳头"华侨之家"J.Y.T.牵头担任会长，另设顾问、秘书长等，其成员不仅包括18名澳头德高望重的村民，还包括了澳头在香港、马来西亚、新加坡的海外华侨3人，使得"华侨乡谊会"更具有代表性。澳头"华侨乡谊会"的主要职责：一是团结海内外侨胞共同推进澳头社区的建设。广泛团结和动员侨胞积极参与澳头美丽乡村建设，踊跃"认捐、认建、认管"，共同为家乡的发展作贡献。二是开展澳头侨界信息交流和宣传，为侨胞提供服务和帮助。通过建立、管理"澳头闽侨文史馆"和"澳头闽南华侨亲人资料信息库"，构建"澳头闽侨失散亲人服务中心"，发动世界各地侨胞的力量，帮助侨胞找寻失散亲人。组织会员开展澳头社区华侨华人恳亲会等活动，促进交流，密切乡情。为配合澳头美丽乡村建设，"华侨乡谊会"主要办了三项活动：一是塑造典型，打造"华侨之家"。"华侨之家"以闽侨情缘为核心，以共同缔造为理念，由政府牵头，居民、侨胞自发参与，对古宅进行保护、修缮，并展现其历史意义。澳头"闽侨文史馆"展示了清朝、民国和新中国成立后三个历史时期中一个闽南普通家族漂泊海外的经历，由此展现华侨的奋斗史、创业史与寻亲史。澳头"闽侨失散亲人服务中心"则是由海内外乡贤组成义工队伍，为侨胞寻亲提供各种服务，帮助失散亲人早日团圆，成为乡亲同海外侨胞联系的纽带。二是与马来西亚五条港签订跨国兄弟社区共建协议。把澳头社区美丽乡村建设工作与马来西亚五条港华侨社区发展紧密结合起来，优势互补、资源共享，整体推进社区的建设。双方以"联络感情、团结互助、共谋福利、服务社会"为宗旨，围绕"血缘亲情"开展两地乡亲交流联谊、返乡祭祖等各类联谊活动。借助"华侨失散亲人联络总站"，帮助华侨及侨属找到失散亲人。马来西亚方面发动五条港工商企业及各界人士捐资助建，共同推进澳头美丽乡村的建设。三是为了延续乡情，传递乡谊，澳头村延续走出去、请进来的方式，广泛开展对华侨、华人等同胞的联络和交往工作，全方位、多渠道地加强对外交流与合作。

三、合力共建，文化创意小镇显活力

"资本是农业商业化和产业化的重要推动力量，没有资本也就没有今日

的农业市场化"[1]，工商资本成为推动乡村发展的重要外部力量，乡村文化概莫能外。2013 年的中央一号文件明确提出要"鼓励和引导城市工商资本到农村发展适合企业化经营的种养业"，实质上就是鼓励城市富余工商资本向乡村流动，为乡村发展注入外部力量，以实现农业产业现代化、农村治理现代化。澳头村的文化创意产业的发展，离不开工商资本的支持。按照发展规划，"澳头渔港特色小镇"确定由厦门"建发集团"和翔安开发公司共同组建"厦门翔发集团有限公司"来投资运营。整个项目总投资额预计有十多亿元。截至 2021 年，澳头社区的公共基础设施已经投入了近亿元，先行大力发展乡村旅游业。

不仅如此，有关部门在规划设计建设"澳头渔港特色小镇"时，把文化创意产业作为重点的配套产业加以推进，提出要着力打造一个"同心合意美·邻里乡情美·人文底蕴美·艺术雅韵美"的新型文化休闲旅游小镇。澳头村连续六年举办"澳头文化艺术季"，积极打造特色文化品牌。2018 年10 月，澳头"超旷"美术馆[2]及陈文令工作室正式揭牌，将传统与现代要素的融合，塑造"面朝大海，超然旷达"的独特风格。陈文令、伊玄、阿黑尔等国内外艺术名家以及北欧艺术中心、中央美院等文化机构落户特色小镇，不仅活跃了澳头乡村文化，而且也给澳头带来了文化项目，文化创意产业在澳头成功落地孵化。在开展艺术季活动的同时，澳头还举办了"观福集美食文化节"，展现澳头深厚的文化底蕴，"观福"菜也因此成为澳头的一张美食文化名片。

为了促进澳头的文化创意产业发展，澳头专门成立了"文化促进会"。澳头"文化促进会"由本土艺术家 S. Y. 担任会长，其成员由 10 位有志于推动澳头文化创意产业发展的各界人士组成。澳头"文化促进会"属于民间的联合性、非营利性社会组织。其宗旨是：贯彻落实国家、省、市关于文化建设的战略部署，团结市、区、镇文化创意产业的相关组织和人士，保障和促进文化创意产业健康有序地发展，助推澳头社区文化资源开发和

---

[1] 仝志辉、温铁军：《资本和部门下乡与小农户经济的组织化道路——兼对专业合作社道路提出质疑》，《开放时代》，2009 年第 4 期。

[2] "超旷"二字由澳头清代名宦苏廷玉题写。

文创产业整合发展，发挥文化创意对社区经济、文化发展和社会主义精神文明建设的积极推动作用。澳头"文化促进会"的主要职责：一是开展产业调研、研讨、考察，积极参与产业规划产业服务标准制订等活动，为政府提供文化创意产业管理建议；二是整合社区相关资源，通过学术研究、作品交流、会员联谊、主题活动等多种形式的经常性活动，促进会员之间的紧密联系，推动会员间的合作，发挥澳头社区文化创意产业聚集效应；三是团结组织富有社区特色的文化创意产业的个人或单位结成联盟，维权自律、资源整合、优势互补，形成社区文化创意产业链条；四是为本协会会员及文化创意产业相关单位提供信息、技术、人才培训、咨询、策划、维权、市场营销等服务。

为活跃村庄文化，澳头文化促进会专门发起了"我爱我家，澳头在行动，就想给自己的家乡编首打油诗"活动，涌现了以 G.J.J.《澳头新风采》为代表的大量讴歌家乡，展现和谐乡风的纪实型优秀作品。

澳头新风采
G. J. J.

美丽村，共缔造；现澳头，变真好；水泥路，平坡坡；污水放，入管道；
污水池，变清气；双清池，好标志；小白鹭，做厝边；双清桥，景色添；
众村民，出主意；共出力，在布置；现乡里，变和气；人之间，笑眯眯；
民参与，斗建议；共策划，斗监视；村出地，相管理；公共地，来布置；
无违章，无乱起；厝边兜，互评比；感谢党，势领导；了不起，拇指比；
新事物，一大批；参详间，促进会；劝和团，联谊会；宣传队，文创会；
少年家，创业最；有特色，真实惠；海鲜店，公平买；真经济，不乱亏；
旧古迹，得保护；苏廷玉，在这带；留笔迹，有气派；风狮爷，新风采。

澳头文化促进会的发起人 S. Y. 在"美丽厦门·共同缔造"引领下，自发整理房前屋后，发挥创造力，美化家园，把自己的家装扮成文化之家、花园之家、艺术之家：他把牛棚改造成茶室和绘画、创作的空间，将自己的家打造成具有乡村特色的花园。他还编写了《母鸡带小鸡》的打油诗，生动地描述澳头文创产业发展中的帮扶政策，即：政府带动社区，社区带动居民，文化'大家'带动'小家'，最终集合共同之力来推动澳头文化创意产业的发展。

母鸡带小鸡

母鸡带小鸡，成长总相依。

美丽春光好，行动不停息。

小鸡跟母鸡，赶上好时机。

共同缔造好，群众笑嘻嘻。

　　澳头村文化促进会采用聚合创业新模式，充分利用澳头悠久的古迹、古厝、古庙等社区文化资源，充分挖掘其历史价值、人文价值，吸引文化产业单位入驻，打造澳头独具特色的文化创意产业集聚地。

　　澳头依托村内古建筑，做好文化创意产业的新文章。在澳头特色小镇的建设过程中，那些闲置和破损的古建筑，经过专家和设计师的联手打造，重新焕发人文光彩。修建于清朝的蒋氏小宗和苏氏小宗，都有百年历史，由于年久失修而破败不堪。新店镇政府邀请专家名师重新修缮改造，尔后来自北京的艺术家 Y. X. 在修缮后的蒋氏小宗注册了"厦门玄象文化艺术传播有限公司"，将澳头村包装打造成一个极富文化底蕴的古老村落，吸引了众多游客。此外，Y. X. 又投资 100 多万元，将其改造成为"澳头社区村史馆"和玄象东方美学生活馆。伊玄长期在馆内进行艺术创作，将村中丰富的历史文化遗迹融入书画创作，在村史馆展出。"澳头村史馆"这个文化创意投资项目还被评为"2017 年厦门文化产业年度风云榜年度创意空间"。苏氏小宗则被开辟成为澳头文学馆，著名文学家 C. H. Y. 曾在文学馆内举办诗文作品鉴赏会。澳头的废弃学校、厂房、营房也相继被修缮开发成为北欧当代艺术中心、超旷美术馆以及容美术馆，并免费向公众开放。其中北欧艺术展览馆共投资了 100 多万元，馆中展览了 15 位北欧艺术家创作的绘画、动漫作品。超旷美术馆以及容美术馆吸引了 C. W. L.、C. C. Y. 等当代名家入驻。澳头村的文化创意产业展现出广阔的前景。

　　除了文化创意产业，澳头还成立了"海味联合会"，积极推动海鲜文化发展。该联合会由澳头村从事海味经营的企业、个人以及热心于海味产业的人士组成。澳头"海味联合会"旨在发挥桥梁纽带作用，为企业、政府和社会服务，促进澳头海味产业的繁荣和发展。澳头海味联合会不仅是一个经济互助组织，在促进业主产业联合的同时，更强调挖掘产业背后的文化价值，弘扬"海鲜文化"，使之服务于澳头村文化产业发展。其主要职责包括：（1）定期举办海味展览展销等产业交流营销活动，如海鲜文化节，扩大澳头海味行业品牌知名度；（2）制订澳头海味行业发展规划，促进海味产业行业规范、自律，共同发展；（3）打造独具特色的"海味体验"休闲渔村；（4）规划建设集海鲜馆、特色美食、渔家体验、海产品制作展销、民俗工艺、休闲旅游于一体的澳头渔家海洋风情商业街，形成产业链，带动澳头经济发展。

澳头拥有"三海一侨"，其中海鲜是澳头的拳头产业。海味联合会联合澳头渔家海鲜馆抱团发展海味产业，还牵头号召会员积极开展特色活动，提升澳头海味品牌。活动融入了现代休闲旅游元素，开展澳头特色海味品尝活动、澳头渔家菜评比活动等。大厝宅海鲜馆是澳头海鲜产业发展的一个典型，实现了闽南古厝文化与澳头海鲜美食文化的完美结合。从各地赶来大厝宅的游客不仅是为了品尝这里新鲜实惠的海鲜，更重要的是感受闽南古厝的魅力。

四、文化振兴，培养社区能力是关键

从澳头村社区公共文化建设和文化创意产业发展相互融合的实践中可以看出，社区能力建设视角[①]不仅为突破当前乡村公共文化建设实践困境提供一个新的思路和新的实践方式，也为促进"文化下乡"以及农村传统文化产业化提供重要的借鉴。现代社区建设的实质是社区资源和社区建设力量的整合过程，即将社区中的政治、经济、社会、文化资源拧成一股绳，形成合力共同建设社区，最终形成一种共建共享、多元参与的社区建设和社区治理机制。"社区能力建设"视角则是强调如何培育社区内部的自治能力，并把这种能力提升为社区建设的能动性、自治性，进而整合所有社区

---

①"能力视角"产生于20世纪八九十年代西方社会工作研究领域，它直接挑战传统的以问题为中心的研究策略。这种研究视角假设每个个人、群体、家庭和社区都具有自身的能力，并把激发这种自我发展能力作为开展社会工作实务的主导原则。

力量共同参与社区文化建设。在这个过程中，文化因素和文化力量始终是与村庄自治、法治、德治机制紧密结合的重要部分。

澳头村的社区文化建设及文化产业发展的实践表明，在当前境遇下，村庄社区公共文化建设必须引入社区能力视角，强调发挥村庄社区的内部能力，因地制宜地发掘和利用本地的传统文化资源和力量；同时引入外部资源，整合市场力量和政府力量，弥补村庄社区能力之不足，最终建构起促进村庄社区公共文化建设可持续发展的多元化的能力合力，并在此基础上带来文化产业的发展。在村庄社区文化建设的能力视角下，首先要整合村庄社区的传统文化信仰和文化价值观念，使之转化为社区公共文化建设的参与动力和参与能力，这样村庄社会公共文化才能真正扎根乡土，文化产业才有可能发展。其次，村庄社区公共文化建设要引入外部的市场力量，解决文化建设资金投入问题，带动相关的文化创意产业。第三，文化建设还要培育社区文化传承精英和传承载体。类似非物质文化遗产传承人、热心村庄公益文化建设的能人，都是社区文化能力建设过程中要重视扶持培育的主体。他们是社区公共文化建设的主力军。

第二节 "闽台生态文化古村落"的现代转型

院前社，系属厦门市海沧区青礁行政村的一个自然村，地处厦门市和漳州市的交界处，背靠慈济东宫，东濒大海，是一个典型的闽南渔村。院前社始建于北宋，居民是山东颜回的后裔。自颜慥来此建村开基，至今已有千年历史，人文底蕴深厚。目前，院前社有两个村民小组，220多户，750多人，占地面积300多亩，其中80％的土地用作种菜。村中农民大都为50～80岁的老年人，年轻人大都外出务工。

随着改革开放的大潮席卷全国，东南沿海地区的城市急剧现代化，和中国大多数村庄一样，院前社的青壮劳动力大量外流，年轻人对在村庄内实现自我发展的信心不足，大多外出打工创业。村庄集体经济也趋于萎靡，院前社成了"空壳村"，历史文化遗产得不到有效的保护。这样一个闽台历史文化名村一度被列入整体拆迁范围。如何实现村庄的新发展，亟需一种新思路。

一、陆海交汇，多元文化造就闽台古村

"院前"这一村名的由来彰显了当地深厚的文化底蕴。当地流传着三种关于院前由来的传说：首先是"宅院"说。漳州南山寺，原为陈邕府院，后来陈氏舍院为寺，闽南陈氏的"南院"支派便以此为根据，此"院"最初则为"宅院"，但是目前这一说法缺乏相关历史记载。其次是"书院"说。宋代青礁地区文化教育事业繁荣，从北宋崇宁年间（1102—1106）的"三贤书室"①，到北宋青礁颜氏始祖颜慥（1009—1077）于慈济东宫内设"颜教授书室"，青礁地区文教事业兴盛。同时，海沧地区还曾有"沧江书院""金沙书院""安边馆""云塔院"等社学。青礁最新发掘出的"开漳堂"中发现的"植兰书院"牌匾，也印证着青礁地区确实存在着影响巨大的书院社学。书院设于山腰，村落置于书院前，山脚村落子弟读书也应更为方便。最后是"寺院"说。据说青礁地区明代有一"云泉院"，位于文圃山与石囷山之间，石囷社与院前毗邻，位于院前社东面，由此推断"云泉院"也确在院前社边上，也符合相关推论。无论哪种来源，都是院前社文化底蕴的深刻体现。

院前颜氏开创了青礁文化事业的先河。北宋青礁颜氏始祖颜慥是北宋恩科贡士，以德行文章名世，迁升漳州路教授，而后隐居于青礁院前。此前，闽南文化教育落后，颜慥首倡儒学，设立书院，教化百姓，开青礁文教事业先河，促进了青礁乃至闽南地区的文化事业发展。从颜慥开始，颜氏一族在宋代"重文轻武"的社会环境下，一共培育了二十四位进士，其中不乏尚书、节度使等高官，涌现出颜师鲁、颜彻、颜振仲、颜唐臣、颜敏德等著名历史人物，对闽南地区的文化事业发展影响深远。从其家训可见一斑：

院前社颜氏家训

整密家风，重视教育。君子处世，贵能益物。

君子风操，不拒白士。窃人之美，甚于窃财。

---

①唐末谢脩、南唐洪文用、北宋石蕡隐居于漳州角美与厦门海沧交界处的文圃山，北宋进士杨志筑"三贤堂"以祀之，后其址开辟为书院，即"三贤书室"。

欲壑难填，澹泊免灾。治家之道，去奢崇俭。

修身守正，实至名归。民生艰辛，切勿养尊。

同时，院前社也是"开台王"颜思齐的故乡。颜思齐，1624 年率众前往台湾，他一面安抚当地原住民，一面构筑城寨，开疆拓土。同时，派遣部众前往漳州、泉州地区招徕移民，前后共有三千多人前往，到第二年来台拓荒移民超过万人，台湾本地人口也达到了数万人。颜思齐将移民分为十个村寨，发给钱财、农具和耕牛，由此开始了台湾历史上最早的大规模屯垦活动。他利用台湾"东南锁钥"的交通便利，以原有的十三艘船同大陆积极开展海上贸易，为台湾移民积累拓荒资金。为了满足移民的生活需求，他积极组织海洋捕捞和山林捕猎。1625 年秋，颜思齐与部众在罗山捕猎，不幸染病逝世。台湾百姓在云林县北港镇修筑了"颜思齐先生开拓台湾登陆纪念碑"以彰显其开台之功德，修建于嘉义县新港乡妈祖宫前的"思齐阁"和"怀笨楼"正是对这位"开拓台湾先锋"的缅怀。

院前社还是闽南民间信俗保生慈济文化的主要发祥地。院前社内有全国重点文物保护单位慈济东宫，主要祭祀保生大帝。保生大帝本名吴本，俗称"神医大道公"，生前为济世神医。南宋高宗年间，赐建"五殿皇宫式"的大庙，名为"青礁龙湫庙"；南宋孝宗赐庙名为"慈济"，是"慈济"一名的发端，从此称之为"青礁慈济庙"。南宋理宗下诏"改庙为宫"，由此称之为"青礁慈济宫"。为与"白礁慈济宫"相区别，因"青礁慈济宫"在东，"白礁慈济宫"在西，故此称"青礁慈济东宫"。明朝末年，郑成功收复台湾后，移居台湾的漳州人在台先后修建了 200 多座慈济宫，因此台湾信众甚多。

院前社至今还保存着历史文化名厝 39 座，包括大夫第、中宣第、颜氏家庙、学宅埕等，品相完好，独具特色。其中，大夫第和颜氏家庙崇恩堂最为出名。据村民介绍，大夫第一般为古代高级文官私宅，院前社大夫第修建于清朝同治年间，为砖木混合结构，深三进，双燕翘尾脊，古厝两侧有护厝。古厝正面用实心砖砌成，开三大门，大门两侧装饰精致石雕，内部屋顶装有精美花饰，绚丽多彩。相传，院前大夫第为颜伟珍所筑，后划归其长子颜嘉居住，颜嘉金榜题名后，被皇帝亲封为"大夫"，人们便以大夫第称其住所。颜氏家庙崇恩堂始建于元代，为砖石木结构，建筑面积约330平方米，保存较多明、清两代木雕、石雕构件，艺术价值较高。堂内还保存着明、清、民国重修碑记四座。崇恩堂内主要供奉青礁颜氏开基祖颜慥，刻有堂联"祖孙冢宰　父子卿相"，彰显青礁颜氏的文教风流。

乡村社会实现文化振兴的第一步，是对内深挖其丰厚的历史文化资源，唤醒"沉睡的宝藏"，从历史上的文化名人、传统家风家训、传统习俗谚语、古屋古庙古树，到当今农民的耕作习惯、耕作用具、日常表达，都是乡土文化的组成部分，在各个层面展现了中国农耕文化的活力。同时，发掘乡土文化的过程在一定程度上也能够激发文化的创造力。因而，积极发掘乡土文化，不仅是对中华优秀文化的传承和发扬，而且对实现乡村振兴有着十分重要的作用。

二、携手并进，党群共建缔造美好家园

2014年3月，院前社成为"美丽厦门·共同缔造"试点，村庄迎来发展新契机，广大村民积极投身建设"望得见山、看得见水、记得住乡愁"的富有两岸交流元素的闽台生态文化村。院前社村庄建设的出发点是要"顺应广大农民群众对生态家园、人居环境和精神生活的美好期盼"[①]，把"决策共谋、发展共建、建设共管、效果共评、成果共享"真正落到实处，激发村民的缔造热情。

调整治理架构，完善治理体系。"中国特色社会主义最本质的特征是中国共产党的领导"[②]，基层党组织则是推进乡村各项事业全面发展的核心领导力量。在推进院前社"共同缔造"过程中，各级党组织走在前列。海沧区委书记深入走访院前社，帮助院前社的青年骨干对接YBC（中国国际青年创业计划）创业导师、台湾休闲农业专家等专业力量，坚持"理念先行"，使他们重塑了经营理念、明确了经营方向、掌握了经营方法，最终成立了济生缘合作社。海沧区委想方设法向团市委争取资源，并同海沧农商行积极对接，帮助合作社取得首期100万元的农村青年创业发展贴息贷款。

---

①《走中国特色社会主义乡村振兴道路》，第167页。
②《决胜全面建成小康社会　夺取新时代中国特色社会主义伟大胜利——在中国共产党第十九次全国代表大会上的报告》，第20页。

除此之外，还请海沧农商行派驻金融服务指导员帮助合作社解决资金流转难题，并在院前社专门增设便民服务站、便民取款点等，为村民和游客提供便利。在海沧区委的带动下，团区委还在院前社设立"两岸义工联盟"工作驿站，将"两岸阳光故事家族"融入济生缘合作社，不断拓宽合作社经营外延，丰富经营项目，塑造经营品牌。

同时，区委组织部充分发挥"海沧组工先锋岗"党建品牌优势，组织党员干部深入村居一线，指导院前网格党建工作，梳理总结院前党建工作经验特色，打造提升院前党建工作品牌，为院前设计制作了党建宣传画册、宣传栏，配套建设了 LED 电教广场，专门打造了一条党建专题游观光线路。党支部还通过设立党员激励帮扶资金、依托党员活动室收集并解决基层党员困难问题。在职党员进社区活动中，区委统战系统的党员不仅多次到院前提升改造现场进行帮助和推进，还多次邀请党外各界领导和专家来院前指导。在区委统战部的协调推动下，2015 年院前社举办了"海峡两岸同宗同名村交流大会"。

海沧区委、区政府还坚持"城市后院，党建在前"的理念，以海沧街道办党员干部为骨干成立"共同缔造"小组，由街道办副主任担任组长，组织在职党员进社区。在此基础上，海沧区总结出"共同缔造"工作路径：一是坚持党的引领；二是突出两岸融合、新老市民融合两个导向；三是强化党群、政社、社群互动；四是推进区级统筹、街镇治理、社区服务、自治单元微自治的四级治理结构；五是建立民主协商、群众自治、市场运作、技术支持、激励带动五大机制。为推进院前建设事业，强化院前社美丽乡村建设的制度供给与组织支撑，青礁村在院前社成立了治理网格党支部，充分发挥基层党组织的战斗堡垒作用，以激励院前社党组织建设带动村内其他组织建设。网格党支部第二党小组充分利用慈济亭①这一个村民日常休憩场所组织党群议事，院前社网格员、党员干部、村民代表经常到慈济亭与村民闲聊谈心，及时了解和收集村民们对院前建设发展的想法和意见，并定期向院前社网格党支部进行汇报，建立民情档案，推动研究解决村民们关切的实际问题。

---

①该亭为青礁慈济东宫捐资修筑的村民日常休憩场所，故此得名慈济亭。

在此基础上，院前社将治理架构调整为村民小组、自治理事会、济生缘合作社和群团组织等四大组织，四者分工合作，协调推进美丽乡村建设。村两委及村民小组走家入户宣讲，宣传"美丽厦门·共同缔造"，收集村民的建设意见，动员群众积极投身村庄建设。由村内 29 位有威望的党员、群众代表、热心公益事业的人员组成院前社自治理事会，并由村主任担任自治理事会理事长，统筹推进院前社美丽乡村建设。为更好地服务于村庄发展，院前社还相继成立了合作社团支部、妇女互助会，在组织建设、产业发展、村民服务上下足功夫。为加强院前社精神文明、政治文明、物质文明建设，实现社区村民自我管理，构建村民自治、管理有序、服务完善、治安良好、环境优美、文明淳朴的美丽乡村，院前社制定了《院前社村民公约》，积极营造和谐文明乡风，凝聚文明建村共识：

院前社村民公约

一、热爱生活，积极支持和参加村庄公益活动。

二、注重自我，关怀他人，分享乐活。

三、热爱劳动、诚实经商、开明守信、勤劳致富。

四、热爱集体，爱护公共财物。

五、经常运动、均衡饮食，不抽烟，不吸二手烟。

六、提倡文明、绿色、健康、环保、节能的生活方式。

七、提倡家庭和睦团结、敬老爱幼、夫妻恩爱，婆媳、姑嫂、妯娌、兄弟之间互相关心体贴。

八、提倡村间邻里团结互助、亲邻相帮，共同营造一个互相尊重、互相支持、互相帮助的文明群体。

九、保持公共卫生和村容整洁，减少制造垃圾，实行垃圾分类回收、不落地。

十、保持心态积极乐观，培养健康乐活的生活理念。

我国幅员辽阔，乡村地域广博，不同村庄具有不同的自然资源禀赋与历史文化积淀，推进美丽乡村建设既不能大拆大建，让乡村失去"村味"，也不可"齐步走"和"一刀切"，千村一面。习总书记也强调新农村建设应坚持规划先行①，村庄发展规划应"高起点定位、高标准设计，与农村生产、生活、生态、社会、文化等一系列功能的全面发挥相结合"②，因地制宜地推进美丽乡村建设，既能更充分地动员群众参与美丽乡村建设事务，也能保证符合群众意愿，实现村庄发展成果的共享。为此，院前社聘请了中国城市规划设计研究院（厦门）为院前社制定了村庄整体概念规划和村庄风貌提升规划。为使村庄规划充分体现群众意见，设计师驻村工作，走家入户了解村民诉求，将村民的意愿融入到村庄规划之中。在规划过程当中，规划师们定期召开"规划说明会"，向村民代表汇报规划进展，解释规划理念，并与村民共同商议村庄公共活动空间、公共设施建设布局等问题，请村民代表现场表决。规划师们依据村庄现貌和发展愿景，将村社空间规划为城市菜地亲子园、特色餐饮区、农副产品展销区、文化创意街坊、田园滨水景观区、古厝文化展示区、商业配套区 7 大功能分区，并调整街巷路网系统，形成二街、七巷、九点的布局。在旅游观光路线的设计上，将城市菜地、面线馆、大夫第、古厝群、凤梨酥工厂等重要节点串联起来，形成观光环线。在村容整治上，提出了包括水系治理、庭院美化、建筑修缮、道路提升、村社绿化和市政改善在内的六大专项整治计划。

此外，院前社还动员村民参与村容整治，让"共建"融入村民生活。院前社乡贤理事会、老人会向院前社村民发出了共建美好家园的倡议：一是争做建设美丽乡村的参与者。把"共建美丽乡村"的行动融入日常生活，培养良好的道德风尚，养成文明健康的生活方式。二是争做文明风尚的传播者。要求广大村民身体力行，从基本道德、基本礼仪做起，从身边小事做起，以自己的模范行为带动身边人，以自己良好的公德风尚影响身边人，形成人人关心家园、人人爱护家园、人人建设家园的良好氛围。三是争做环境卫生的维护者。积极支持、配合"我爱我社，共建美丽乡村"行动，村落、家庭做到卫生清洁、绿化完整、设施无损、道路河流畅通整洁。四是争做建设美丽乡村的监督者。村民要积极维护整洁的村容村貌，发扬主

---

①《保持战略定力增强发展自信　坚持变中求新变中求进变中突破》，《人民日报》，2015 年 7 月 19 日第 1 版。

②《走中国特色社会主义乡村振兴道路》，第 164 页。

人翁精神，认真履行监督义务，对损害美丽乡村的不文明行为进行劝导、举报和坚决制止，为建设美丽乡村作出自己的贡献。

在院前社网格党支部的带领下，院前社党员制定了详细的"共同缔造"实施方案（详情见附录五《院前社"我爱我社"实施方案》），带头让地捐物，投工投劳，建成了"党员示范路""党小组责任区"。得知院前社正在进行美丽乡村建设，许多在外打工的年轻人陆续回乡，和村里人一起挽起袖子进行村庄改造，共同提升院前社的人居环境，村民们参与热情高涨。经过"共同缔造"，院前家家户户房前屋后都种上了花草树木，村间小道精心铺上了鹅卵石，一个古朴、干净，民风淳朴的村庄又重新呈现在世人面前。据村两委统计，在整个院前社改造过程中，村民自发出让菜地、空地、猪舍、鱼塘等场地 10000 余平方米，投工投劳 1000 多人次，清理村庄垃圾 500 多吨。村社道路拓宽了，还打造出精致的绿化景观。党员王卫东出让了老房子门前 18 平方米的土地和自家的菜地，共计 201.25 平方米，建成了院前社"五星级公厕"，成为院前社美丽变身的一则美谈。

为改善村庄人居环境，院前社村内放置了 300 个垃圾桶，垃圾清运车每天早晚清运，一改以往村庄"脏乱差"的局面，实现了"垃圾不落地"。为长久维护村容村貌，遏制乱丢乱吐、外扫外抛现象，院前社特别发起了"小袋鼠行动"，鼓励院前社村民、商户共创干净整洁的生活环境。其具体机制内容如下：

一、为了增强村民卫生意识，规范垃圾的收集，我们将为每家每户配备垃圾收集容器（垃圾收集容器购买费用提倡村民踊跃出资献爱心，剩余不足部分将以"以奖代补"的形式申请补足差额）并在每个容器上署名。

二、居住在本社的村民要将自家生活垃圾规范放置在自家的垃圾收集容器内，不得放置在公共场所的垃圾收容器，以利于保持村庄环境的整洁，节约环保工人的工作时间。

三、在公共场所或商铺门店产生的垃圾应规范投放到公共场所的垃圾收集容器或是带回自家正确投放。

四、垃圾回收将安排在两个时间点：每日 6：00 和 19：00，两个时间点如果村民外出，可将自家的垃圾收容器放置门口前指定点，环保工人将及时清理。

五、针对生活垃圾随意乱丢等不文明现象，鼓励村民相互监督或是拍照提供给缔造办，取得实物证据后将通报批评。

希望村民们相互监督、相互提醒，培养良好的生活习惯。

在"小袋鼠行动"的引领下，院前社仅仅三天就实现了村域范围内"垃圾不落地"。

三、"城市菜地"，激活生态文化密码

改革开放以来，我国率先在乡村地区推进改革，解放了乡村生产力，广大乡村发生巨变，广大乡村地区的富余劳动力、资源向城市聚集。但是随着城市现代化进程加快，"城乡二元结构、城乡发展差距不断拉大的趋势没有得到根本性扭转"。[①] 院前社地处厦门、漳州两大城市的交界处，大量村庄土地由农业用地转化为城市用地，青壮年劳动力也被吸收到厦漳城市发展，院前社逐步变成了破败不堪的城中村，乃至被列入整村搬迁的名单。如何留住村民、留住乡村、留住"乡愁"，单靠村庄的力量是办不到的，做好"乡村文章"与念好"城市经"相互协调，把院前社由城中村变成"城市后院"才是求生之道。同时在国家战略层面，"推动城乡发展一体化，是工业化、城镇化、农业现代化发展到一定阶段的必然要求，是实现国家现代化的重要标志"[②]。城乡融合发展既符合我国国情，也符合院前社村情，院前社也正是从这个着眼点出发，拓展村庄发展新思路，想出了"城市菜地"这个金点子，从而实现了习近平总书记在正定县工作期间所总结出的城乡关系新论："投其所好、供其所需、取其所长、补其所短、应其所便"[③]，既服务于城市发展，又带动乡村致富。

院前社的乡村振兴实践经验，即打通城乡要素流动通道，利用厦门市城郊的特殊地理区位优势，以地方政府大力倡导的"美丽厦门·共同缔造"为机遇，实现城乡融合发展。实际上，院前社已经通过项目奖补的形式获

---

①《走中国特色社会主义乡村振兴道路》，第 134 页。
②习近平：《关于〈中共中央关于全面深化改革若干重大问题的决定〉的说明》，《人民日报》，2013 年11 月 16 日第 1 版。
③《习近平在正定》，中共中央党校出版社，2019 年版，第 4 页。

得政府数百万元的项目资金支持。乡村地域广大，若单独依靠其自身力量无法有效实现振兴。同时，从事乡村产业报酬偏低，资金、高素质人力资本匮乏，要改变这种情况，就必须打通城乡要素的流动通道，延长乡村产业链，提高乡村产业的科技含量，提高要素的配置效率，提升涉农产业的回报率。在乡村文化振兴过程中，文化设施的修建、古屋古庙的修缮、传统文化活动的兴办、传统工艺技艺的传承，这些项目往往都需要大量的资金投入，地方财政不足以支持其发展。同时，我们也应该认识到，乡村文化产业对城市居民有着巨大的吸引力，乡村地域是天然的科普基地，乡村文化能够丰富人们的精神生活。因而，在乡村文化振兴事业上，应规范放活工商资本下乡的通道，在政策上全力的支持，在税费上给予足够的优惠，让更多的资本要素向乡村流动，扩展乡村文化产业领域，提升乡村文化产业的科技化，充分利用差异化和比较优势，打造有市场、有前景的乡村文化产业。

"乡土文明是中华民族文明史的主体，村庄是这种文明的载体"[1]，如何在城市化浪潮下留住"乡愁"，留住乡土文化的根脉，使院前社改变被拆迁的命运，这个问题困扰着返乡创业的 C.J.X.。C.J.X. 15 岁就外出打工，20岁返回院前社，在村口经营一个铝合金加工厂。2014 年初，他参观了海沧区西山社，海沧区"共同缔造"的示范村，获得了启发：如果能够让院前社变得和西山社一样美，是不是就不会被拆迁了呢？为了支持院前社的"共同缔造"，他不顾父亲的反对，首先关停自己的铝合金加工厂。他觉得工厂设在村口影响了院前的整体形象，关停工厂能为村容村貌让路。在此之后，C.J.X. 便和村长一起挨家挨户地谈心，动员村民进行人居环境整治，让村民把房前屋后打扫干净，拆迁猪圈鸡舍，种上花草树木，使得院前社焕然一新。最终院前社入选厦门市地方政府"共同缔造"示范村，一个原本打算拆迁的村子被保住了。但是 C.J.X. 觉得这还远远不够，大家都在做"共同缔造"，院前社得弄点不一样的，才能吸引人。

网络游戏"开心农场"启发了 C.J.X.，他想利用院前社菜地多、菜农

---

[1] 习近平：《在中央城镇化工作会议上的讲话》，载中共中央文献研究室编《十八大以来中央文献选编》（上），中央文献出版社，2014 年版，第 605 页。

多的优势，把"开心农场"变成实实在在的"城市菜地"。当下物质生活极大丰富，人们对精神生活的需求不断加大，农业观光与休闲旅游大有市场。正是认准了这一点，2014 年 5 月，C. J. X. 带着院前社 14 个年轻人以土地、资金入股的方式，总计投入 100 万资金成立了济生缘合作社，开始了他"点土成金"的创业之路。"城市菜地"用三种方式吸收城市居民成为会员：一是由合作社为每位会员提供净菜地 20 平方米，会员自种自收，每年收会费 2000 元；二是由合作社帮助会员进行菜地的种植和管理，周末空闲时间则由会员自己管理，相当于"半托管"，每年收费 2400 元；三是会员认领菜地后委托合作社代为种植和管理，合作社为会员每月配送 40 斤，一年 500 斤的新鲜蔬菜，会费 3000 元。合作社还为会员们提供应季的蔬菜种子、有机肥料、水及必要农具，并提供现场种植技术指导和浇水、施肥、除草、除虫等菜园管理任务。绿油油的"城市菜地"第一期开辟了 25 亩菜地，便吸引了 300 多名城市居民认种，"城市菜地"的收益也比菜农自种自卖翻了一番，达到了每亩 8 万元。合作社社员们从传统农民转变成休闲旅游农业的从业者。"城市菜地"不仅成了城市居民会员们的"开心农场"，也成了院前社村民的"摇钱树"。

　　"城市菜地"经济效益明显，得到了全村人的支持。青礁村老支书听闻合作社的年轻人有意开发二期城市菜地，主动将二期菜地里属于他的 3 亩地提供给合作社无偿使用一年。在老支书的带动下，村内其他持有闲置土地的村民也纷纷将土地出租给济生缘合作社，支持合作社的事业。第二期计划开发的 25 亩菜地很快便得到落实。第二期"城市菜地"被合作社打造为农耕文化科普教育基地，主推中小学生的农耕文化体验，让学生们有更多机会走进乡土社会，亲近自然，普及农业知识，深入田间地头体验农民生活。同时，济生缘合作社结合本地保生慈济文化，积极推广中草药种植，让更多的城市居民体验到中草药制作的全过程。

　　"城市菜地"这一个金点子吸引了台商的关注，台湾农业企业主动对接济生缘合作社，引进了台湾优质农作物种子，并在院前社开设了台湾果蔬种子供应中心。在此基础上，院前社在厦门率先开启农村信息消费数字家庭试点，"城市菜地"的会员们通过手机 App 就可以对自己认种的菜地进行查看和管理，甚至还可以通过手机端远程控制为菜地浇水。"城市菜地"目前共有 9 名种菜指导员、技术员，均为本村村民。这些种菜指导员、技术员长期以种菜为业，有着丰富的经验和熟练的技术。他们负责菜地的日常管理，并为会员提供种菜技术指导。目前，院前社"城市菜地"已开发出两期共 50 亩的菜地供城市居民认领，固定会员达到 500 多名。三年来，到院前社休闲旅游的岛内外游客达到了 20 万人次。

两期"城市菜地"的成功，使得济生缘合作社得到了快速发展，越来越多的村民对这个由年轻人组成的合作社有了信心，更多的村民希望能够加入合作社。这其中有三类村民希望加入合作社：第一类村民手里有较多的资金，想要投资合作社，享受合作社效益分红，但是不参与合作社的日常管理工作；第二种是有想法但是缺乏资金和平台的村民；第三种是没有想法，但是想参与村庄建设的人。C. J. X. 认为村民可以利用合作社平台创业，参与合作社的事业，这种方式能够调动村民们发家致富的积极性。同时，C. J. X. 合作社必须回馈村庄。C. J. X. 根据颜氏家训"夫圣贤之书，教人诚孝"的理念，每年举办百老宴活动，逢年过节组织村民慰问村内老人，村民子弟考上大学，合作社也提供一定的奖励。他希望这种回馈能够营造院前社的良好风气，将更多的年轻人团结到合作社的队伍当中，形成院前社长久有效的造血机制。

济生缘合作社还采用陀螺管理法，搭建合理的利益联结机制。在"城市菜地"的成功实践过程中，济生缘合作社形成了农业休闲、科普与培训的产业群，越来越多的商家以项目股份入股的方式参与到济生缘合作社的各个项目中，济生缘合作社乃至院前社的"蛋糕"越做越大。也因此，济生缘合作社又逐步演变成为院前社与外部对接的主要平台。因此，搭建合理的利益联结机制，分好"蛋糕"，对济生缘合作社的长远发展显得尤为重要。早期，合作社与商家形成的是"分利结算"合作方式，拉动院前社经济发展：由合作社开发客户，带到院前社的各个商家消费，合作社与商家按照一定比例进行分成。例如，由合作社带来游客在院前社餐厅用餐，在餐厅消费了 100 元，餐厅实际收取 90 元，合作社分利 10 元。这一种合作方式的问题在于，各个商家完全依赖合作社去开发客户，等着合作社送客上门，效率不高，有的甚至一度濒于倒闭。为改变这种情况，济生缘合作社于 2016 年进行了利益联结机制改革，C. J. X. 称之为"陀螺管理法则"：济生缘合作社不再全面负责开发客户市场，而是由进驻商户主动对接市场，订单由合作社统筹安排，就像陀螺一样，只有底部不断旋转，合作社的发展才不会停止。在利益分配上，具体商家开发的客户，其项目盈利由该商家独享，同时带动合作社的其他项目消费则按照"分利结算"合作方式。举例来说，凤梨酥商家开发的游客，由合作社统筹安排游客的讲解、用餐、拓展训练，凤梨酥制作体验项目的每人收费 39 元，全部归其所有，而游客在其他项目上的消费则由合作社和商家按照一定比例分成。在这种模式下，各个商家主动对接市场，积极开发客户，合作社整体也全面跟进，得到发展。

四、激活生态文化，实现闽台古村的现代转型

乡村有着"不同于城市的自然风貌、空间形态、生活方式、生活习惯、传统文化"[1]，凝聚了广大乡村民众的共同感情与共同记忆。需要承认的是，中国的城市化浪潮还会持续很长一段时间，乡村人口、资源向城市的单向流动在一定历史阶段内也不可能完全逆转，城乡差别依旧会持续存在。那么，如何才能够守住乡村、守住乡土文化，为离乡的人们保留一分精神的净土呢？在城乡一体化发展战略下，工商资本下乡参与乡村建设或许能够找到我们要的答案。应该明确的是，这并不是任由资本单向主导乡村的发展，而是要让资本有序、规范地参与乡村建设。要充分尊重乡村居民的意愿，赋予其建设和发展乡村的权利，要在最大程度上保留乡村风貌，方便乡村居民的生产与生活，让广大乡村居民安居乐业。因而，实现乡村振兴还需乡村找准自身角色定位，对内发掘自身宝藏，对外承接城市发展，走城乡融合发展之路，最终形成"投其所好、供其所需、取其所长、补其所短、应其所便"[2] 的新型乡村文化产业发展道路。

院前社的振兴，首先在于充分动员了群众、院前网格党支部、乡贤理事会等，从关系村民共同利益的事情做起，把"决策共谋、发展共建、建设共管、效果共评、成果共享"真正落到实处，从而激发了村民的热情。同时，积极争取政策支持，构建政府、社会、企业协商联动机制，统筹社

---

① 《走中国特色社会主义乡村振兴道路》，第 156 页。
② 《习近平在正定》，第 4 页。

会资源。在"共同缔造"行动中,院前社重新塑造干净古朴的村容村貌,打造了合理的乡村治理体系。不到一年时间,在党员干部和群众的共同奋斗下,院前社从一个落后的拆迁社变成了"美丽厦门·共同缔造"典范社,并先后获评、获批厦门"最美街区"(2014)、美丽厦门新 24 景(2014)、省内首个闽台生态文化村(2014)、海峡两岸青年创业基地(2015)等诸多示范点、示范基地。院前社重新定义自身角色,利用地处厦漳旅游大片区,菜地多、菜农多的优势,走城乡融合发展的道路。"城市菜地"这一个金点子,让院前社的村民"鼓起了钱袋子",激活了生态产业发展,从而形成了休闲农业产业群。市场机制的运用使得院前社的传统农业向现代城市农业转变,探索出一条生态美、百姓富的现代乡村发展新路子,一个"望得见山、看得见水、记得住乡愁"的闽台生态文化村已初现雏形。

院前社在"城市菜地"的基础上,构建了"生态"院前。"城市菜地"对维护乡村生态来说,具有重要意义。在"共同缔造"行动中,院前社实施雨污水管网改造、房前屋后美化绿化、景观节点提升等"以奖代补"项目,过去的臭水塘、挡路石以及路边的旱厕、猪舍等消失不见,取而代之的是宽敞的道路、美丽的绿化、整洁的村容村貌。济生缘合作社则将"生态院前"的理念贯彻到院前社的产业发展过程中,逐步构建起了以"城市菜地"为核心,包括了农家餐饮有限公司、凤梨酥观光工厂、"乡约院前"民宿、农业开发有限公司、青年创业服务中心、济生缘烘焙食品有限公司、院前台大兰园、院前好时光友善乡村、院前农夫集市、台湾牛樟芝养生馆、"甜蜜派对"布丁馆、台湾宝岛黑珍猪等庞大的休闲农业产业群,凝聚了海峡两岸大批有志青年驻村创业,每年创收约 400 万,为院前社提供了 200 多个就业岗位。摘蔬菜、烤地瓜、磨豆浆、拓展训练、"大马蹄"两岸科普教育、农耕体验活动,为院前社的发展插上了"生态之翼",绿水青山在院前社正一步步地变成老百姓口袋里的金山银山。

院前社利用闽台文化交融的优势,打造"台味"院前。台湾的 H. L. Y. 博士将村口的旧厂房改造成凤梨酥馆,引进台湾凤梨品种及传统制作工艺,使游客不仅能现场观摩凤梨酥制作、品尝现烤出炉的凤梨酥,还能自己动手制作凤梨酥伴手礼。在此基础上,院前社大力推介引进台湾的体验经济,在院前社导入了多元的体验文化样态。在此基础上,院前社进一步弘扬

"保生慈济文化""开台文化"，为"两岸新家园"海沧注入新活力。2006 年以来，海沧区政府每年举办海峡两岸保生慈济文化旅游节，推动海峡两岸文化经贸交流，保生慈济文化旅游节成为海峡两岸文化经贸交流的重要平台，拉近了两岸人民的距离。院前社借助两岸和平发展的契机，推动两岸密切交流。在院前社的"共同缔造"行动中，在厦台商台企提供了 50 万资金助力院前发展。越来越多的台湾文化人来到院前社，台湾音乐人 Y.M. 在院前社古厝门前的草地上办了场音乐会，台湾著名作词人 F.W.S. 也跑到村里采风，一位台湾陶艺大师也有意向到村里开陶艺体验馆。

院前社积极利用丰富的古厝资源，在城市化的浪潮中打造出"乡愁博物馆""乡愁展览馆"等金字招牌。院前社人文历史丰富，对台文化独具特色，保留了颜氏家庙、云溪堂、岐山宫、大夫第、学仔埕等 39 栋闽南古厝。院前社聘请台湾大学建筑与城乡研究发展基金会规划设计师 L.P.Z.，为院前社的古厝进行改造规划。大夫第被改造成展示闽台慈济文化、闽台颜氏宗亲文化的"乡愁展览馆"。每一栋别具特色的古厝、每一件充满历史沧桑的农具，都向人们展示着院前社悠久的历史和深厚的文化积淀。同时院前社积极举办耕读文化、国学、闽南文化大讲堂，宣扬耕读传家、孝亲睦家的传统文化，将凝聚在一栋栋闽南古厝中传统优秀文化发扬光大。

院前社积极对外学习交流，塑造"典范"院前。院前社的成功离不开与外界的交流和学习，无论是"城市菜地"这个金点子的成功实践，还是社区发展理念上的创新，都是院前社人积极对外交流学习的结果，除了台湾大学外，厦门大学药学院、厦门大学建筑与土木工程学院、厦门理工文旅学院也先后在院前社挂牌成立学生社会实践、创业基地。院前社"共同缔造"的案例也走出村门，先后前往北京、台湾、澳门、广东、湖北、浙江、贵州、河南、辽宁、海南等省、市、地区交流发展经验，甚至走出国门，前往日本京都大学、印度尼西亚达勒漫村分享社区发展经验。

第五章／乡村文化振兴与乡村治理

　　正如本书前言中提到的，自中华文明有记载以来，乡村文化一直是传统文化生成的主要土壤。到了近代，城、乡两种文化系统在城、乡两个世界里不断演进，共同构筑了中华文明的大框架。尽管如此，城市的文明也一直是建筑在乡土社会之上的。传统时代，提供农业剩余的乡土社会作为中华文明延续五千年的坚实基底，支撑起了中华民族在这一片土地上几乎所有的辉煌成就，乡村文化也因此成为中华文化的主要代表，并成为国家的主要文教中心。近代以来，工业化、城市化的浪潮掀起，乡村大量的资源、人口向城市流动，乡村趋于衰落。最明显的表现，就是城市新式学堂的兴起，乡村逐步丧失了文教中心的角色地位，乡村文化逐步没落，城乡在文化上的鸿沟远甚于在经济上的差距。但是，乡村的发展事关全局，基座稳固，才能大步向前。中国共产党始终把解决好"三农"问题作为全党工作的重中之重，党的十九大旗帜鲜明地提出了实施乡村振兴战略。文化振兴是乡村振兴的重要环节，是夯实乡村发展的精神之基，推进乡村文化治理必须"要加强对中华优秀传统文化的挖掘和阐发，使中华民族最基本的文化基因与当代文化相适应，与现代社会相协调"。①

　　乡村社会是中华文化的巨大富矿，乡村文化是乡村振兴的特殊资源。五千年的中华文明史，也是中国城、乡两种文化分野的历史，乡村文化亦成为中华文化的主要呈现。中国目前有 58 万多个行政村、300 多万个自然村，其历史文化积淀不尽相同，但都是乡村文化不同侧面的历史载体。发

---

① 叶祝弟：《大力推进国家文化治理现代化》，《探索与争鸣》，2014 年第 5 期。

掘乡土社会中的优秀文化，激活乡村文化并多层次地展现与城市文化不同的文化样态，将有助于激发中华文化的活力与创造力，进一步增强中国的文化软实力。同时，乡村文化凝聚了乡村居民的共同记忆，其有别于城市的文化景观，对城市居民也具有强大的吸引力。在人们物质生活日益丰富后，乡村文化也将是城市居民精神文化生活的有益补充。

乡村文化作为中华文化的组成单元，具有独特的价值。地大物博的中国，乡村地域广袤，不同的自然地理环境和历史发展机遇造就了不同的生产生活方式，也形成了形态多样的乡村文化。个性化与多元化是乡村文化的主要特征，"样态丰富的乡村文化使我们民族拥有了活力无限、源远流长的强大基因库"。[①] 要深入发掘乡村文化中的优秀思想、人文精神、道德规范，不断丰富乡村文化的表现形式，用多样的乡村文化，激发中华文化的活力与创造力。同时，中国的乡村保留着世界上最为完备的农耕技术与农业文化，加强农耕文化的传承，保留农耕文化的记忆，也就保留了中华文化的根脉。乡村的文化振兴就是把乡村当作一个独立的文化单元，重新激发乡村的发展活力，让乡村文化在新的中华文化中明确自己的位置。

第一节　三种模式比较分析：共性与个性

我们谈乡村振兴，是因为现在的乡村需要振兴，也必须振兴。乡村文化需要重新激活，文化是乡村振兴的力量"凝聚枢"和发展"风向标"[②]。城市的发展、城市文化的繁荣仅仅是中华民族伟大复兴道路上的一个侧面，而乡村作为国家与社会的基底，乡村文化作为中华文化的独特底色，是中华民族发展道路上不容忽视的。单极的、不均衡的发展将极大地限制中国特色社会主义发展前景。当下中国面临"百年未有之大变局"，推动"构建一套有利于乡村文化治理的先进文化与乡村文化相结合，以先进文化、城市文化和乡村文化相互联动的制度机制迫在眉睫"。[③] 本研究所探讨的三种

---

①刘忱：《乡村振兴战略与乡村文化复兴》，《中国领导科学》，2018年第2期。

②徐苑琳：《乡村振兴，文化先行》，《人民论坛》，2018年第16期。

③刘彦武：《从嵌入到耦合：当代中国乡村文化治理嬗变研究》，《中华文化论坛》，2017年第10期。

乡村文化振兴实践模式，在主导力量、推进过程、发展路径、运行效果上各有千秋，而其不同正是乡村文化的多元与个性所带来的，本研究对三种乡村文化振兴模式的概括也基于此。但是，乡村振兴和乡村文化的振兴，其出发点和最终归宿都要落实到服务于人民群众。"物为人用，方为良物"，构筑好农民的精神家园和生活乐土，才可助力中华民族的伟大复兴。本研究通过对具体案例进行实证调查，以朴素的乡土语言，对政府主导、社会主导、市场主导三种乡村文化振兴模式深入观察与研究，总结其共性与个性，探究乡村文化振兴的具体推进路径，力求展现乡村文化的鲜活与个性，从而对其他乡村的文化事业发展提供经验借鉴。

一、向内为先，发掘潜在资源

作为乡村文化的载体，中国目前有 58 万多个行政村、300 多万个自然村[①]。每个村庄的自然资源禀赋和历史文化积淀不尽相同，华中学派徐勇将中国的村庄划分为七大类型[②]。村庄是乡村社会成员的地理聚落，其生产、生活乃至社会关系也大都在这个地域内进行，在此基础上形成了多元化和个性化的乡村文化。因此，乡村文化振兴的根本是发掘乡村本来已有的文化，而非将城市文化景观向乡村社会简单移植。本研究所探讨的三种乡村文化振兴实践路径，也说明了这一点。

政府主导型的乡村文化振兴，其主要方式是依靠当地政府的财政投入和政策引导，政策效益以及社会效益是放在首位的，其次才是经济效益。自新中国成立以来，乡村的发展一直就处于国家的管理和规划当中，乡村文化事业的发展也一直是由行政力量所主导的，大都依赖于政府的财政投入。为改善乡村地区的"文化荒漠"现象，从 20 世纪 50 年代的"文化下乡"运动，到改革开放以来有组织的文艺工作者下乡进行文化演出，建立乡村公共文化设施，如乡村图书馆、电影放映室等，都是政府所推动的。但这都是将上层政治文化植入乡村社会当中，缺乏对乡村文化本身的发掘。21 世纪以来，中国的乡村文化发展经历了新农村建设和美丽乡村建设两个阶段。新农村建设时期，乡村的基础设施建设是重头戏，乡村文化发展也

[①]《走中国特色社会主义乡村振兴道路》，第 162 页。

[②] 徐勇：《"分"与"合"：质性研究视角下农村区域性村庄分类》，《山东社会科学》，2016 年第 7 期。

依旧是以外部植入为主。进入美丽乡村建设时期，国家不仅仅把乡村视为一个农业生产单位，而且致力于打造农村居民生产生活的美丽家园，在乡村的发展上赋予更多的人文情怀。各级政府部门更加重视发掘乡村历史文化，赋予其现代价值，在宣传社会主义文化的同时，积极发掘乡村优秀的历史文化。因此，在当下的乡村文化发展中，地方政府的财政投入也会因地制宜，而非简单地打造"文化盆栽"。在前文中提及的古田县所推动的乡村文化振兴，正是基于当地文化与台湾文化交流中的地缘、血缘、文缘、商缘、法缘的优势，深度挖掘古田县乡村特有的文化符号，盘活了诸如陈靖姑文化、金翼文化、圆瑛文化以及红色文化等特色文化资源，积极打造"千年临水·健康古田"的文化名片，探索出了一条独特的乡村文化振兴道路。古田县通过对当地特有文化的发掘，将乡村文化的发展融入人们的日常生活，既实现了打造闽台文化交流窗口的政治目的，也实现了弘扬善文化，营造和谐乡风的社会效益，并最终通过当地文化的产业化发展，实现了经济效益。

社会主导型的乡村文化振兴，更加注重乡村内生动力的发挥，其主要力量来自乡村内部。乡贤是主要代表，是向内发掘村庄文化资源的一种完美呈现。所谓乡贤，就是乡村的贤达、乡籍的精英、本地的能人，包括外出的乡籍能人以及在村能人。"乡贤们或利用自己的政治地位维护乡村社会秩序，或发挥自己的社会影响力为乡村争取资源，或利用经济实力引领乡民致富，或利用自己的才学教化乡民。他们是乡村稳定发展、社会和谐的主导力量"。[①] 乡贤往往以身作则，利用自身的优势，包括资金、技术和人力等，协力推进乡村文化建设事业。中华民族历来都有安土重迁和回报乡梓的传统，生于斯、长于斯的乡村贤达们对乡村社会的风土人情更为熟悉，也比村外人更加清楚乡村需要什么、乡村文化如何发展。因此，社会主导型的乡村文化振兴，通过乡贤们带动和示范，唤醒了村民的文化保护意识和文化振兴的迫切愿望，也使得他们对参与乡村文化事业建设更具有自觉性。本研究所提及的乡贤 Z. S. Y. 在其屏南县旅游局局长任上退休后，没有选择留在县城，而是回到生养他的乡村，他从自己熟悉的领域着手，参与

---

①刘淑兰：《乡村治理中乡贤文化的时代价值及其实现路径》，《理论月刊》，2016 年第 2 期。

漈头村的历史文化名村申报，建立屏南耕读文化室、屏南耕读文化博物馆。在他的努力下，建成了 11 个展馆、3 条文化长廊、3 个实践基地，收藏文物 30000 多件，向世人展示了以漈头村为代表的乡村耕读文化。这些文化振兴的举措为漈头村带来了 20 多万人次的游客，乡村文化对世人的吸引力得到了充分展现。

市场主导型的乡村文化振兴，更趋向于发掘乡村内的文化资源，相对重视经济效益。资本的逐利性决定其趋向于向优质的文化项目配置，以提高投资的回报率。因此，这种类型的乡村文化振兴趋向于选择文化底蕴更加丰富、投资条件更加便利以及具有长远的市场预期的乡村，在市场经济更发达、城市密度更大的地区较为常见。从本研究所考察的两个案例看，市场主导型的乡村文化振兴，第一步都是对内深挖乡村丰厚的历史文化资源，从历史上的文化名人、传统家风家训、传统习俗谚语、古屋古庙古树，到现实中农民的耕作习惯、耕作用具、日常表达等乡村文化的方方面面。唤醒乡村文化中"沉睡的宝藏"是乡村文化实现振兴的重中之重。如院前社利用本村菜地多、菜农多、离城市近的优势，充分利用市场规律，实现了传统农业的升级换代。村民也因此转变为休闲农业从业者，极大地拓展了农业的涵盖面，并激活了院前社其他领域的发展。院前社还建立了传统农业用具"乡愁博物馆"，修缮百年古厝，颂扬耕读传家的乡村文化优秀内核，充分地展示乡村文化对城市居民的巨大吸引力。因此，要实现乡村文化振兴，必须要更加合理、充分地利用市场规律，打通城乡要素流动通道，撬动更多的资本要素向乡村流动，扩展乡村文化产业领域，提高乡村文化产业的科技化水平，充分利用差异化和比较优势，打造有市场、有前景的乡村文化产业，为乡村文化寻找更多消费人群，最终实现文化搭台，经济唱戏，群众受惠。

二、多元参与，贯彻共建共享新理念

当下的乡村振兴，是一个宏大的历史性进程，单纯依靠一种力量、一种模式、一个方案不能真正实现，多元主体参与乡村振兴，打造共建共享的乡村治理格局已成必然之势，聚焦到乡村文化振兴上也是如此。在中华文化复兴的进程中，乡村文化不可缺席。乡村文化振兴，只靠乡村自身没法做到，还必须依靠政府、市场和社会的力量。当下乡村社会治理中有

"治理环境多样、治理主体多元、治理关系多维"① 的特点，多元参与乡村文化治理成为共识。调动多主体参与乡村文化振兴，不仅能充分发挥了主导力量的优势，而且能够通过多元主体的协作，解决单一主导力量在乡村文化振兴中无法解决的问题，达到"1＋1＞2"的效果。本研究所划分的政府主导、社会主导、市场主导的这三种乡村文化振兴模式，并非让其中任何一方完全主导乡村文化事业的发展，事实上，这也是不可能的事情。三种模式的划分，只是说在乡村文化振兴实践中，政府、社会或市场，其中一方发挥了主要作用，其余力量发挥了辅助性作用。调动社会各界积极性，多元参与乡村文化事业发展，投身乡村文化建设，畅通要素流动渠道，是实现乡村文化振兴的重要路径。

　　政府主导型的乡村文化振兴绝不是政府包办乡村文化事业。乡村的文化振兴事业，政府是必然的参与者，政府的财政资金是乡村基础设施建设的主要资金来源，架桥修路、古迹修缮、举办文化活动，都需要大量的资金，这是其他参与主体难以承受的。在市场经济不发达的乡村地区，政府及其财政资金起着决定性作用。政府为完成既定的政治任务，政治效益高于经济效益，必然会成为乡村文化振兴事业的主要资金供给方。在这一模式下，政府及其财政资金扮演了重要角色，但不是乡村文化振兴的全部，不可因此否认了其他参与主体的功绩。政府的规划与目标，必须与当地文化发展的实际情况相结合，与人民群众的意愿相结合。打造"文化盆栽"，简单植入城市文化景观是不可取的。在这一模式里，政府虽然扮演了重要角色，乡村文化的发展也必须动员乡村社会成员，让人民群众选择适合他们的文化发展规划。古田县传承陈靖姑文化，打造闽台文化交流窗口的文化名片，切实地结合了本地区丰富的民间信俗。在文化基础设施建设、古建筑修缮、文化论坛举办等多个方面，古田县政府起到了主导性作用，担负起了统筹、规划、设计、监督的责任。陈靖姑文化项目的第一期财政资金投入就高达 5.5 亿元。但政府的力量不足以完全实现其规划目标，因而，古田县政府借助民间信仰的力量，采用投、引、捐、集、融等方式吸纳社

---

①李长健、李曦：《乡村多元治理的规制困境与机制化弥合——基于软法治理方式》，《西北农林科技大学学报（社会科学版）》，2019 年第 1 期。

会资金，形成了"政府＋社会"的多元参与方式。同时，在古田县的文化产业化建设上，古田县政府通过申遗、打造文化产业园、特色村等方式，将红曲文化、农民油画文化、食用菌文化的产业链延长，推动了三大产业的发展，充分实现了红曲产业、农民油画产业和食用菌产业的经济价值和文化价值。

社会主导型的乡村文化振兴更加强调社会多元主体参与。但凡从乡村走出去的人，都对生养他的乡村有着极高的感情认同，愿意回报自己的家乡。在这一模式初期，具有丰富资源和突出声望的乡贤个人或群体起到了主导性作用。他们本身就是乡村社会的一分子、乡村文化的一环；他们更加了解乡村文化发展实际；他们对乡村社会发展有一种推己及人的忧虑，尤其是在乡村文化发展上，更显现出浓浓的"乡愁"情结；他们"与农民群众有着密切的联系和交往，同时，生活在农村社会的知识分子身居农业文明和传统文化氛围之中，比较注重道德示范性"。[①] 因此，乡贤投身乡村文化事业的发展的积极性更高。但是，随着乡村文化建设规模的不断扩大和影响力的不断提升，以乡贤个人或群体为代表的社会力量不足以应对乡村文化事业发展的纷繁事务，政府、市场等力量开始进入乡村文化建设当中，政府的政策支持和市场规律的运用，为乡村文化事业发展提供有力支撑。浙江上虞的文化振兴案例，堪称社会力量参与乡村文化振兴的典范。上虞乡贤研究会在乡村文化品牌打造、乡村文化设施建设、乡村文化产业发展上贡献着自己的智慧与力量。全区由乡贤出资的公益基金会有 200 余个，涉及文化、教育、养老等领域，每年直接可用资金达 7000 万元。同时，当地政府及时跟进，区委宣传部、区社科联从挖掘抢救、收集整理历史文化资源入手，不断深化乡贤文化理论研究，弘扬乡贤精神，健全组织机制，搭建乡贤互动平台，推动乡贤文化在传承中弘扬，在发展中创新，成为上虞文化产业发展的助推器。上虞区委、区政府积极推进"虞商回归"工程，引进各类回归项目 145 个，到位资金 116.6 亿元。在这一模式里，社会力量成为乡村文化发展的主导力量，政府的参与为乡村文化的发展提供了政策支持和优质平台，市场规律的引入则放大了上虞文化发展的社会效益和经济效益。

---

① 何兰萍等：《乡村精英与乡村文化的建设》，《天津大学学报（社会科学版）》，2009 年第 6 期。

市场主导型的乡村文化振兴也必须撬动其他主体的参与。由于资本的逐利性和风险性，不少地方对资本下乡参与乡村文化建设抱有较大的抵触情绪，大大增加了资本方与乡村社会的沟通成本。资本作为一种外部力量，要想在乡村文化领域大展拳脚，首先要得到当地政府的支持，也必须要融入乡村社会的发展实际，才能获得实效。在本研究团队调研的案例村中，资本自发地进入乡村社会参与乡村文化建设的事例极少，反而是当地政府与乡村社会做好基础设施建设、传统文化基础性挖掘等初步准备后，引入资本力量和运用市场规则实现了发展乡村文化事业的目的。前文所提及的院前社文化发展，首先是政府的乡村建设规划为资本下乡营造了较好的投资环境，极大地缩减了资本的基础设施建设投入成本。"城市菜地"创新项目负责人 C.J.X. 来自本村，积极投身本村的美丽乡村建设，主动关停自己的铝合金厂房，用自己的行动争取村民的认可，这为他推进"城市菜地"这一项目减少了沟通成本。同时，该项目也获得了政府政策性贷款 100 万元。项目获得翻倍的收益后，以"城市菜地"为核心的乡村休闲观光农业的其他产业顺利在村内推行。因此，市场主导型的乡村文化振兴并不一定由资本力量完全主导整个事业推进过程，而是政府引导资本方与项目各方形成合理的利益联结机制，市场规则才能在乡村文化振兴事业中得到充分的运用，才能实现乡村文化振兴的社会效益和经济效益。

三、服务群众，建设农民的精神家园

"乡村是'根'，文化是'魂'。农村文化是农村全面发展的有机组成部分"[1]，乡村振兴离不开乡村文化的滋养。乡村文化凝结了一代代农民群众生产、生活的共同情感与共同记忆，是农民群众的精神家园。我们应当明确，乡村文化振兴是为了传承乡村社会优秀的传统文化，是为了建设农民的精神家园和生活热土，是为了筑牢乡村振兴战略的精神之基。这是乡村文化振兴的基本价值取向。新时代以来，中国的社会基本矛盾发生转变，随着物质生活条件的极大改善，人们对精神文化的需求量不断加大，广大乡村地区的文化供给短板更加明显。因此，无论何种类型的乡村文化振兴模式都应坚持"为人民服务"的基本理念。乡村文化振兴在推进过程中，

---

[1] 韩俊：《实施乡村振兴战略五十题》，人民出版社，2018 年版，第 139 页。

必须充分尊重农民群众的意愿，致力于建设农民的精神家园。本研究所涉及的三种类型的乡村文化振兴，其出发点不尽相同，推进过程也并不一致，但是其落脚点都是致力于服务农民群众，切实打造深入乡村生活，扎根人民大众的，为农民群众喜闻乐见的新时代中国乡村文化。

政府主导型乡村文化振兴必须切实地体现农民群众的精神文化需求。毋庸置疑，各级政府在乡村文化振兴上是不可缺席的，政府不仅是乡村地区公共文化服务的主要提供方，而且为乡村文化事业的发展提供了制度。政府主导的乡村文化振兴虽然以政治效益为第一追求，但是"为人民服务"的基本宗旨要求政府的政治效益是以社会效益的实现为基础的，"人民群众满意不满意"是其政治效益的基本评价标准。简单植入不适合本地实际的"文化盆景"，不仅浪费政府的财政、人员投入，而且让国家的乡村文化振兴政策浮于表面，不能真正地满足广大农民群众的精神文化需求。中国乡村地域广大，乡村文化也因此千姿百态，独具个性。例如，闽南、闽西地区民间信俗文化浓厚，多元文化在此交融，在人们精神生活中占有极高的位置。在这一状态下，政府推进乡村文化振兴不仅要发掘和传承传统文化，还要对不适合时代需求的传统文化进行改造，移风易俗，推进社会主义新风尚的形成。以古田县政府为代表的政府主导型乡村文化振兴，在传承与开发当地信俗文化时，打造闽台信俗文化的交流窗口，同时也满足了当地人民群众的精神文化需要。古田县政府在弘扬传统文化的基础上，坚决移除封建迷信的元素，竭力发掘传统信俗文化中"善"的内核，向人民群众播撒"善"的种子，传统文化被赋予了新时代的价值观念，这不仅满足了农民群众的精神文化需求，而且还有助于重塑乡村秩序和营造和谐乡风，为乡村社会的持续发展提供了精神支撑。

社会主导型乡村文化振兴重点在于对乡村文化精神的激活与重塑。乡村优秀传统文化是乡村的魂，数千年历史所形成的独特风俗与伦理道德，是凝聚乡村人心，确保乡村生生不息，不断发展的重要精神支柱。城里人血脉里抹不掉的"乡愁"，是触动他们回乡参与乡村文化建设的基础。很多有志青年回乡创业发展也是出于浓浓乡情的呼唤。社会主导型的乡村文化振兴，要求有比较广泛的社会基础。一个乡贤的力量和见识是有限的，需要以群体的力量实现乡村文化的激活，畅通人才在城乡之间的交流渠道是乡村文化振兴的关键。深受乡村文化滋养的乡贤是乡村文化的守望者与传承人，面对乡村文化衰败的现状，他们能够用自己的独特智慧改变乡村。他们熟悉乡村社会的风土人情，能够深挖极具特色的乡村故事；他们既来自乡村，又比普通村民更具有远见卓识；他们更期待用自己的力量建设一个和谐文明的老家。漈头村的 Z.S.Y. 用自己的行动传承着乡村文化。他创办的"农耕文化博物馆"记录了乡村的文化历史，他打造文化长廊，如耕读文化长廊、廉政文化长廊、雷锋精神文化长廊、"乡愁"文化长廊，让漈头村因此获得福建省家风家教示范基地、宁德市家庭建设示范基地、屏南县纪委廉政教育基地、屏南县雷锋精神教育营地和青少年爱国主义教育基地等 17 个省、市、县级示范实践基地称号，实现了传统乡村文化价值的现代演绎。这也激励了越来越多走出乡村社会的年轻人关注家乡变化，回到家乡，建设家乡。

市场主导型乡村文化振兴不能以经济效益为唯一的价值追求。推进乡村文化振兴是一个宏大的系统性工程，需要多方参与，资本力量也是一个十分重要的要素。资本下乡参与乡村文化建设是要有投资回报的，这一点需要承认，同时资本下乡也能够解决乡村文化振兴乃至整个乡村振兴钱从哪来的问题。在本研究团队的调研案例中，资本下乡单纯追求经济效益，导致不被当地政府接受，被乡村社会所排斥，最终落得血本无归的事例不在少数，有的还致使乡村社会对资本参与乡村事务的不信任，给乡村振兴造成了极大的障碍。因此，在资本下乡的各个环节，要将清楚各方的权责，搭建合理的利益联结机制，让资本融入乡村社会发展，获得村民的信任，资本投资的经济效益才能最终实现。本研究所提及的院前社的文化振兴道路，首先得益于资本在乡村休闲观光农业上的充分运用，以此激活乡村文化产业的发展，多样态的文化产业布局造就了院前社"生态文化村"的名片。以济生缘合作社为核心的院前社投资者们也积极承担起社会责任，每年组织开展百老宴活动，逢年过节组织村民慰问村庄老人，奖励学业优异的村民子弟。如此，村民对进驻村庄的商户们认可度越来越高，从而推动院前社文化产业的经济效益得以实现。

四、三种乡村文化振兴模式的讨论与反思

2020 年是我国精准扶贫的收官之年，乡村振兴战略作为党和国家对乡

村持续性发展的制度供给，衔接了乡村发展的下一个历史时期，其影响力和关注度在后脱贫时代将会持续攀升。在精准脱贫时期没能解决的乡村发展问题，也将在这新的历史阶段内着力解决。在精准脱贫时期，各地政府都千方百计地致力于达到脱贫摘帽"两不愁、三保障"的经济指标，乡村文化发展没能得到重视，如以"农家书屋"为代表的乡村文化建设存在明显的错位与缺位。[①] 同时，在精准扶贫期间，很多人争当贫困户，以当贫困户为荣，"等、靠、要"思想严重，相当一部分人缺乏自我奋斗、主动脱贫的积极性和主动性。加强乡村文化建设，激发乡村人口的内生动力，在乡村社会内重新树立"齐奋斗、共富裕"的艰苦奋斗意识，打牢乡村振兴的精神之基，对推进乡村全面振兴有着非凡的意义。政府、社会、市场三种主要模式相互协调，多元推进乡村文化振兴，激发了乡村文化的活力与创造力，丰富了农民群众的精神文化。同时，三种模式也需要不断调试，相互促进，尊重乡村本色，用更适合乡村实际的方式，打造"望得见山，看得见水，记得住乡愁"的美丽乡村。

各级政府需要切实地承担起更多的责任，组织领导和统筹协调乡村文化发展事业。实施乡村文化振兴，是一个宏大的历史进程，也是一个系统性工程。首先，发展乡村文化必须要有主心骨，各级政府的责任不可忽视。各级党组织和政府首先必须认识到乡村文化的巨大价值，发掘和传承优秀乡村文化。这些年，以广场舞为代表的城市文化表现形式外溢到乡村社会，但是地方戏曲、传统习俗、独特工艺依旧是为农民群众所喜闻乐见的，传承好、保护好这些传统艺术对丰富农民群众的精神文化生活具有不可替代的作用。大力宣传乡村社会中的"善"文化与"孝"故事，也能够解决乡村治理现代化过程中的一些难题。其次，在建设乡村文化基础设施时，应因地制宜，保留"村"味。乡村文化是不同于城市文化的独特文化系统，部分地方政府在推进乡村建设时大拆大建，大量移植城市文化景观，让相当多的乡村修得村不像村，城不是城，忽视了对乡村社会原有建筑的修缮和开发，失去了乡村的原汁原味，很多传统习俗在城市文化景观中难以延

---

①郑欣：《治理困境下的乡村文化建设研究：以农家书屋为例》，《中国地质大学学报（社会科学版）》，2012年第2期。

续。最后，各级政府不可大包大揽。政府作为乡村文化振兴的主要参与者，为乡村发展提供财政支持和制度供给不可缺位，这一点是毋庸置疑的。但是在多元共存的当下，大包大揽不合时宜，同时地方政府也无力实现所辖范围内所有乡村的文化振兴。因此，千方百计地动员社会各界力量参与乡村文化振兴事业，激发村庄发展的内生动力，发挥乡村能人、乡村精英在乡村文化振兴上的作用，显得尤为重要。同时，有些地方政府企图通过试点示范村的打造来推动乡村文化的发展，也应警惕所选示范村的"滚雪球效应"①，拉大村际差距。

实施乡村文化振兴是一个宏大的历史进程，需要社会各界共同努力。乡村文化的振兴，归根结底是村民得实惠、村庄得发展，这需要乡村自主自发地参与。应该明白，乡村文化振兴不可完全寄希望于政府的投资与建设，"撒胡椒面"式的政府投入解决不了乡村文化发展的困境。越来越多的地方政府开始推行"以奖代补"的乡村建设模式。这需要乡村内部从乡村党组织、村委会，到普通村民凝聚发展乡村经济、繁荣乡村文化的共识，由内而外做好本村事务，并争取外部支持。乡贤作为乡村社会内部的能人与精英，对乡村社会更加熟悉，对乡村文化更有感情，也更明白乡村文化发展的症结所在，对投身参与乡村文化振兴也更有积极性，动员乡贤和乡贤群体参与乡村文化振兴往往事半功倍。另外，村民们选出的乡村"当家人"，要不断增强自身本领，善于对接国家政策，获取国家政策的支持。并且要善于打"乡情"牌，动员乡村人才回乡，参与乡村建设。乡村的"当家人"也应走出"小村意识"和"门户观念"，积极学习和借鉴其他乡村的发展经验，吸引更多外界人才参与乡村文化建设。

市场参与乡村文化振兴，要着重发掘乡村文化的独特个性。如前文所述，中国目前有 58 万多个行政村、300 多万个自然村，每一个乡村的形成都有其历史原因，也因此形成了"十里不同风、五里不同俗"的乡村文化；散落于乡村社会的不仅有古屋、古庙、古树、古迹等直观可见的乡村文化

---

①笔者在村庄调研过程中发现，地方政府在打造示范村过程中会对非示范村的发展产生冲击作用：示范村前期的大规模财政投入往往是后期一般村赶不上的，并且理性的政府法人往往比较倾向于维持示范点的先进，且代价极小，这是对一般村发展的相对剥夺，对示范村则如滚雪球般越滚越大。

景观，还有存在于农民群众薪火相传的历史传说、地方戏曲、民间社火、传统习俗、独特工艺中。资本与市场作为乡村文化振兴不可或缺的参与力量，也是乡村文化事业发展的重要融资渠道。要实现投资回报，应注重对乡村文化的独特性发掘，走差异化发展道路。在本研究团队所调研的村庄中，有不少资本方打着投身乡村振兴的旗号，实际只是简单移植城市文化景观，没有充分认识到乡村文化的独特性，这既不能满足农民群众的文化需求，也不能实现其投资回报。具有独特个性的乡村文化产品，受众不仅仅是乡村大众，对城市居民也有着很强的吸引力。深挖独特的乡村文化，发展乡村休闲旅游，既有极强的市场竞争力，也能满足不同消费者的消费需求，往往能够带动一个村、一个镇，甚至一个县的文化产业发展。在拾起乡村文化传统的同时，与城市文化良性互动，创造属于新时代的乡村文化产品，也必定大有市场。

第二节　乡村文化治理"登场"

文化是人们物质关系的直接产物[1]，是一定社会政治和经济的集中反映[2]。"中国社会是以乡村为基础的，并以乡村为主体，所有文化多半是从乡村而来"[3]。乡村文化是人们在长期的农业生产劳动和日常生活中形成的，其经济基础、地理环境、传播方式、建设成员集合成为带有鲜明地域特色的物质文明与精神文明。乡村文化虽历经时代变迁与时空转换，但其文化内核始终根植于乡村社会之中，其内容和表达方式呈现出多样性和个性的特点，这不仅满足了不同地域乡村社会成员的精神文化生活需求，也形成了凝聚乡村社会成员、促进乡村社会发展的精神力量。一脉相传、历史悠久的乡村文化，不仅是中华民族的精神家园，而且是维系良好乡村秩序的思想基础，形成了一系列诸如诚实守信、守望相助、崇德向善等具有中国气象的独特精神价值观念。这些优秀的乡村文化价值观念成为中华民族精

---

①《马克思恩格斯文集》第一卷，人民出版社，2009年版，第524页。

②《毛泽东选集》第二卷，人民出版社，1991年版，第633—634页。

③梁漱溟：《乡村建设理论》，上海人民出版社，2006年版，第10页。

神的深层底色，非但没有过时，反而对解决当下乡村社会的发展难题，有着十分重要的作用。

伴随着城市现代文明不断外溢到乡村社会，人口向城市流动，农民离乡，"面朝黄土背朝天"的小农经济模式被打破，乡村文化的持续发展缺乏内在的动力。农民游走在城乡之间，其思想也徘徊在城与乡两种文化之中。地方政府在进行社会治理时普遍强调乡村政治经济发展，而文化治理功能被削弱或忽视。当前，适应乡村社会发展需要的文化价值体系依旧在构建之中，多元价值观念输入乡村社会，使得乡村社会成员在追逐城市现代文明中越来越缺乏自我认同，乡村文化价值观也因此越来越淡漠。

乡村文化所包含的现代价值，需要在乡村振兴的实践中重新深度发掘。乡村振兴不仅要求产业兴旺、生态宜居、生活富裕，而且还要使乡风文明和治理有效等软性文化环境不断提升。乡风文明和治理有效带来的乡村精神风貌的提升，"一定程度上影响硬件目标的实现程度和持续能力"。[①] 乡村文化治理，依靠的是乡村文化治理功能的发挥，是运用乡村文化去解决在乡村社会治理过程中一些常规手段无法解决的难题，通过乡村社会成员之间的相互交流，强化乡村价值观认同，提振乡村社会成员的精神面貌，构建和谐的乡村社会秩序。推进乡村文化治理，一方面各级政府要积极移风易俗，因地制宜地实施"文化下乡"活动，向乡村社会输入社会主义新文化，培育社会主义核心价值观；另一方面，要深度挖掘、传承和发展乡村传统优秀文化，激活乡村文化发展的内生动力，将之融入乡村社会成员日常生活之中，促进乡村社会成员的自我管理与自我教育，形成和谐乡风。乡村文化治理直接指向于营造文明的乡村文化环境，以实现乡村社会成员的文化自觉，进而作用于乡村社会振兴的方方面面，构建乡村持续发展的精神之基。

一、乡村文化治理及其重要性

封建时代，国家治理社会呈现出"王权止于县政"的特点。乡村社会治理有很大的自主空间，乡村治理呈现出以儒家"仁义礼智信"等文化纲

[①] 王慧斌、董江爱：《文化治理：乡村振兴的内在意蕴与实践路径》，《山西师大学报（社会科学版）》，2020年第3期。

常伦理为核心，以乡村宗族规训为表征的文化治理的基本特点。新中国成立以后，尤其是集体化时期，国家政治力量不断下沉到乡村社会中，中国共产党及其国家政权致力于改造传统乡村文化，刚性政治文化成为乡村社会的文化主流，其主要功能在于凝聚和动员乡村群众，从乡村社会有效获取资源用以支援国家的工业化建设。在强有力的政治文化的引导下，传统的乡村文化治理没有存在的空间，同时，刚性的政治文化虽然富有效率，但却不是乡村社会成员日常所需的，必然游离于乡村治理实践之外。改革开放以来，国家经济的巨大发展，多元文化价值观念不断渗入乡村社会，乡村社会秩序呈现出"传统与现代、非正式与正式、感性与理性、礼俗与法治的多元秩序交叉状态"①，以宗族文化为代表的传统乡村文化伦理有所复苏，但是乡村社会成员在经济动因的驱使下，逐渐抛弃其原有的乡村文化底色。地方政府在进行社会治理时，也更多地依靠政治手段和经济逻辑，乡村社会治理中激发的一些隐性矛盾、长期矛盾没办法得到有效解决，反而此起彼伏，这充分凸显了一些地方政府对乡村文化建设认识不足和挖掘利用乡村文化进行乡村治理的能力不够的问题。

　　乡村文化治理是营造文明乡风的重要途径。乡风文明是乡村社会精神面貌健康向上的主要表现方式，是"正能量"在乡村社会中的体现。承载乡村文明的主体是乡村社会成员，乡村文化治理要起作用，关键在人，只有将乡村文化治理作用于乡村社会成员，才能真正树立文明的乡风。在乡村文化治理过程中，各级政府在乡村文化建设上进行投入时，还需加强乡村社会发展的软建设，通过自上而下的社会主义核心价值观的外部性嵌入和乡村自身由内而外的传统乡村文化扬弃：一方面，重视乡村文化建设，积极推进传统乡村文化的去粗取精，将自由、平等、公正、法治等现代文化要素融入乡村社会治理实践，不断加强乡村社会的思想道德建设，提升各级政府运用乡村文化解决乡村发展问题的能力；另一方面，将社会主义核心价值观融入乡村社会生活，发掘传统乡村文化的优秀基因，培养乡村社会成员的文化自觉，激活乡村文化的内生性发展活力。通过内外结合，培育乡村社会成员的文化自主意识，提高乡村治理的有效性，进而达到善

---

①马华、王红卓：《从礼俗到法治：基层政治生态运行的秩序变迁》，《求实》，2018 年第 1 期。

治的目标。同时，文明乡风的形成是一个潜移默化的过程，不仅需要各级政府重视和推动，将乡风文明的理念根植于乡村日常生活中，还需要因地制宜地结合各个地方的文化特质，通过文化熏陶，将其转化成为乡民的内在气质。乡村文化治理能力的提升，不仅可以满足乡村社会成员的精神文化需求，而且还能激发乡村文化发展的内生动力，提升乡村社会成员的文化价值观念，进而实现乡村社会成员在价值观念、思想道德、日常行为、生活习惯等方面的改变，从而改变乡村社会的整体精神风貌。

乡村文化治理是推进乡村振兴战略的重要支撑点。乡村文化振兴战略是党和国家精准扶贫战略的接力棒，更是党和国家对乡村社会发展乃至国家治理现代化的战略考量。动员乡村社会全体成员积极投身于乡村振兴事业，在思想上不可缺位。传统乡村社会以儒家文化伦理为核心构建起来的礼俗文化，是凝聚、动员乡村社会成员，维持乡村社会长久发展的文化基础。礼俗文化通过文化的柔性特质熏陶乡村社会成员，以非制度化、非强制化的方式达到政权对乡村社会的治理。放眼当下，传统乡村文化中的凝聚、调节、约束、整合乡村社会成员的功能依旧十分必要。多元文化价值观念冲击下的乡村社会，人们的思想游离于乡村社会之外，诸多乡村社会成员在市场经济的大潮中离开了乡村，忽视了乡村社会发展，很多乡村社会发展的矛盾也凸显出来。推进乡村振兴战略最大的困境，实则是人，是什么人来干，为谁建设的问题。而乡村振兴战略，本质上是人的振兴，没有人，就缺乏政策实施的客体与乡村建设发展的主体。在当下更加趋于"原子化"的乡村社会，如何唤醒人们的自我意识，如何凝聚人心投身乡村发展，是乡村文化治理必须解决的时代课题。乡村文化治理要根据时代需求，通过对传统乡村文化的深刻解读，重新激活传统乡村文化中尊老爱幼、邻里相亲、守望相助、回报乡梓等优秀基因，重新树立乡村社会的文明乡风、和谐家风、淳朴民风，激发乡村社会成员积极投身乡村建设，用文化的力量凝聚乡村社会人心，自觉地加入乡村振兴的事业之中，形成乡村社会持续发展的内在动力。

乡村文化治理是乡村社会持续发展的思想基础。城市文化与乡村文化是中华文化的主要构成部分，在中华文化的这个大框架里，中国的城市文化伴随着城市化浪潮而高度发展，日趋繁荣，但是这种发展是单极的、不平衡的。现代化是乡村社会发展的目标，但是并不意味着城市文化全面取代乡村文化，乡村文化应持续占有一席之地。在乡村振兴战略中，乡村产业的发展居于首要位置，部分文化底蕴深厚的村庄利用自身优势，通过乡村文化的产业化，实现了乡村文化的经济效益转化。但是，中国乡村类型多样，文化的蕴含厚薄不均。乡村文化的价值不仅仅在于实现其经济价值，而应作为中华文化发展的一种重要样态。乡村文化不仅要满足乡村社会成员的精神需求，还应对城市文化等其他文化样态有所启迪。城市文化的外溢我们司空见惯，诸如广场舞等文化活动形式丰富了农民的精神文化生活，同时乡村熟人社会中的邻里相亲、守望相助等文化精髓也对促进城市文化的发展有着极大的补益。推进乡村文化治理，更应该考虑的是如何激活乡村文化乃至如何利用乡村文化的振兴构建乡村社会新的发展模式，并将其提升到助力中华文明的全面复兴的高度。因而，乡村文化治理不仅应考虑对传统乡村文化发掘与传承，更应该考虑如何在当下构建中国特色社会主义乡村文化，以及如何重构城、乡两种文明的互动模式，在文化上为乡村社会的持续发展提供智力支持。

二、乡村文化治理的困境探究

传统乡村文化具有教化乡村民众、凝聚乡村人心、规范民众行为、调节乡村矛盾等功能，这是传统乡村文化中的治理基因的体现。依靠乡村文化治理推动乡村文化振兴不仅是出于乡村振兴战略的实际需要，更是立足于乡村社会的长远发展，乃至中华民族伟大复兴的战略准备。乡村振兴不仅要让乡村社会在经济发展等硬件上跟上城市发展的步伐，而且还要激活乡村文化的自我发展，为乡村社会的全面振兴提供智力支撑。但当下的乡村文化治理却面临着诸多困境。首先，自改革开放以来，城市经济迅速发展，大量乡村青壮劳动力及乡村精英涌入城市，乡村文化发展缺乏继承主体，乡村文化治理缺失了承载客体，乡村文化治理的内生性动力不足。其次，现代信息网络技术兴起，传统时代和集体化时代所形成的乡村文化价值观念逐步被瓦解，多种文化价值观念不断渗入乡村社会，乡村社会成员在价值观念选择上更加多元化与个性化，因此推进乡村振兴难以在思想上形成合力。再次，随着市场经济浪潮的兴起，带动传统文化复兴的同时也使许多不良文化在乡村社会中死灰复燃。但是，传统乡村文化中的年节习俗却大量流失，这些与乡村社会成员日常生产生活息息相关的优秀传统文化没能够得到重视，新时代乡村文化体系建设没有能够真正地建立起来。

乡村人口流失导致乡村文化缺乏传承者和继承人。急剧发展的城市化进程使得中国的乡村消亡速度加剧，越来越多的农业用地向城市用地转化，这意味着越来越多的农业人口开始向非农业人口转变，更多的乡村人口游离于城乡之间。空心化的乡村，不仅意味着乡村土地撂荒率的逐年攀升、古屋古迹的消亡，也意味着乡村文化的发展出现了明显的断层，乡村文化中许多靠口耳相传、言传身教才能传承的独具特色的农业生产方式、耕作技艺、传说神话、风俗习惯岌岌可危，甚至随着保留记忆与经验的乡村老人们的离世，更多独特的乡村文化正消失于历史长河之中。据国家统计局数据，2019 年我国农民工总数量达到 29077 万人，农民工平均年龄为 40.8 岁，并且 50 岁以上的农民工近五年占比持续提高。[①] 从年龄结构上看，乡村社会成员中的青壮劳动力从乡村流向城市，但他们是建设乡村社会主力军。大量乡村青壮人口长期离开乡村社会进入城市寻求经济上的满足，一方面为城市化与工业化贡献了大量劳动力，另一方面也加剧了乡村与城市的鸿沟。这种鸿沟不仅体现在经济上，也体现在文化上，乡村文化发展缺失了传承者。同时"农民流动改变的不仅是他们的生存空间和自我存在方式，也改变着他们的文化选择和文化情感"[②]，见识到城市文教的发达的农民工们，为下一代教育考虑，稍有经济实力的都会选择离乡进城，为后代提供更为优质的教育环境，这使得乡村文化发展出现了两代人以上的断层，进一步加剧了乡村文化继承人缺失。

乡村人口的流失导致乡村文化建设内生动力不足。大量乡村男性青壮劳动力流向城市，留守乡村的多是妇孺老人，留守乡村的女性当选村支部书记、村委会主任的情形在当下的乡村政治生活中越来越普遍。但是，绝大多数留守在乡村的女性文化程度较低，她们也许在农业生产上是一把好手，但普遍没能认识到乡村文化对乡村发展的巨大作用，因此她们对投身

---

①国家统计局：《2019 年农民工监测调查报告》，国家统计局官网，2019 年 4 月 30 日，http：//www.stats.gov.cn/tjsj/zxfb/202004/t20200430_1742724.html，2020 年 5 月 19 日查阅。

②吕宾：《乡村振兴视域下乡村文化重塑的必要性、困境与路径》，《求实》，2019 年第 2 期。

乡村文化建设不甚关心。同时，留守在乡村社会的女性，她们一方面要从事农业劳动，补位男性劳动力流出的空缺，另一方面还得承担家庭责任，照顾家里老人、小孩，这使得她们对乡村文化产品的需求降到极低的水平，同样也使得她们根本就没有精力去参与乡村文化的建设、发展事务。乡村老人可谓是乡村文化的主要传承载体，乡村文化中的农业生产技术、耕作经验、民俗习惯、传说神话、姓氏字辈都来源于父辈的口耳相传与在数十年农业生产、生活中的积累。同样也是由于文化程度的原因，大多数乡村文化的传承只能通过乡村老人对后辈的口耳相传，只有极少数文化程度较高的老人，诸如退休官员、退休教师，尚能给乡村文化留下只言片语的记载。但是随着越来越多的乡村劳动力突破乡村社会的地域限制，脱离乡村社会的生产、生活，乡村老人的记忆就仅仅是他们的记忆了。随着他们年纪的增大，以口述史的方式抢救乡村文化势在必行。乡村留守儿童是乡村文化的潜在继承者，但随着课业压力的逐步增大，绝大多数留守在村的儿童都已"脱农"。一方面，应试教育的压力让教育系统长期忽视乡村文化的教育，家长们也不乐意孩子在课业之外花费更多的精力，使得留守儿童们无法参与乡村文化发展、演绎的各个环节。另一方面，现代城市文化涌入乡村，网络通信、电子产品越来越在乡村社会普及，这使得他们更加趋向于走向城市，而忽视了具有深层底色的乡村文化。

外部文化嵌入过多，挤压乡村文化的内生空间。随着工业化进程加快，多元的文化价值观念不断向乡村社会渗透，乡村社会成员难以固守传统的价值观念。而改革开放则加速了这一进程，多元化的文化价值观念涌向乡村社会。一方面，在市场经济的作用下，大量的乡村劳动力离开乡村，同时逐渐放弃了传统乡村文化价值观，转而接受以城市文化为代表的文化价值观，多元、异质的文化极大地冲击了乡村社会成员的文化认知，市场化、个性化的文化价值成为乡村社会成员竞相追逐的目标，更加强调自我价值与自我发展，拜金主义、消费主义、享乐主义在乡村社会大行其道，这使得传统乡村文化逐步被边缘化。另一方面，由政府主导的乡村文化建设，力图将符合现代国家治理需要的政治文化观念嵌入乡村社会，但是这一过程缺乏对其乡土化的改造，只着重于政治话语的宣传、政治标语的悬挂，嵌入乡村社会的政治文化观念不能被乡村社会成员所理解、接受，导致政府的政治文化植入与乡村社会实际生活"两张皮"，不接地气。许多乡村虽然传统文化有所复兴，但地方政府更多地持有模棱两可的态度，只注重文化复兴带来的经济动因，而缺乏对其文化价值观念的深入挖掘和政策上的积极引导，虽然文化形式上有所复兴，却不能真正作用于乡村社会发展。并且，在经济的驱动下，无论是资本、政府还是个人都更倾向于不断移植现代城市文化景观，对于耗费巨大人力物力的传统文化景观修复却兴趣寥寥。这就导致乡村社会一方面各种文化表现形式日益丰富，而另一方面具有独特内涵的传统优秀文化及其载体得不到传承保护而被历史湮灭，乡村越来越像"城市"，而失去了"村"味。

外部文化价值的大量嵌入导致当下乡村文化价值观念混乱。对乡村社会成员来说，改革开放不仅是一个谋求经济利益的巨大历史机遇，个人意识也得到了极大地觉醒。大量资本进入乡村社会的同时，乡村社会成员的文化意识也被其影响而变得越来越功利化、个人化，个人利益得到了极大的扩张，传统时代和集体化时代的集体精神和公共精神瓦解，拜金主义不断侵蚀传统乡村文化伦理，乡村社会的公共事业不断萎缩。最明显的例证就是集体化时期所修建的农田水利设施无人管理，甚至被个人步步侵占。人们利益诉求的多元化导致当下乡村社会对文化价值诉求的多元化。当下的乡村文化中，不仅有传统乡村文化伦理的遗存，还有政府所主导的政治文化价值观念，更多的是资本发展所带来"金钱至上""娱乐至上""个人至上"等价值观念，多元交织。当下，适合乡村社会发展的文化价值观念体系没有建立起来，乡村社会成员在面对多元文化观念时，往往选择对自己有利的，在面对乡村事务时也大都会带有经济理性的考量，"对基层政权冲击最大的莫过于金钱主义不断地侵蚀着道德主义"，[①] 都会问"我能从中获得什么"，而不会去深层次思考其他方面，个人直接现实利益高于长远利益和集体利益，个人主义膨胀，对投身乡村文化建设和公共事务不屑一顾。享乐主义则导致乡村社会娱乐失当，使得带彩赌博、打麻将、红白喜事上的低俗表演在乡村社会中屡见不鲜，而乡村社会成员对此则见怪不怪。乡村文化显得庸俗化，极大地消解了乡村文化的深刻内涵与功能。乡村公共

---

① 郑永年：《基层社会的政治生态令人忧虑》，《同舟共进》，2009 年第 7 期。

舆论缺乏约束，也使得乡村社会成为"无规制之地，丛林原则肆虐横行"①而趋于"灰化""黑化"。

乡村传统文化复兴也激活了一些不良文化。20世纪80年代，我国东南沿海地区市场经济的发展带动了该区域以宗族文化为代表的传统乡村文化复兴，同时也激活了传统乡村文化中带有封建迷信色彩的文化表现形式。一方面，宗族文化的复兴带动了乡村祭拜文化的复兴。这不仅表现在修祠堂、修神庙、修塑像等传统文化景观的打造上，而且还表现在修生墓、组织各式各样的祭拜活动上。修缮或是重建一座祠堂往往要花上百万的资金，一场法事活动动辄花费数十万，修生墓、打造豪华墓园则更是典型的资源浪费，这不仅浪费了大量钱财，还在乡村社会中营造出攀富比贵的畸形氛围，这是对乡村社会淳朴民风的巨大冲击。另一方面，宗族文化的复兴还导致了人身依附关系的重新强化与群体性事件的此起彼伏。以血缘关系为纽带的宗族文化，极易催生人身依附关系，宗族组织与宗族规训又成为普通村民头上的紧箍咒。部分早期走出乡村社会的精英，在开创事业的同时，也利用宗族血缘关系找同宗同族的人"看场子"，"马仔"文化应运而生，一个老板往往豢养着几个乃至数十个的"马仔"，无论是在生意上"看场子""抢盘口"，还是在老板家务事上，都是"马仔"冲锋在前。笔者曾见某村一老板父亲过世，一百多个"马仔"跟着披麻戴孝，场面"蔚为壮观"。与此同时，在宗族文化的滋养下容易形成"宗族血缘大于天高于法"的现象，个人矛盾极易上升成为宗族矛盾，大规模宗族械斗也时有发生。笔者虽然以宗族文化举例，并非对宗族文化的否定，也恰是说明了传统乡村文化的复兴需要各级政府的积极引导，要深度发掘其对乡村文化发展的有益基因。

政府重投入、轻管理与重植入、轻发掘的文化治理模式导致乡村文化建设流于形式。长期以来，政府是中国乡村社会发展的主导力量，也是乡村文化建设的主导者，并在乡村文化治理上做出了大量政策指导、理论研究和实践探索。同时，政府推进的乡村文化治理也存在一些弊端。首先，在乡村文化治理上，注重"留痕迹"，打造面子工程。文化载体的打造是地

---

① 吴理财：《乡村文化"公共性消解"加剧》，《老区论坛》，2012年第6期。

方官员政绩的直观体现。部分地方政府在乡村文化硬件设施过度投入，文化场所、文化设备往往成为地方政府推进乡村文化建设的主要财政支出，让考察团、检查团来了有地方可看，但没有和当地乡村文化发展实际相结合，忽视了乡村社会成员的实际需求，后续管理跟不上，而一个文化建设项目往往需要财政资金的长期支持才能维系。其次，政府往往简单植入城市文化景观而忽视对本土文化的发掘。为了让乡村社会看起来更"新"，地方政府更乐意移植城市文化景观，因此在乡村大拆大建，乡村文化的深厚内涵被大打折扣。乡村文化的本土挖掘是一个耗时耗力的工作，在千头万绪的基层社会治理中，部分地方政府更加倾向于把乡村文化建设项目打包给建设公司。再次，部分地方政府过多地强调政府对乡村文化建设的主导作用，而忽视乡村社会成员的内生作用。地方政府为限期达到预定目标，用行政手段推进乡村文化建设，并嵌入国家政治文化。利用行政手段虽然使建设效率提高了，但是缺乏和乡村社会成员的互动交流，不能真正反映他们的意愿。以"农家书屋"为代表的大量文化设施并没有得到充分利用，一些文化政策也没能得到很好的落实。最后，部分政府的"文化下乡"活动的效果与预期相去甚远。政府的"文化下乡"活动不仅大量反映城市文化的美好，让更多的乡村社会成员在城、乡两种文化上选边站队，而且部分文化活动脱离乡村生产生活实际，乡村社会成员往往不能参与到文化活动中，只是简单地"看热闹"和"图新鲜"。

第三节　乡村文化治理的路径

推进乡村文化治理并不意味着回归古典和重现传统乡村文化价值体系及行为规范，也不意味着对传统乡村文化的全面排斥或用城市文化全面挤压乡村文化的生存空间，而是要用历史发展的眼光看待当下乡村文化的发展。要在发掘、传承传统乡村文化优秀因子的基础上，将更多符合时代需要和国家发展战略需求的现代性因素融入当下乡村文化治理的实践之中。正如习近平总书记所强调的："一个国家选择什么样的治理体系，是由这个国家的历史传承、文化传统、经济社会发展水平决定的，是由这个国家的人民决定的。"① 中国人民创造了五千年的中华文化，而中华文化又蕴含着丰富的国家治理要素，也深刻地影响着每一个历史阶段中国国家治理体系的形成和发展。

政府作为推进乡村文化治理的主要力量，其职责依旧不可懈怠。当下的乡村社会信息网络技术日益普及，基层政府推进乡村文化治理更应立足长远，引领乡村文化建设。一方面，基层政府要坚持党和国家关于乡村文化建设的基本原则，积极引导乡村文化建设，出台符合本地实际的文化建设方案，对不合时宜的乡村文化现象积极移除，构建新时代乡村文化体系。另一方面，基层政府要把工作做到实处，发现、发掘乡村日常生活中的文化治理因素，弘扬新时代社会主义乡村正能量，树立新时代社会主义乡村新道德，用文化的力量教育人、感染人，打造风清气正的中国特色社会主义新农村，助力推进乡村振兴战略。

推进乡村文化治理，还应着重把握"关键少数"的问题。乡村文化作为中华文化的主要代表，是生活在乡村地域的人民在生产、生活中所积累的，在长期历史演变中所形成的，在每一个历史阶段都会涌现出乡村文化精神的代表。部分地方政府为获得乡村建设发展资金，更加倚重经济乡贤，而忽视了文教乡贤的巨大作用，这一情况必须及时扭转。当下，推进乡村文化治理必须结合乡村社会人口和精英大量流失的历史实际，应撬动关键少数，千方百计地鼓舞乡贤回流参与乡村文化建设，与在村乡贤共同形成热心乡村文化建设发展的乡贤团体，彰显榜样的力量，激活乡村文化发展的内生动力，繁荣乡村文化。

同时，乡村文化继承者的培养十分关键。乡村文化的形成与发展和乡村社会日常的生产、生活关系密切，但是，随着中国经济结构的巨变，越来越多的乡村社会成员不再从事农业生产，也不再参与乡村生活，更多的只是居住在乡村里，"脱农"现象十分普遍，乡村文化发展断层也随之出现，乡情教育的意义凸显。各级政府应在义务教育阶段积极落实乡土教材

---

① 习近平在省部级主要领导干部学习贯彻十八届三中全会精神全面深化改革专题研讨班开班式上发表重要讲话，强调完善和发展中国特色社会主义制度推进国家治理体系和治理能力现代化，《人民日报》，2014－02－18 (1)。

的编写和使用，加强青少年对乡村文化的认识，积极培育优秀乡村文化的传承者和接班人。针对乡村人群不同年龄结构，采取对应措施，促进乡村文化的传承和发展，尤其要做好了解乡情、明白村史的乡村老人的口述史工作。

一、确立科学发展观念，构建新时代乡村文化体系

乡村振兴既要强身，也要"壮魄"。乡村文化的繁荣、发展就是乡村实现全面振兴的精神之基。随着我国主要矛盾发生转变，各级党委政府应把乡村文化发展放到政治、经济发展的同一高度上去。一方面，基层党委政府要处理好传统乡村文化与现代乡村文化的关系，积极引导传统乡村文化适应乡村社会实际，在乡村建设、发展中创新乡村文化；另一方面，要坚持正向引导多元乡村文化价值观念服务于乡村发展实践的工作，围绕乡村文化的核心内涵，不断发展乡村文化的不同侧面，做到"一个核心，多元共表"。

首先，要积极深挖传统乡村文化，传承乡村文化优秀基因。传统乡村不仅是一个生产、生活单位，更是一个文化聚落。地理环境和历史机遇造就了数百万的中国乡村，同样也使得乡村文化呈现多元性和独特性。每个乡村都有其独特文化，每种乡村文化也都有其独特魅力。乡村传统优秀文化作为乡村社会成员长期以来共同形成的文化价值理念和行为规范，其中蕴含着具有时代价值的文化治理要素，深度挖掘乡村传统文化中包含的思想道德观念、日常行为规范，重新焕发其活力，是塑造新时代乡村文化体系的基础性环节。各级党委政府应结合本地实际，加大对传统乡村文化的开发力度。一方面要投入资金和人力对现存的乡村农业生产遗迹、古屋古庙、木雕石刻等物质文化遗产予以保护与修缮，让显性文化景观得以保存；同时，风俗习惯、传统节日、庙会社火、地方戏曲、传说神话等非物质文化表现形式也需要大量投入物力、人力予以保护。另一方面，乡村文化还存在于大量的历史记载中，地方志、宗族族谱、地方掌故等都是乡村文化传承的优秀载体，地方政府要妥善保存本地现存的古籍，并用白话文和规范汉字整理出来，以方便进一步研究。鼓励专家学者将这些历史记载赋予时代意义，结合新时代乡村文化发展需求和乡村社会治理需要，深度挖掘传统乡村文化中诸如"崇德向善""与邻为亲""德孝传家"等具有积极意

义的文化基因，向乡村社会成员传递正确良善的思想价值观念，调节乡村社会发展矛盾，规范乡村社会成员行为。

其次，基层政府要积极引导传统乡村文化不断适应乡村社会实际，促进外部嵌入文化与内生文化交融。在中国历史上，上层政治建筑的变更异常激烈，而乡村则是"一群家庭和家族单位组成，他们世代相传，永久居住在那里"，[①] 没有太大的变化，呈现出一种"超稳定"结构。[②] 乡村社会经过数千年的发展，积累了内容庞杂的乡村文化，其中既有思想内涵深厚、具有积极意义的文化价值观念，也存在着大量与当今乡村社会发展实际脱节的文化表现形式。各级政府应当立足于本地乡村社会发展，将传统乡村文化去粗取精，积极挖掘其中精髓，引导其适应乡村发展现实。例如好的家风、家训、村规民约，对乡村社会成员能够起到引导、约束与规范作用，也能较好地适用于当下乡村社会的治理实践。同时，由于当下乡村社会成员文化水平参差不齐，基层政府向乡村社会嵌入的国家政治文化价值理念时，应思考如何将国家话语转换成为乡村话语，探索其本土化、生活化的实现路径，让中央政策文件更加接地气。2020年中国新冠肺炎疫情的基层防控就很好地证明了这一点：党和国家的政策最多只能到达村一级，只对村干部有着刚性约束力，到乡村一级后，村干部们通过通俗化的乡村大喇叭喊话，用更符合当地的表达方式向乡村社会成员宣传国家的防疫政策，出色地完成了基层社会的全面防疫任务，保护乡村社会成员的生命安全。在乡村文化治理上更应该如此，国家政治文化观念的嵌入是乡村文化发展的必然过程，充分结合乡村实际，用更具乡村气息的话语表达，能够提升乡村社会成员的接受度，在潜移默化之中，就能实现传统乡村文化与国家政治文化的交融，并以此占领乡村文化高地，从而引领乡村社会全面振兴。

最后，基层政府应积极宣传弘扬乡村文化正能量，树立乡村社会新道德。当下的乡村社会，各种文化价值观念多元并存，既有"崇德向善""孝老敬亲""诚实守信""艰苦创业"等让人敬佩和感动的乡村正能量故事，也存在着"拉帮结派""金钱至上""娱乐至死"等消解乡村道德与扰乱乡

---

① 费正清：《美国与中国》，商务印书馆，1987年版，第17页。
② 金观涛、刘青峰：《兴盛与危机：论中国社会超稳定结构》，法律出版社，2010年版，第193页。

村秩序的反面案例。基层政府要坚持法治，将现代法治文化渗透到乡村日常生活之中去，使广大乡村社会成员树立法律意识。基层政府既要使法律成为维护乡村社会秩序的首要"安全阀"，用法律保障乡村社会成员的合法权益，维护乡村社会的良好秩序，也要使乡村社会成员明确法律是解决乡村社会矛盾的第一手段，严厉打击不法行为和扼制不良风俗，将乡村社会问题和矛盾的解决放置于国家司法体系之中，将"守法、懂法、用法"贯彻于乡村社会治理之中。另一方面，对乡村社会所涌现的正能量故事，要予以精神表彰和物质鼓励，让乡村社会中的好人好事越来越多，让更多的乡村社会成员更乐意去做好事、善事，积极营造健康向上、充满正能量的乡村社会风气。部分地方政府在文化治理实践中充分利用本地传统节日组织文艺汇演，评选和表彰"德孝媳妇""村庄好人""星级家庭""道德模范"，让这些优秀代表继续保持先进，并影响身边人，从而使得乡村社会风气好转，并逐步树立和谐文明的乡村风貌。通过打造文明乡风，重新建立乡村公共舆论，树立乡村新道德。

二、打好"乡情"牌，吸引乡贤回流参与乡村建设

改革开放以来，越来越多的乡村青壮年劳动力流向城市，乡村劳动力大量减少，乡村精英的内生性培育机制被打破，乡村社会人才"失血"与"贫血"现象日益严重，这不仅关系到"乡村的田谁来种"的问题，同样也关系到乡村文化谁来继承和发扬的问题。乡村发展的核心是人，实施乡村文化振兴乃至乡村振兴战略也是为了人，推进乡村文化治理关键在于人才。结合当下乡村社会实际，推进乡村文化治理，对人才的需要是首位的，也是当下乡村社会发展所短缺的，吸引外出乡贤回流参与乡村文化建设是关键。乡贤是中国传统乡村文化所孕育的产物，是德行与才学都受到乡村社会成员承认和尊重的人。他们走出了乡村，比一般乡村社会成员更具有丰富的见识和阅历，经济基础也较为厚实，社会关系网络更广，在乡村社会成员中拥有一定的声望。推进乡村文化治理，要撬动这些"关键少数"的积极性。一方面必须要破除人才在城乡之间流动的壁垒，营造全社会共同参与乡村社会发展的氛围，用乡音、乡情、乡愁来吸引乡贤回流；另一方面要积极培育乡贤群体，壮大带动乡村文化发展的新动能，并主动走出"小村"局限，营造"大乡村"概念，吸引各类人才投身乡村文化事业。

首先，要创造条件鼓励乡贤回流，把贤才留在乡村。在城乡二元结构的巨大鸿沟下，不少外出取得成功的乡村能人、精英业已跳出"农门"，移居城市。当下衣锦还乡、回报乡梓的乡土情节不断被削弱，他们不仅把回乡视为畏途，害怕村里人说他们是不得已才返回乡村，并且有的还有意识地将自己的亲朋故旧带离乡村。但若没有这些乡村能人、精英的支持，乡村文化事业的发展是很难取得成功的。在人才"贫血""失血"的现实情况下，乡村人才主要依靠外部输入。2015年的中央一号文件明确指出，要"创新乡贤文化，弘扬善行义举，以乡情乡愁为纽带吸引和凝聚各方人士支持家乡建设，传承乡村文明"①，吸引乡贤回流参与乡村文化建设是推动乡村发展的一个重要方式。在具体实践中，一方面，政府应牵头搭建乡贤交流会、乡贤团拜会、乡贤咨询会、乡贤馆等乡贤与地方政府交流的平台，定期邀请乡贤返乡察看，听取他们关于乡村发展各方面的建议和意见，聘请乡贤担任村庄发展顾问。另一方面，要为乡贤回乡大展抱负创造机会，做好回流乡贤的基本福利保障制度。可鼓励乡贤编写村史、组织文化娱乐活动，支持青壮年乡贤竞选村干部投身乡村社会建设，可鼓励乡村大学生回乡创业和担任大学生村官，在各个方面推动乡村社会的发展。创造平台和机会吸引乡贤回流，不仅能够激发乡贤爱国爱家、回报乡梓的热情，也能够以乡贤为标杆引领乡村社会成员参与建设，对营造文明乡风、培育良好家风、形成淳朴民风有着十分积极的作用。

　　其次，要做好人才培育的工作，恢复乡村文化的"造血"功能。当前的乡村人才主要是依靠外部输入，但是这并不是一个长久之计。大部分生活在乡村的人，对乡村、对土地感情深厚，也乐意于奉献自己的智慧与力量。同时，单靠一个乡贤或几个乡贤的努力效果有限，乡村文化的发展更需要乡村社会内部形成合力。一方面要鼓励"以城带乡"，让乡内的能人向回流乡贤学习，在实践中积累经验，积聚声望，成为乡贤群体的一分子，进而成为支撑乡村社会持续发展的中流砥柱；另一方面要鼓励乡村社会成员自主创业，将个人事业与乡村社会发展挂钩。政府和乡村社会所创造的

---

　　①中共中央、国务院：《关于加大改革创新力度加快农业现代化建设的若干意见》，人民出版社，2015年版，第16页。

平台不仅是提供给回流乡贤的，广大乡民也可以积极利用起来。在乡村社会成员的交流与竞争中，乡村发展的活力才会迸发。

最后，要摒弃门户观念，吸引各类人才回乡。乡村社会发展涉及方方面面，需要各行各业的人才。乡村社会发展既需要企业家、党政干部，也需要教师、设计师、规划师、建筑师等人才。"创新型人才、经营人才、管理人才、技术能手等不仅需要从农村本地培训，也需要从城市向农村输送或回流"。① 为了实现更好的发展，需要摒弃门户观念，以更广阔的胸怀吸引各类人才，让更多的人参与到乡村建设、发展的实践中，贡献力量与智慧。应该赋予城市中青睐乡村社会的人才在乡村生产、生活的空间，以各种有利政策和完善的创业条件，吸引其参与到乡村发展之中。这些愿意投身乡村文化建设的人才，一方面能够成为乡村文化的传播者，打造乡村文化的金口碑；另一方面，也可以将更多城市文化的优秀表现形式带到乡村社会，促进乡村文化发展和繁荣。

三、加强乡村人才培养，不断扩大乡村文化影响力

文化的主体是人，乡村文化的主体则是乡村社会成员。但是随着改革开放的推进和城市化进程的加快，乡村社会发展受到极大的冲击，大量乡村青壮劳动力"离乡""脱农"，谋求物质经济利益上的满足，留在乡村社会的老人、儿童以及部分妇女难以承担起乡村文化的传承重任，乡村文化的传承渠道断裂。许多在乡村社会传承已久，带有浓厚乡村文化底蕴的传统民俗节气、庙会等由于参与对象的急剧萎缩，其规模越来越小，程序也越来越简化，婚丧嫁娶习俗丢掉了原汁原味而逐步向城市看齐。并且，许多需要言传身教的民俗文化技艺、地方戏曲也因为市场经济的冲击而缺失传承人，仅有的个别传承人年龄较大，个人能力有限。2018 年的中央一号文件明确指出，乡村社会要实现新发展，必须"扶持培养一批农业职业经理人、经纪人、乡村工匠、文化能人、非遗传承人等"。② 农耕文化作为乡村文化的核心，既是中华文化的主要代表，也是中华民族的精神家园，必须得到保护和传承。同样，由农业生产所演绎出来的乡村传统民俗文化也

---

① 孔祥智：《乡村振兴的九个维度》，广东人民出版社，2018 年版，第 255 页。
② 中共中央、国务院《关于实施乡村振兴战略的意见》，人民出版社，2018 年版，第 10 页。

需要引起人们的重视。为了传承和弘扬乡村优秀文化，必须将乡情教育落实到乡村社会的具体实践之中，制定符合乡村文化需要的宣传策略，为乡村文化的发展重新注入活力，乡村文化才能历久弥新。

首先，要加强乡村专业人才培养，传承乡村文化。农业生产实践是乡村存续的关键，也是乡村文化得以传递的基础。当下的乡村依旧是一个农业生产单位，但是规模化、机械化的农业生产不能完全适用于中国所有的乡村类型样态，南方广大丘陵、山地乡村地区依靠小农生产和精耕细作依旧比较普遍。对留守在村的种植大户和继续从事农业生产的小农进行农业技能培训和农业种植经验的推广是有必要的。这样做一方面可以稳定农业在国民经济中的基础性作用，保障农业增产增收，另一方面也能维护农耕文化的薪火相传。政府应协调财政、农业、教育、保险等部门共同出台政策，为农民提供生产经营、专业技能、社会服务等方面的培训。涉农培训必须结合本地农业发展实际，对口本地优势产业。当地政府应与农科所、农业院校加强联系，鼓励涉农专业的学生到乡村投身农业事业。这样既能解决涉农专业学生的就业问题，也能够为乡村社会培育专业人才，进而实现专业人才与当地农业产业的密切结合，促进乡村经济的持续发展。同时，地方涉农企业应为农民培训提供设备和场所，重视农业产品深加工、生产、销售等方面的技能培训，并积极吸收这些领域的优秀人才，这样既能助力涉农企业增产增销，也能使农民思想意识与专业技能得到提升。农民接受培训后有意创办农业合作社、家庭农场等，从事新型农业经营时，当地政府应该在小额贷款、专业技术、专业设备等方面给予大力支持。

其次，要加强乡村文化保护，设立传承人的培养机制。中华文化的主体是乡村文化，其根脉则在乡村，乡土、乡情、乡景、乡味、乡音、乡德构成了中国乡村文化。传承乡村文化，一方面要把乡村文化中优秀的物质表现形式和非物质表现形式保护起来，让乡村文化的传承有载体。乡村文化的传承和保护要结合时代背景和乡村文化发展需要，地方政府可聘请相关领域专家深挖乡村历史资源，挖掘传统乡村文化中优秀的文化价值，让传统家风家训、村规民约在教化民众、塑造民风中持续发挥作用，不断厚实乡村文化深层次的精神内核。同时，要做好乡村古村落、古建筑、古树木等文化遗产的普查，在发掘和保护的基础上科学合理地再设计与再利用，打造充满历史文化底蕴的村庄，形成"千村千面"的特征，不断扩大乡村文化影响力。另外一方面，需要建立乡村文化的传承人的培养机制，避免乡村文化的传承出现断层。针对乡村文化中优秀的表现形式，诸如地方戏曲、传统民俗节气，当地政府和地方院校应积极保护和开发，寻找优秀的乡村文化传承人，加大对传承人的培育，对有志从事乡村文化传承的村民在社会福利保障上予以倾斜，并支持其组织文化团队和演出队伍，利用空闲时间组织乡村文艺演出活动，推动乡村文化市场化、产业化发展。

"酒香也怕巷子深"，具有丰厚历史积淀的乡村文化由于缺乏发掘与宣传被披上了神秘的面纱。但是，也有越来越多的人开始向往田园生活。著名网红李子柒以宣传乡村文化，展现乡村风貌在国内外获得大量关注就是最好的说明。因此，加强乡村文化宣传和推广、乡村人才的引进和培育，积极展现新时代乡村社会的精神风貌，能吸引更多的人参与到乡村文化事业当中。

附录

附录一

漈头村历史文物与古建筑一览表

序号	名　称	年代	保护级别	保护措施	备　注
1	百祥桥	宋代	Ⅰ	按原状整体维修	历史建筑
2	金造桥	民国	Ⅱ	日常维护、局部维修	历史建筑
3	清晏桥	清后期	Ⅱ	按原状整体维修	历史建筑
4	石牌坊群	清中期	Ⅰ	按原状整体维修	石牌坊
5	南洋路6号张氏老宅	清中期	Ⅱ	按原状整体维修	历史建筑
6	南洋路7号张氏老宅	清中期	Ⅱ	按原状整体维修	历史建筑
7	洋楼13号	民国中期	Ⅲ	日常维护、局部维修	中西风格建筑
8	南洋路5号	清中期	Ⅲ	局部维修	传统建筑
9	南洋路4号	清中期	Ⅰ	按原状整体维修	传统建筑

（续表）

序号	名　称	年代	保护级别	保护措施	备　注
10	南洋路 3 号	清早期	Ⅲ	日常维护、局部维修	传统建筑
11	南洋路 15 号	清中期	Ⅱ	按原状整体维修	传统建筑
12	南洋路 17 号	清中期	Ⅲ	日常维护、局部维修	传统建筑
13	南洋路 18 号	民国	Ⅲ	日常维护、局部维修	传统建筑
14	溪头张氏祠堂	清中期	Ⅱ	按原状整体维修	历史建筑
15	漈水路 49 号	清后期	Ⅳ	整体加固、维修更新	传统建筑
16	漈水路 47 号	清后期	Ⅱ	按原状整体维修	历史建筑
17	漈水路 46 号	清中期	Ⅲ	日常维护、局部维修	传统建筑
18	漈水路 45 号	清中期	Ⅲ	日常维护、局部维修	传统建筑
19	漈水路 40 号	清中期	Ⅲ	日常维护、局部维修	传统建筑
20	后街军民联合办事处	民国	Ⅰ	按原状整体维修	民国建筑
21	八家庄楼	民国	Ⅱ	日常维护、局部维修	民国建筑
22	溪头庄楼	民国	Ⅱ	日常维护、局部维修	民国建筑
23	漈水路 35 号	清中期	Ⅲ	两座并联、局部维修	传统建筑

（续表）

序号	名　称	年代	保护级别	保护措施	备　注
24	潊水路 34 号	清早期	I	按原状整体维修	传统建筑
25	潊水路贤优老宅	清中期	I	按原状整体维修	传统建筑
26	潊水路 33 号	清中期	II	按原状整体维修	传统建筑
27	潊水路 28 号	民国中期	IV	整体加固、维修更新	传统建筑
28	潊水路 25 号	民国中期	IV	整体加固、维修更新	传统建筑
29	潊水路 24 号	民国	IV	整体加固、维修更新	传统建筑
30	蒲山路 17 号	清中期	III	日常维护、局部维修	传统建筑
31	蒲山路 16 号	清中期	III	日常维护、局部维修	传统建筑
32	蒲山路 15 号	清中期	III	日常维护、局部维修	传统建筑
33	蒲山路 14 号	清中期	III	日常维护、局部维修	传统建筑
34	蒲山路 12 号	清中期	III	日常维护、局部维修	传统建筑
35	蒲山路 11 号	清中期	III	日常维护、局部维修	传统建筑
36	潊水路 14 号	清中期	III	日常维护、局部维修	传统建筑
37	潊水路 12 号	清中期	III	日常维护、局部维修	传统建筑

（续表）

序号	名　称	年代	保护级别	保护措施	备　注
38	漈水路 11 号	清中期	Ⅲ	日常维护、局部维修	传统建筑
39	漈水路 9 号两进厅	清中期	Ⅲ	日常维护、局部维修	传统建筑
40	凉亭路 29 号	清中期	Ⅲ	日常维护、局部维修	传统建筑
41	凉亭路 13 号	清中期	Ⅲ	日常维护、局部维修	传统建筑
42	祥兴号老铺	清中期	Ⅱ	按原状整体维修	历史建筑
43	凉亭路 28 号	清中期	Ⅱ	按原状整体维修	历史建筑
44	凉亭路兴学弄 5 号（两进厅）	清中期	Ⅱ	按原状整体维修	传统建筑
45	凉亭	明代	Ⅱ	按原状整体维修	历史建筑
46	慈音寺	清早期	Ⅱ	按原状整体维修	历史建筑
47	黄童墓	明代	Ⅱ	按原状整体维修	古墓葬
48	太极墓	清中期	Ⅲ	按原状整体维修	古墓葬
49	张氏宗祠	明代	Ⅱ	按原状整体维修	历史建筑
50	凉亭路兴学弄 4 号	清中清	Ⅱ	按原状整体维修	传统建筑
51	桥亭	清中期	Ⅱ	按原状整体维修	历史建筑

（续表）

序号	名　称	年代	保护级别	保护措施	备　注
52	千年龙井	唐后期	Ⅰ	日常维护、局部维修	古建筑
53	凉亭路兴学弄 1 号	清早期	Ⅲ	日常维护、局部维修	传统建筑
54	明清老宅 6 号	明后期	Ⅱ	按原状整体维修	传统建筑
55	大勋墓	清中期	Ⅲ	按原状整体维修	古墓葬
56	铁头和尚墓	清中期	Ⅱ	按原状维修	古墓葬
57	步齐墓	清中期	Ⅲ	按原状维修	古墓葬

附录二

林耀华生平概略

1. 1922 年—1928 年

就读于福州英华中学。福州英华中学原名鹤龄英华书院，福州话俗称英华斋，于 1881 年由美国传教士麦铿利在福州仓山创办。1952 年与华南女中、陶淑女中合并为福建师大附中。著名化学家侯德榜、著名经济学家陈岱孙、著名数学家陈景润等都毕业于该校。

2. 1928 年—1932 年

在燕京大学社会学系攻读学士学位。

燕京大学是近代中国著名的教会大学之一，创办于 1919 年，创始人司徒雷登任校长，曾与美国哈佛大学合作成立哈佛－燕京学社。

林耀华先生对燕京大学感情深厚，曾于 1998 年 10 月在儿子林宗成的陪同下重返燕京大学校园旧址。

林耀华："社会学系的培养目标一是理论研究人才，一是社会工作人员。我对这门学科的理论和应用两方面都很感兴趣，各门功课都学得很认真，成绩也不错。回首往事，我的社会学知识主要是在燕大读社会学系时打下的基础。"

3. 1932 年—1935 年

于燕京大学攻读硕士学位。1935 年获硕士学位，留在燕京大学社会学系担任助教，其间给著名功能主义学大师拉德克里夫·布朗做助教。

林耀华在燕京大学攻读硕士学位时师从我国著名社会学家、人类学家、民族学家吴文藻先生。吴先生门下杰出的四名弟子：林耀华、费孝通、黄迪和瞿同祖，都出生于 1910 年，均属狗，被师母冰心戏称为"吴门四犬"。与李耀华先生同门的还有李安宅、陈水龄等。

4. 1935 年—1940 年

经吴文藻先生推荐，获得哈佛燕京学社奖学金，赴哈佛大学研究院攻读人类学博士学位。

1935 年—1940 年于哈佛大学攻读博士学位。

1940 年 6 月完成毕业论文《贵州苗民》，获美国哈佛大学哲学博士学位。随后在哈佛大学做助教，并开始撰写《金翼》。

林耀华："1940年获博士学位后，我因未婚妻饶毓苏生病，而留在哈佛做助教随伴。在这期间我用工作余暇，对来哈佛以前在家乡搜集到的资料进行了整理和研究，写成了小说体的《金翼》一书。从事后的反应看，小说体《金翼》的学术影响反而超过了我辛苦做出的博士论文。"

5. 1941 年—2000 年

1941年完成《金翼》的写作；与饶毓苏女士结婚；经香港绕道回国，奔赴西南大后方——昆明；任云南大学社会学教授。

1942年，任成都燕京大学社会学系教授兼主任。

林耀华："到云南大学没多久，吴文藻先生就推荐我去担任燕京大学成都分校社会学系主任。记得那是1942年的事。严格讲，我的民族学教学生涯，经我手培养的教学研究的梯队，都是从这个时候开始的。"

自1941年回国任教后。林耀华先后在云南大学、燕京大学、北京大学、中央民族学院担任教学工作，为中国民族学的发展作出了重要贡献。

2000年逝世，享年91岁。

附录三

金翼田园项目规划建设方案

1 号基地：现代农业生产基地

金翼田园综合体核心农业生产基地秉承农业现代化原则，实现基地生产高效化、可持续发展化，高度商业化、生产物质条件现代化、管理方式现代化。基地引进了四川浦江粑粑橘作为核心种植品种。以 4m×4.5m 的种植标准，每亩可种植 35 棵果树，1 号基地种植面积 100 多亩，可种植果树 4000 株，每年产值约 480 万。

2 号基地：信用农场

2 号基地地处"金翼之家"景区门口的黄金位置，结合金翼旅游资源，规划建设以支付宝信用体系平台为基础的信用农场，核心开发"金翼无人采摘百果园"示范基地。同时结合七次方科技公司的物联网、人工智能、云计算等技术优势，开发"无人采摘园管理系统"与"人脸识别视频监控系统"，实现游客进园识别、采摘、结算、出园识别全闭环管理，打造基于"互联网＋"的"金翼"农业品牌。百果园内初步规划种植：牛油果、芒果、葡萄、火龙果、丑橘、粑粑橘、冰糖李、莲雾等水果。"金翼无人采摘百果园"拟规划建设温室大棚，邀请福建农林大学机电工程学院作为技术支撑单位，为温室大棚建设保驾护航。基于以上创新模式，打造全省首个"无人采摘百果园"，并形成可复制、易推广的新型采摘商业模式。

3 号基地：金翼马蹄笋采摘文化园

"黄田马蹄笋"于 2007 年获国家工商行政管理总局颁发的马蹄笋商标注册证，3 号基地将发挥本地马蹄笋优势，全基地种植马蹄笋，并采用高速围挡新材为基地做围挡，保证采摘游客采摘安全。马蹄笋采摘园还将结合中国的竹子文化，构建"金翼马蹄笋"品牌。

4 号基地：憩息园

引进"禅茶"文化，将原生产用房改造为配套游客休息区，将原荒废鱼塘改成泳池，并配备专人救生员，保障游客安全。同时规划建设金翼田园综合体游客集散停车场。

沿溪景观区：

沿溪区域种植火龙果，配套夜间照明，以加快火龙果的生长，同时提升景区夜间景观效果。在 2 号基地与 4 号基地间、3 号基地与 4 号基地间各搭建一座铁索桥，使田园综合体形成闭环，并为游客提供便利并提升景观效果。

附录四

道墟镇称海村乡贤参事会章程

（草案）

第一章　总则

第一条　本协会的名称：道墟镇称海村乡贤参事会。

第二条　本协会由热心服务本村经济社会建设的乡贤自愿组成的，是具有公益性、服务性、互助性、地域性、非营利性的基层民主协商和村民自治组织。

本章程所称乡贤，包括本村或姻亲关系在本村以及投资创业在本村，品行好、有声望、有影响、有能力、热心社会工作的人。

第三条　本协会的宗旨："村事民议、村事民治"，协助推动群众参与基层社会治理，服务农村经济社会建设，"共谋、共建、共治、共享"美好幸福家园。

第四条　本协会接受镇党委、村党总支部的领导，接受镇政府、区民政局的监督管理和村民委员会的业务指导。

第五条　本协会办公地点：上虞区道墟镇称海村村委会内。

第二章　业务范围

第六条　本协会的业务范围：

（一）弘扬优秀传统文化，促进奖教助学和乡风文明；

（二）组织慈善公益活动，开展扶贫济困等活动；

（三）积极引智引才引资，助推农村经济社会发展；

（四）参与公共事务管理，为村"两委"提供决策咨询；

（五）推动建立健全、实施村规民约，维护公序良俗；

（六）了解村情民意，反馈群众意见建议；

（七）协调邻里纠纷，促进社会和谐。

第三章　会员

第七条　本协会实行个人会员制。个人会员为本村的老党员、老干部、复退军人、经济文化能人，出生地成长地或姻亲关系在本村的"返乡走亲"机关干部、企业法人、道德模范、持证社会工作者、教育科研人员，以及在农村投资创业的外来生产经营管理人才等。

第八条　申请加入本协会的会员，必须具备下列条件：

（一）拥护本协会的章程；

（二）自愿申请加入本协会；

（三）热心为本村经济社会建设服务。

第九条　会员入会的程序：

（一）提交入会申请；

（二）经村党总支审核确认；

（三）经会员大会（理事会）讨论通过。

第十条　会员享有下列权利：

（一）本协会的选举权、被选举权和表决权；

（二）参加本协会的活动；

（三）对本协会工作的批评建议权和监督权；

（四）入会自愿，退会自由；

（五）推荐会员的权利；

（六）法律、法规规定的其他权利。

第十一条　会员履行下列义务：

（一）执行本协会的决议；

（二）维护本协会的合法权益，

（三）完成本协会交办的工作；

（四）向本协会反映情况，提供有关资料；

（五）积极参加本协会组织的活动。

第十二条　会员如有违反本章程的行为，视其严重程度，经会员大会表决通过，予以警告、严重警告、除名等处分。

第四章　组织机构和负责人产生、罢免

第十三条　本协会的最高权力机构是会员大会，会员大会职权是：

（一）制定和修改章程；

（二）推选和罢免会长、副会长、秘书长（理事会成员）；

（三）审议会长工作报告和财务报告；

（四）决定终止事宜；

（五）决定其他重大事宜。

第十四条　会员大会须有 2/3 以上的会员出席方能召开，其决议须经到会会员半数以上表决通过方能生效。

第十五条　会员大会每届 3 年。因特殊情况需提前或延期换届的，报镇政府审查批准。但延期换届最长不超过 1 年。

第十六条　理事会是会员大会的执行机构，在闭会期间领导本协会开展日常工作，对会员大会负责。

理事会的职权是：

（一）执行会员大会的决议；

（二）选举和罢免会长、副会长、秘书长；

（三）筹备召开会员大会；

（四）向会员大会报告工作和财务状况；

（五）决定会员的吸收或除名；

（六）领导本协会开展工作；

（七）制定内部管理制度；

（八）决定其他重大事项。

第十八条　理事会须有 2/3 以上理事出席方能召开，其决议须经到会理事 2/3 以上表决通过方能生效。

第十九条　理事会每年召开会议不得少于 2 次。情况特殊的，也可采用网络形式召开。

第二十条　本协会会长、副会长、秘书长必须具备以下条件：

（一）坚持党的路线、方针、政策，具有较高的政治思想素质，善于团结协作，热心公益事业，社会信用良好；

（二）热心为本村经济社会建设服务，并在本村具有一定的影响力；

（三）最高任职年龄原则上不超过 65 周岁；

（四）身体健康，能坚持正常工作；

（五）未受过刑事处罚的；

（六）具有完全民事行为能力。

第二十一条　本协会会长、副会长、秘书长每届任期 3 年，可连选连任。

第二十二条　本协会会长（副会长、秘书长）为本协会法定代表人。

第二十三条　本协会会长行使下列职权：

（一）召集和主持会员大会；

（二）检查会员大会决议的落实情况；

（三）法律、法规规定的其他职责。

第二十四条　本协会秘书长行使下列职权：

（一）主持开展日常工作，组织实施年度工作计划；

（二）处理其他日常事务。

第五章　章程的修改程序

第二十五条　对本协会章程的修改，须经会员大会审议表决。

第二十六条　本协会修改的章程，须在会员大会通过后 15 日内，报镇政府审查核准后生效。

第六章　资产管理、使用原则

第二十七条　本协会经费来源：

（一）捐赠；

（二）政府资助；

（三）在核准的业务范围内开展活动或服务的收入；

（四）利息；

（五）其他合法收入。

第二十八条　本协会经费必须用于本章程规定的业务范围和事业的发展，不得在会员中分配。

第二十九条　本协会的资产，任何单位、个人不得侵占、私分和挪用。

第三十条　本团体应按照民间非营利组织会计制度的有关规定，建立严格的财务管理制度，保证会计资料合法、真实、准确、完整。

第三十一条　本协会的资产管理必须执行国家规定的财务社管理制度，接受审计机构的监督，并将有关情况以适当方式向社会公布。

第七章　终止程序及终止后的财产处理

第三十二条　本协会终止决议须经会员大会表决通过，并报镇政府审查同意。

第三十三条　本协会终止前，须在镇政府指导下成立清算组，清理债权债务，处理善后事宜。清算期间，不开展清算以外的活动。

第三十四条　本协会终止后的剩余财产，在镇政府的监督下，按照规定，用于发展与本协会宗旨相关的事业。

第八章　附则

第三十五条　本章程经 2015 年 10 月 18 日会员大会表决通过生效。

第三十六条　本章程的解释权属本协会。

道墟镇称海村乡贤参事会选举办法
（草案）

根据道墟镇称海村乡贤参事会章程的有关条款，道墟镇称海村第一次会员大会选举办法（草案）制定如下：

一、大会选举产生道墟镇称海村乡贤参事会第一届理事会成员；由第一届理事会选举出会长1名、副会长4名、秘书长1名、副秘书长1名、名誉会长1名。

二、第一届理事会理事、会长、副会长、秘书长、副秘书长、名誉会长人选由本会筹备工作领导小组提名。

三、各项选举首先由监选人在选举前清点人数，实到人数应超过有选举资格人数的三分之二，方可进行选举。候选人员须经到会人员三分之二以上人数同意方可当选。

四、选举采取表决通过的办法，候选人按照姓氏笔画为序排列，实行等额选举。

五、经选举产生的结果，由主持人当场宣布，并立即生效。

六、此办法经道墟镇称海村乡贤参事会第一次会员大会通过后实施。

附录五

院前社"我爱我社"实施方案

2014 年 3 月初院前社正式启动"美丽厦门·共同缔造"工作，以建设"望得见山、看得见水、记得住乡愁"的闽台生态文化村为目标，全社百姓热情高涨，积极参与雨污水改造、房前屋口绿化、节点提升、公共服务配套设施建设等项目的共谋、共管、共评、共享，村庄环境得到了很大的改善。为了建设更加美丽的家园并建立长效管理养护机制，同时探索基层社会治理创新，力争在院前实现有效村民自治，最终把院前建设成为生态宜居、民风淳朴、村民富裕的美丽村庄，决定在院前社开展"我爱我社"活动，特制定方案如下：

1. 指导思想

以党的十八届三中全会提出的"推进国家治理体系和治理能力现代化"精神为指导，根据市委区委"美丽厦门·活力海沧"的定位，以创新、活泼的形式，调动全体村民的参与积极性，开展一系列活动。

2. 目标要求

通过开展"我爱我社"一系列活动，群策群力，共治共享，把院前建设成为生态宜居、民风淳朴、分享乐活、村民富裕的美丽村庄，成为"望得见山、看得见海、记得住乡愁"的富有两岸文化元素的闽台生态文化村。

3. 实施步骤

从 2014 年 8 月中旬开始，力争保持长效。工作分三个阶段进行。

第一阶段：倡议动员阶段（2014 年 8 月下旬）。向全社村民发出开展"我爱我社"活动倡议书，组织召开倡议动员会议，统一思想，明确目标。以乡贤理事会、老人协会、村代表为主，做好倡议发动工作，营造良好氛围，通过制作调查问卷，梳理院前社存在的问题，动员村民积极参与"我爱我社"活动。

第二阶段：全面推进阶段（2014 年 9 月上旬至 10 月下旬）。一是建立院前自治组织。成立"我爱我社"活动小组，订立村民公约，逐步实现公共事务自管自治。二是打造村庄文化纽带。制作院前全家福笑脸墙，并结合中秋节组织开展群众喜闻乐见的文体活动，将举油枝、进香等民间艺术发扬光大，完善文化娱乐设施，丰富文化娱乐活动，以此加快农村社会事业发展，提升农民群众的幸福指数。举办"美丽乡村·镜头中的文化传承与院前缔造"摄影比赛、青礁"乐活院前"原创油画作品集活动，挖掘本社文化底蕴，激发村民热爱院前之情、关心院前之意，激发村民归属感与荣誉感。开展征集农耕生产用具活动，建立乡愁展示馆。三是加强村庄安保工作。引导村民开展"邻里守望——我看你的门"活动，成立护村队，加强村庄治安巡逻，并酌情增设摄像探头，营造群防群治的村庄安全环境。

第三阶段：巩固提高阶段（2014 年 11 月上旬之后）。适时开展"好媳妇""好婆婆""乐活家庭"等评选活动，营造村庄健康、快乐、和谐氛围；完善健全院前社卫生保洁制度、垃圾不落地和分类制度、绿化管理养护制度等村庄环境长效管理机制；建立"我爱我社"自治小组工作例会制度，定期收集和解决村民反映的问题，逐步建立村庄自治的长效机制，切实巩固"我爱我社"的活动成果。

院前社乡贤理事会
院前社老人协会

主要参考文献

一、著作

1. 马克思恩格斯选集（第 1－4 卷）［M］．北京：人民出版社，2012.

2. 马克思恩格斯文集（第 1－10 卷）［M］．北京：人民出版社，2009.

3. 毛泽东选集（第 1－4 卷）［M］．北京：人民出版社，2009.

4. 邓小平文选（第 1－3 卷）［M］．北京：人民出版社，2009.

5. 江泽民文选（第 1－3 卷）［M］．北京：人民出版社，2009.

6. 胡锦涛文选（第 1－3 卷）［M］．北京：人民出版社，2016.

7. 习近平谈治国理政［M］．北京：外文出版社，2014.

8. 习近平谈治国理政（第 1 卷）［M］．北京：外文出版社，2018.

9. 习近平谈治国理政（第 2 卷）［M］．北京：外文出版社，2017.

10. 习近平总书记系列重要讲话读本［M］．北京：学习出版社、人民出版社，2016.

11. 习近平在正定［M］．北京：中共中央党校出版社，2019.

12. 习近平总书记系列重要讲话读本［M］．北京：学习出版社、人民出版社，2014.

13. 习近平关于社会主义文化建设论述摘编［M］．北京：中央文献出版社，2017.

14. 习近平新时代中国特色社会主义思想三十讲［M］．北京：学习出版社，2018.

15. 习近平．决胜全面建成小康社会　夺取新时代中国特色社会主义伟大胜利——在中国共产党第十九次全国代表大会上的报告［M］．北京：人民出版社，2017.

16. 中共中央文献研究室．十八大以来中央文献选编（上）［M］．北京：中央文献出版社，2014.

17. 中共中央，国务院．关于"三农"工作的一号文件汇编［M］．北京：人民出版社，2014.

18. 中共中央，国务院．关于实施乡村振兴战略的意见［M］．北京：人民出版社，2018.

19. 论文化建设——重要论述摘编［M］．北京：学习出版社，2012.

20. 费孝通．文化与文化自觉［M］．北京：群言出版社，2007.

21. 费孝通．文化的生与死［M］．上海：上海人民出版社，2009.

22. 梁漱溟．梁漱溟全集（第二卷）［M］．济南：山东人民出版社，1989.

23. 梁漱溟．乡村建设理论［M］．上海：上海人民出版社，2011.

24. 梁漱溟．中国文化要义［M］．上海：上海人民出版社，2011.

25. 王沪宁．当代中国村落家族文化——对中国社会现代化的一项探索［M］．上海：上海人民出版社，1991.

26. 王铭铭．村落视野中的文化与权力：闽台三村五论［M］．北京：三联书店，1997.

27. 黄楠森．有中国特色社会主义文化研究［M］．济南：山东人民出版社，1999.

28. 文贯中．吾民无地：城市化、土地制度和户籍制度的内在逻辑［M］．北京：东方出版社，2014.

29. 陈锡文．走中国特色社会主义乡村振兴道路［M］．北京：中国社会科学出版社，2019.

30. 韩俊．实施乡村振兴战略五十题［M］．北京：人民出版社，2018.

31. 孔祥智．乡村振兴的九个维度［M］．广州：广东人民出版社，2018.

32. 孙熙国，李翔海，等．马克思主义与中国文化发展［M］．北京：北京大学出版社，2011.

33. 吕红平．农村家族问题与现代化［M］．保定：河北大学出版社，2001.

34. 朱启臻. 生存的基础［M］. 北京：北京社会科学文献出版社，2013.

35. 朱启臻. 把根留住：基于乡村价值的乡村振兴［M］. 北京：中国农业大学出版社，2019.

36. 任仲文. 传承·开放·超越——文化自信十八讲［M］. 北京：人民日报出版社，2011.

37. 黄宗智. 华北的小农经济与社会变迁［M］. 北京：中华书局，1986.

38. 费正清. 美国与中国［M］. 北京：商务印书馆，1987.

39. 金观涛，刘青峰. 兴盛与危机：论中国社会超稳定结构［M］. 北京：法律出版社，2010.

40. 明恩溥. 中国人的素质［M］. 上海：学林出版社，1999.

41. 埃弗里特·M. 罗杰斯. 乡村社会变迁［M］. 杭州：浙江人民出版社，1998.

42. 塞缪尔·亨廷顿. 文明的冲突与世界秩序的重建［M］. 周琪，刘绯，张立平，等译. 北京：新华出版社，2002.

43. 罗伯特·K·殷. 案例研究方法的应用［M］. 周海涛，主译. 重庆：重庆大学出版社，2004.

二、期刊论文

1. 邴正. 市场经济冲击下中国文化的三大走向［J］. 社会科学战线，1993（5）.

2. 徐苑琳. 乡村振兴文化先行［J］. 人民论坛，2018（16）.

3. 韩俊. 实施乡村振兴战略奋力开创新时代"三农"工作新局面［J］. 时事报告（党委中心组学习），2018（2）.

4. 任成金，潘娜娜. 西方文化输出及其对我国文化自信的影响［J］. 马克思主义研究，2018（2）.

5. 掀起农村文化工作的热潮——全国群众文化工作"学大寨、赶昔阳"经验交流现场会胜利召开［J］. 美术，1978（2）.

6. 侯宁宇，杨世义. 党的十六大以来农村文化建设研究综述［J］. 中共乐山市委党校学报，2015（1）．

7. 鞠忠美．在创新中传承：传统文化的现代出路——梁漱溟乡村文化建设的启示［J］．山东社会科学，2017（1）．

8. 徐畅．有听头有看头有学头有玩头——河南许昌市创办乡镇文化中心、村文化大院［J］．党建，1992（6）．

9. 首都首批文化工作队下乡［J］．戏剧报，1963（3）．

10. 高占祥．深化改革，开创文化工作新局面——在全国农村文化工作会议上的讲话（节录）［J］．中国戏剧，1992（8）．

11. 罗培育，杜兵，高新春．农村文化生活贫乏，农民感叹说：吃不愁穿不愁一到天黑就发愁［J］．乡镇论坛，1995（8）．

12. 周凤敏．当前民族地区农村文化出现的问题与对策思考［J］．满族研究，1994（1）．

13. 杨铭华．当代湘西农村民族文化活动及提高问题［J］．民族论坛，1992（3）．

14. 胡潇．农村改革的文化变迁［J］．江汉论坛，1993（2）．

15. 廖章恒．新时期农村社会主义文化建设探索［J］．农村经济，1994（10）．

16. 于慎忠．小康社会农村文化与乡镇图书馆［J］．图书馆杂志，2001（1）．

17. 张文彪．近中期福建农村文化发展问题研究［J］．中共福建省委党校学报，2002（12）．

18. 周批改，李牡丹．农村文化事业发展中的筹资问题研究［J］．湘潭大学学报（哲学社会科学版），2006（1）．

19. 谭同学．村庄秩序、文化重建与现代化类型［J］．东岳论丛，2006（2）．

20. 周军．我国农村文化发展的机遇、困境与路径［J］．东北师大学报（哲学社会科学版），2019（1）．

21. 牟德刚．新时期的农村文化建设：问题与措施［J］．中州学刊，2004（5）．

22. 徐平．社会主义新农村的文化建设［J］．科学社会主义，2006

（1）．

23．李一吉．城镇化进程中农村文化发展问题研究［J］．农业经济，2017（4）．

24．杨光，高子健．乡村文化"内卷化"问题何解［J］．人民论坛，2018（31）．

25．黄有东．从"文化自卑"到"文化自信"——对"五四"以来中国三次文化宣言的诠释［J］．中华文化论坛，2005（3）．

26．云杉．文化自觉　文化自信　文化自强——对繁荣发展中国特色社会主义文化的思考（上）［J］．红旗文稿，2010（15）．

27．云杉．文化自觉　文化自信　文化自强——对繁荣发展中国特色社会主义文化的思考（中）［J］．红旗文稿，2010（16）．

28．云杉．文化自觉　文化自信　文化自强——对繁荣发展中国特色社会主义文化的思考（下）［J］．红旗文稿，2010（17）．

29．程玥．文化振兴与乡村公共文化自觉路径分析［J］．东南学术，2019（2）．

30．高静，王志章．改革开放 40 年：中国乡村文化的变迁逻辑、振兴路径与制度构建［J］．农业经济问题，2019（3）．

31．何一．对近代以来文化自信的历史价值和未来命运的再认识［J］．内蒙古社会科学（汉文版），2005（5）．

32．张雷声．文化自觉、文化自信与社会主义核心价值体系［J］．思想理论教育导刊，2012（1）．

33．张祝平．论乡村振兴中的民间信仰文化自觉——中国菇民区核心地带村落 40 年变迁考察［J］．学术界，2019（1）．

34．范玉刚．文化事业与文化产业的"分"与"合"［J］．人民论坛，2017（4）．

35．甄峰，宁登，张敏．城乡现代化与城乡文化——对城市与乡村文化发展的探讨［J］．城市规划汇刊，1999（1）．

36．李佳．从资源到产业：乡村文化的现代性重构［J］．学术论坛，2012，35（1）．

37．任超，何仁伟．乡村文化的困境、传承与未来——基于乡村文化研究综述［J］．荆楚学刊，2016，17（4）．

　　38. 丁聪枝．发展农村先进文化的基础性问题［J］．中共福建省委党校学报，2001（12）．

　　39. 魏则胜．中国特色社会主义文化何以自信［J］．华南师范大学学报（社会科学版），2018（1）．

　　40. 王钧林．近代乡村文化的衰落［J］．学术月刊，1995（10）．

　　41. 黄延平．塑造和建设有中国特色的村民文化［J］．农业现代化研究，1992（4）．

　　42. 韩美群．"全面建设小康社会"的农村文化境遇［J］．社会主义研究，2003（6）．

　　43. 于慎忠．小康社会农村文化与乡镇图书馆［J］．图书馆杂志，2001（1）．

　　44. 高长江．对吉林乡村文化建设的思考［J］．长白学刊，1995（1）．

　　45. 谭同学．村庄秩序、文化重建与现代化类型［J］．东岳论丛，2006（2）．

　　46. 谈建成，彭寿清．论西部农村经济发展的文化动力［J］．农村经济，2004（11）．

　　47. 葛彬．文化在当代中国农村现代化进程中的基本定位——关于农村文化建设的调查与思考［J］．求实，1998（4）．

　　48. 李佳．从资源到产业：乡村文化的现代性重构［J］．学术论坛，2012，35（1）．

　　49. 吴理财，解胜利．文化治理视角下的乡村文化振兴：价值耦合与体系建构［J］．华中农业大学学报（社会科学版），2019（1）．

　　50. 吴理财．乡村文化"公共性消解"加剧［J］．老区论坛，2012年（06）．

　　51. 吕宾．乡村振兴视域下乡村文化重塑的必要性、困境与路径［J］．求实，2019（2）．

　　52. 吕效华．变迁语境下农村文化可持续发展路径选择［J］．科学社会主义，2014（1）．

　　53. 唐兴军，李定国．文化嵌入：新时代乡风文明建设的价值取向与现实路径［J］．求实，2019（2）．

54．李娅．破解我国当代乡村治理困境的文化路径［J］．思想战线，2015，41（S1）．

55．龚春明，万宝方．鄱阳湖生态经济区农村文化建设：现实困境与发展路径［J］．世界农业，2014（7）．

56．欧阳雪梅．振兴乡村文化面临的挑战及实践路径［J］．毛泽东邓小平理论研究，2018（5）．

57．王斌通．新时代"枫桥经验"与基层善治体系创新——以新乡贤参与治理为视角［J］．国家行政学院学报，2018（4）．

58．徐学庆．调动各方面力量共同推进新农村文化建设［J］．理论前沿，2006（7）．

59．辛秋水．改造乡村文化推进乡村发展［J］．福建论坛（经济社会版），2000（11）．

60．单丽．中华优秀传统文化是文化自信之基［J］．人民论坛，2018（35）．

61．甄峰，宁登，张敏．城乡现代化与城乡文化——对城市与乡村文化发展的探讨［J］．城市规划汇刊，1999（1）．

62．戴云，王洪军．高校人文素质与乡土文化教育刍议［J］．黑龙江高教研究，2001（3）．

63．沈一兵．乡村振兴中的文化危机及其文化自信的重构——基于文化社会学的视角［J］．学术界，2018（10）．

64．王德刚．文化自信、利益均衡是确立乡村旅游伦理关系的基础［J］．旅游学刊，2014（11）．

65．彭富明，张轩恺．论文化自信的逻辑理路［J］．学校党建与思想教育，2019（6）．

66．周晓虹．理想类型与经典社会学的分析范式［J］．江海学刊，2002（2）．

67．倪国良，张世定．乡村振兴中乡村文化自信的重建［J］．新疆社会科学，2018（3）．

68．刘洋，赵祥辉．乡村振兴视域下土楼文化的保护与传承——以福建省永定土楼为例［J］．福州党校学报，2019（02）．

69．仝志辉，温铁军．资本和部门下乡与小农户经济的组织化道路——兼对专业合作社道路提出质疑［J］．开放时代，2009（04）．

70．叶祝弟．大力推进国家文化治理现代化［J］．探索与争鸣，2014（05）．

71．刘忱．乡村振兴战略与乡村文化复兴［J］．中国领导科学，2018（02）．

72．徐苑琳．乡村振兴，文化先行［J］．人民论坛，2018（16）．

73．刘彦武．从嵌入到耦合：当代中国乡村文化治理嬗变研究［J］．中华文化论坛，2017（10）．

74．徐勇．"分"与"合"：质性研究视角下农村区域性村庄分类［J］．山东社会科学，2016（07）．

75．刘淑兰．乡村治理中乡贤文化的时代价值及其实现路径［J］．理论月刊，2016年第2期．

76．李长健，李曦．乡村多元治理的规制困境与机制化弥合——基于软法治理方式［J］．西北农林科技大学学报（社会科学版），2019（01）．

77．何兰萍，殷红春，杨勇．乡村精英与乡村文化的建设［J］．天津大学学报（社会科学版），2009（06）．

78．郑欣．治理困境下的乡村文化建设研究：以农家书屋为例，中国地质大学学报（社会科学版），2012（02）．

79．马华，王红卓．从礼俗到法治：基层政治生态运行的秩序变迁［J］．求实，2018（01）．

80．王慧斌，董江爱．文化治理：乡村振兴的内在意蕴与实践路径［J］．山西师大学报（社会科学版），2020（03）．

81．郑永年．基层社会的政治生态令人忧虑［J］．同舟共进，2009（07）．

82．李安然．习近平文化自信思想研究［D］．中共中央党校，2018年．

83．王辉景．习近平对马克思主义文化观的继承与发展研究［D］．西北民族大学，2018年．

84．罗绪春．中国文化自信论［D］．中共中央党校，2018年．

85. G. W. Skinner：Marketing and Social Structure in Rural China，The Journal of Asian Studies，VolXXIV：(1964—1965)，Part I.

86. BrendaS. A. Ycoh. The Global Cultural City Spatial Imagineering and Politics in the (Mufti) cultural Maket places of Southeast Asia [J] . Urban Studies. 2005. 42 (5/6) .

87. John Mccarthy. The Application of Policy for Cultural Clustering：Current Practice in Scotland [J] . European Planning Studies. 2006. 14 (3)：397—408.

后　记

　　基于我们研究团队多年的田野调查和资料收集积累，历经一年的撰著并多次修改、完善，本丛书终于付梓，令人欣慰。这套丛书是一项理论与实证相结合的研究成果。我们试图通过对田野调查中获取的一些典型案例的剖析，以描述、记录、阐释当下中国乡村振兴实践的"进行时"场景，解释其背后的理论和实践价值，增加"三农"研究知识库存。如果真能实现这个小小的目标，也算是得偿所愿了。

　　作为丛书各册的主要作者之一，借此机会，我首先要感谢丛书研究团队的成员们多年来的努力和坚持。这段历程也是满满的美好的集体记忆。一路走来，大家同甘共苦：一起到全国各地的乡村开展田野调查，一起整理分析调查资料，一起和出版社讨论丛书的编写方案、编写提纲和书稿的具体内容，由此才有今天的成果。借此机会，我还要感谢参与田野调查和资料分析的杜宝兰、傅佳薇、李倩、兰婷、张华芳、黄丹丹、潘思同等，他们是我的博士生、硕士生。在长期的田野调查和资料分析过程中，他们不仅通过学术实践增长了知识见识，提升了学习研究的自我能动性，实现了自我成长，同时也深刻领会到理论和实践研究相结合——"把论文写在祖国大地上"及团队合作研究的重要意义。

　　与此同时，我要感谢田野调查中为我们研究团队无私提供一手资料信息的各级党政干部，特别是参与田野调查的各村的村干部，以及广大农民和来自新型农业经营主体的人士，他们不仅是我们团队的调查研究对象，也在很大程度上直接参与了我们的研究过程。从人类学视角来看，所有接受田野调查的研究对象绝不仅仅是一个个被动的资料提供者，他们作为特定的"报道人"，事实上也是研究本身的重要的直接参与者。在每个田野调查对象向我们提供的资料信息中，尤其是在描述特定案例的访谈中，其实就包含了他们的主观态度，也包括了他们个人对资料信息的理解、价值判断乃至个人的情感，而这种"倾见"无疑会直接影响研究者对田野调查资料的理解和评价分析。被调查对象向研究者提供的资料是"半成品"，其本身就经过他们的"筛选"和"消化"。从这个角度来说，研究者在某种程度上只是扮演了一个学术"搬运工"和"加工者"的角色。不过，即便如此，研究者自身的专业研究能动性仍是至关重要的。我们必须对所获取的资料"去伪存真""去粗存细"，克服"盲人摸象"的偏差，在参考借鉴被调查对象的个人"倾见"的同时，又要保持研究者自身的客观严谨性，以尽可能了解和还原事情的真实景象，这点恰恰是研究者能动性的最重要体现。

借此机会，我还要特别感谢鹭江出版社的编辑们，尤其是余丽珍副总编辑从丛书的策划和设计、研究团队的组织乃至整体的篇章布局、内容修改完善等，都提出了很好的意见和建议。正是由于编辑们尽心尽力的无私付出，为丛书出版给予了不可或缺的热情支持，丛书才能够顺利地出版。

本丛书的出版还得益于厦门大学"双一流"学科建设项目"马克思主义理论学科"项目支持，并有幸获得 2020 年度国家出版基金项目资助。对此，我们深表谢意！

本书写作分工如下：朱冬亮负责全书统稿并撰写导论和第一章内容；刘洋撰写第二、三章内容；王红卓撰写第四章、五章内容。

朱冬亮

2021 年 6 月 5 日于厦门大学囊萤楼

图书在版编目(CIP)数据

乡村文化振兴实践研究 / 朱冬亮，王红卓，刘洋著. ——
厦门：鹭江出版社，2021.6
（乡村振兴实践研究丛书）
ISBN 978-7-5459-1849-6

Ⅰ.①乡… Ⅱ.①朱… ②王… ③刘… Ⅲ.①农村文
化—文化事业—建设—研究—中国Ⅳ.①G127

中国版本图书馆 CIP 数据核字(2021)第 000073 号

"乡村振兴实践研究"丛书
XIANGCUN WENHUA ZHENXING SHIJIAN YANJIU
乡村文化振兴实践研究
朱冬亮　王红卓　刘洋　著

出版发行：鹭江出版社
地　　址：厦门市湖明路 22 号　　　　　　　邮政编码：361004
印　　刷：福州凯达印务有限公司
地　　址：福州市仓山区建新镇红江路 2 号　　联系电话：0591-63188556
　　　　　金山工业集中区浦上工业区 B 区 47 号楼
开　　本：700mm×1000mm　1/16
插　　页：4
印　　张：13.25
字　　数：205 千字
版　　次：2021 年 6 月第 1 版　　2021 年 6 月第 1 次印刷
书　　号：ISBN 978-7-5459-1849-6
定　　价：55.00 元

如发现印装质量问题，请寄承印厂调换。